高职高专公共基础课系列教材

心理健康教育

周晓婧　陈　娟　主　编

韩春燕　罗钰莹　吴慧婷　副主编

清华大学出版社

北京

内 容 简 介

本书贯彻教育部等十七部门联合印发的《全面加强和改进新时代学生心理健康工作专项行动计划（2023—2025年）》精神要求，根据《高等学校学生心理健康教育指导纲要》要求编写。本书内容包含心理健康与心理素质、心理危机与心理支持、自我意识与人格发展、学习心理、情绪管理、人际关系、亲密关系、压力管理、择业心理、职场发展十个模块。本书紧扣职业教育的特点，采取了符合高职学生学情和认知特点的编写模式，每个模块都由心理箴言、分析解读、学习提示、案例导入、心理讲堂、案例分享、心理活动等栏目组成，增加了教材的可读性、应用性和体验性。本书采用文化引入，从案例导入、心理讲堂，再到心理活动，并进行心理分析，一以贯之，让学生在潜移默化中学习中国文化，掌握心理知识，养成良好品格。

本书可以作为高等职业教育的教材使用，也可作为职业本科或者技师学院学生的教材。

图书在版编目（CIP）数据

心理健康教育 / 周晓婧，陈娟主编 . -- 北京：清华大学出版社，2025.2.
（高职高专公共基础课系列教材）. -- ISBN 978-7-302-68177-9

Ⅰ. G444

中国国家版本馆 CIP 数据核字第 2025PK7183 号

责任编辑：张龙卿
封面设计：刘代书　陈昊靓
责任校对：刘　静
责任印制：刘　菲

出版发行：清华大学出版社
　　　网　　　址：https://www.tup.com.cn, https://www.wqxuetang.com
　　　地　　　址：北京清华大学学研大厦 A 座　　　邮　　编：100084
　　　社 总 机：010-83470000　　　邮　　购：010-62786544
　　　投稿与读者服务：010-62776969, c-service@tup.tsinghua.edu.cn
　　　质量反馈：010-62772015, zhiliang@tup.tsinghua.edu.cn
印 装 者：三河市龙大印装有限公司
经　　销：全国新华书店
开　　本：185mm×260mm　　　印　　张：17.25　　　字　　数：360 千字
版　　次：2025 年 2 月第 1 版　　　印　　次：2025 年 2 月第 1 次印刷
定　　价：59.80 元

产品编号：110990-01

本书编委会

主　　编　周晓婧　陈　娟

副主编　韩春燕　罗钰莹　吴慧婷

编　　委　张小国　贺　燕　赵俊霞　唐河辉
　　　　　康梦娜　陈　勤　程　巧

前 言

党的二十大报告指出要推进健康中国建设,重视心理健康和精神卫生。近年来,国家对心理健康教育的重视程度越来越高,2023年4月,教育部等十七部门印发了《全面加强和改进新时代学生心理健康工作专项行动计划（2023—2025年）》的通知,提出了"健康教育、监测预警、咨询服务、干预处置'四位一体'的学生心理健康工作体系更加健全,学校、家庭、社会和相关部门协同联动的学生心理健康工作格局更加完善"的心理健康工作目标;还提出了要落实立德树人根本任务,坚持健康第一的教育理念,切实把心理健康工作摆在更加突出位置,统筹政策与制度、学科与人才、技术与环境,贯通大中小学各学段,贯穿学校、家庭、社会各方面,培育学生热爱生活、珍视生命、自尊自信、理性平和、乐观向上的心理品质和不懈奋斗、荣辱不惊、百折不挠的意志品质,促进学生思想道德素质、科学文化素质和身心健康素质协调发展,培养担当民族复兴大任的时代新人。2024年5月教育部启动首个全国学生心理健康宣传教育月活动,倡导"全社会都行动起来,共促学生心理健康"。

随着社会的不断发展,心理健康越来越受到人们的重视。健康是人生最宝贵的财富,也是个人一切成就的基础。高职学生正处于从青春期到成年期的转变过程,处于人生中心理变化较激烈、较明显的时期,面临着自我认识与发展的人生课题,容易产生各式各样、不同程度的心理困扰。对于高职学生来说,健康的心理是适应大学学习与生活的先决条件,是促进自己成长、成才的必要条件,也是将来走向社会并成为社会主义建设者和接班人的重要条件。

本书依据心理学和教育学基本理论,以新时代高职院校的青年学生为主要对象,结合编者长期从事心理健康科研教学的经验,按照《普通高等学校学生心理健康教育课程教学基本要求》和《高等学校学生心理健康教育指导纲要》《全面加强和改进新时代学生心理健康工作专项行动计划（2023—2025年）》等文件精神和要求编撰而成。希望本书的学习能有助于高职学生了解他们所处阶段的心理特点,解决他们成长中遇到的困惑,增强他们的社会适应能力,以便使他们成长为身心健康、素质协调发展并能担当民族复兴大任的时代新人。

中华优秀传统文化与新时代心理健康教育结合是本书编写的一大特点。在博大精深的中华传统文化中,心理健康思想是不可或缺的重要组成部分。仁爱谦和、中庸之道、知足常乐、修身克己、自强不息等思想从春秋时期传承至今延绵不断,是中华文明的根脉,也形成了中国人的人格心理品质的基色。本书深入挖掘深受青年学生喜爱的中国古诗词中的心理健康教育元素,将心理健康教育与古诗词紧密融合,增强学生的学习兴趣,同时在心理健康教育中弘扬了中华优秀传统文化。如"天行健,君子以自强不息"(《周易·乾卦》),弘扬自强不息的品格,在压力管理、挫折教育中能够起到很好的效果。

在本书编写过程中,借鉴、参考和引用了教材、杂志、网络等方面大量资料,也尽可能在本书中予以说明,但难免有疏漏之处,再次向各位作者表示衷心的感谢!

因时间仓促及水平有限,书中难免存在许多缺点和不足之处,真诚希望各位专家、同行能给予指导,我们将不胜感激。

编 者

2024 年 10 月

目　录

模块一　心理健康与心理素质

望　岳

（唐）杜甫

岱宗夫如何？齐鲁青未了。

造化钟神秀，阴阳割昏晓。

荡胸生曾云，决眦入归鸟。

会当凌绝顶，一览众山小。

【分析解读】

这首诗不仅是对泰山的赞美，也是作者对人生理想的追求。杜甫通过自己的诗句，传达了一种积极向上、勇于攀登的生活态度，激励人们在面对生活中的困难时，应保持坚定的信念和健康的心态，勇往直前。

【学习提示】

（1）了解高职院校学生常见的心理困境及影响因素。

（2）了解适应和适应方式以及新生的适应困境，掌握环境适应的应对策略。

（3）了解心理素养的内涵，掌握培养积极心理素质的路径。

专题一　心理健康概述

【案例导入】

放下包袱赶路

一个青年背着一个大包裹千里迢迢跑来找大师，他说："大师，我是那样的孤独、痛苦和寂寞，长途跋涉使我疲倦到了极点。我的鞋子破了，荆棘割破了双脚，手也受伤了，血流不止……为什么我还不能找到心中的阳光？"大师问："你的大包裹里装的是什么？"青年说："它对我可重要了，里面是我每一次跌倒时的痛苦，每一次受伤后的哭泣，每一次孤寂时的烦恼……靠着它,我才有勇气走到您这里来。"于是,大师带青年来到河边,他们坐船过了河。上岸后,大师说:"你扛着船赶路吧!"青年很惊讶:"它那么沉,我扛得动吗?""是的,你扛不动它。"大师微微一笑说,"过河时,船是有用的。但过了河,我们就要离开船赶路,否则它会变成我们的包袱。痛苦、孤独、寂寞、灾难、眼泪,这些对人生都是有用的,它使生命得到升华,但须臾不忘,就成了人生的包袱。放下它吧!生命不能有太多负重。"青年放下包袱,继续赶路,他发觉自己的步子轻松,心情愉悦,比以前快了很多。

启示:如果要寻找心中的阳光,就要有一个阳光的心理。也许繁复的人生使你遭遇了很多的矛盾和不幸,会有痛苦、孤独、寂寞、灾难、眼泪,但如果不能及时放下,就成了人生的包袱。其实你的生命不必这样沉重,放下心中的包袱,你心灵深处便会充满了阳光和快乐,追寻阳光的步伐就会轻松而愉快。

【心理讲堂】

提到健康,有人简单认为"没有疾病就是健康"。然而,现代社会,人们对健康的认识早已超越这个范畴,心理健康越来越成为一个人们关注的问题。的确,"一切成就、财富都源于健康的心理"。青年学生处于人生发展的关键时期,良好的心理素质不仅关系到他们能否顺利毕业,还关系到他们的身心健康及未来的人生发展。

一、健康与心理健康的标准

(一)健康的标准

在开始本课程的学习之前,应对健康和心理健康的标准有准确的认知。

什么是健康?早在1948年,世界卫生组织(WHO)在其章程的序言中提出:"健康不仅是没有疾病或虚弱状态,而是个体在身体、心理、社会方面的完善状态。"

1989年,在原有健康定义的基础上,世界卫生组织又提出了健康的十大标准。

(1)充沛的精力,能从容不迫地应对日常生活和工作的压力。

(2)处事乐观,态度积极,乐于承担责任,不挑剔事务的巨细。

(3)善于休息,睡眠良好。

(4)应变力强,能适应环境的各种变化。

(5)能够抵抗感冒和传染病。

(6)体重得当,身材匀称,站立时头、肩、臂的位置协调。

(7)眼睛明亮,反应敏锐,眼睑不发炎。

(8)牙齿清洁,无空洞,无痛感;牙龈颜色正常,无出血现象。

(9)头发有光泽,无头皮屑。

(10)肌肉、皮肤有弹性,走路感到轻松。

根据世界卫生组织的定义和标准,生理健康是身体没有生理疾病,身体功能完好;心理健康是个体的心理状态良好;社会适应是个体能融入社会,能遵守社会规则;道德健康则是不损害他人,道德的认知水平和行为状况良好。一个人的健康与否,不只是表现在"无病即健康",而是在生理、心理、社会适应和道德都处于一个良好的状态时,才是真正的健康。

(二)心理健康的标准

随着对健康认识的进一步深入,世界卫生组织将健康的概念扩充为:"健康应包括生理、心理、社会适应和道德品质的良好状态。"将心理健康纳入健康的范畴,这是人类对自身认识的一个巨大进步。

1946年,第三届国际心理卫生大会具体指明心理健康的标准如下。

(1)身体、智力和情绪十分调和。

(2)适应环境,人际关系中能彼此谦让。

(3)有幸福感。

(4)在工作和职业中,能充分发挥自己的能力,过有效率的生活。

然而,心理健康的标准并不是绝对的,健康与不健康之间也不是泾渭分明的,心理健康的标准受年龄、性别、情境等多种因素的影响。国内外学者提出的心理健康的标准也不一样。

马斯洛认为具有自我实现者的人格特征的人就是心理健康的人,他与密特尔曼提出了十条被认为是心理健康的经典标准如下。

(1)有充分的自我安全感。

(2)能充分了解自己,并能恰当评估自己的能力。

(3)生活理想切合实际。

(4)不脱离周围现实环境。

(5)能保持人格的完整与和谐。

(6)善于从经验中学习。

(7)能保持良好的人际关系。

(8)能适度地宣泄情绪和控制情绪。

(9)在符合团体要求的前提下,能有限度地发挥个性。

(10)在不违背社会规范的前提下,能适当地满足个人的基本需求。

马建青主编的《心理卫生学》认为心理健康的标准如下。

(1)智力正常。

(2)善于协调与控制情绪,心境良好。

(3)具有较强的意志品质。

(4)人际关系和谐。

(5)可以能动地适应和改造现实环境。

（6）保持人格的完整与健康。

（7）心理行为符合年龄特征。

身体健康比较外显，能够通过身体特征的变化显现出来，引起人们的重视，及时参与诊疗。而有关心理健康的标准是一个比较复杂的问题。从广义上讲，心理健康是指一种高效而满意的、持续的心理状态；从狭义上讲，心理健康是指人的基本心理活动过程和内容完整、协调一致，即认知、情感、意志、行为、人格完整和协调，能正确对待外界影响并能适应社会，与社会保持同步。

一般来说，心理健康的人能够善待自己和他人，适应环境，情绪正常，人格和谐。心理健康的人并非没有痛苦和烦恼，而是能适时地从痛苦和烦恼中解脱出来，积极寻求能改变不利现状的新途径。他们是那些能够自由、适度地表达和展现自己个性的人，并且能够与周围环境和谐相处。他们善于不断地学习和利用各种资源，不断地充实自己。他们会享受美好人生，同时也明白知足常乐的道理。他们不会去钻牛角尖，而是善于从不同角度看待问题。

在我国，近年来不仅人们对心理健康的需求越来越凸显，党和政府也越来越重视全社会的心理健康状况和心理素质提升。在中共中央文件和政府工作报告中多次提出，要注重"培育自尊自信、理性平和、积极向上的社会心态"。从便于记忆的角度，我们也可以把"自尊自信、理性平和、积极向上"作为心理健康状态的一个凝练表达。

【案例分享】

心轻上天堂

埃及国家博物馆有一件奇怪的展品：一只用精美白玉雕刻的匣子，大小和常用的抽屉差不多，匣内被十字形玉栅栏隔成四个小格子，洁净通透。

玉匣是在法老的木乃伊旁发现的，当时匣内空无一物。

从所放位置看，匣子必是十分重要，可它是盛放什么东西用的？为什么要放在那里？寓意何在？谁都猜不出。这个谜，在很长一段时间内，让考古学家们百思不得其解。后来，在埃及中部卢克索的帝王谷，在卡尔维斯女王的墓室中发现了一幅壁画，才破解了玉匣的秘密。壁画上有一位威严的男子，正在操纵一架巨大的天平。天平的一端是砝码，另一端是一颗完整的心。这颗心是从一旁的玉匣子中取出的。埃及古老的文化传说中，有一位至高无上的美丽女性，名叫快乐女神。快乐女神的丈夫是明察秋毫的法官。每个人死后，心脏都要被快乐女神的丈夫拿去称量。

如果一个人是欢快的，心的分量就很轻，女神的丈夫就引导那有着羽毛般轻盈的心的灵魂飞往天堂。

如果那颗心很重，被诸多罪恶和烦恼填满，快乐女神的丈夫就判他下地狱，永远不得见天日。原来，白玉匣子是用来盛放人的心灵的，心轻者可以上天堂。

启示：原来，心轻者可以上天堂。一颗心的重量可以决定人死后的去向。多么简单的道理啊！只要我们每个人的心中都是欢快的，那么我们死后都可以飞向天堂。然而，生活中有太多的事情让我们操心烦恼，我们的心，早已如同一个千斤坠，重得有时候连它的主人都难以承担，哪里还有多余的地方装下一些快乐和幸福。所以，有时候人很累很累，心很沉很沉。在我们还能微笑和努力的时候，整理一下自己的心吧，把心中的烦恼、苦闷、忧愁、不愉快统统扔到心外，让快乐、幸福和愉悦占满我们的心灵；把如同二氧化碳般的"废物"呼出去，把新鲜的"心灵空气"吸得满满的。让我们的心变得轻些、再轻些，拥有一颗像羽毛般的心，朝着幸福快乐的方向前行！

只要你的心是欢快的，到哪里都是天堂！

二、高职院校学生常见的心理困境

高职院校的青年学生的年龄一般在 16～20 岁，此年龄段在心理学上被称为"青年前、中期"。随着年龄阶段心理特征的显现和社会角色的不断转换，高职院校学生可能会出现一些心理上的困境。

（一）环境适应问题

对于环境适应问题，一般在职业院校一年级的新生中较为常见。调查显示，有将近一半的高职生在初入学时，会因为环境的改变而出现矛盾心理和困惑心理。其中的一部分学生会表现出对现实状况较为严重的失落感。把自我想象中理想的大学校园与实际现状中的职业院校校园作比较，产生理想与现实的心理落差，因此会出现无奈、失意、"混文凭"等心理状态，以致严重影响学生的自信心和进取心。另一部分学生会对所学专业表现出困惑，与高中时期相比，职业院校学习具有更多的自主性、灵活性和探索性。进入职业院校以后，学生从以往对学习的严格"管教"中解脱出来，会感觉到无所适从，不知该如何安排学习和生活，因而导致心中忧郁、烦躁或焦虑。

（二）学习压力问题

职业院校学生常见的学习问题主要表现为：学习目的问题、学习动力问题、学习方法问题、学习态度问题以及学习成绩不理想等。刚入学的高职生，对学习往往不再如高中阶段那样得到绝大多数人的重视和关注，他们很容易在放松的状态下出现学习目的不明确、动力不足等方面的问题。

（三）人际关系问题

人际关系问题常常表现为难以和别人愉快相处，没有知心朋友，缺乏必要的交往技巧，过分委曲求全等，以及由此而引起的孤单、苦闷、缺少支持和关爱等痛苦的感受。人们在交

往中所生成的人际关系的好坏,往往是一个人心理健康水平和社会适应能力的综合体现。对处于青年期的高职学生而言,人际交往又是青年自我意识成熟的重要途径,同高中阶段相比,高职学生对人际关系问题的关注程度超过了学习,也成为他们心理困扰的主要来源之一。因此,人际关系的好坏,会直接影响到高职学生的适应和发展。如何与周围的同学友好相处,建立和谐的人际关系,是高职学生面临的一个重要问题。

（四）恋爱与性心理问题

高职学生处于青春中后期,生理和心理都日渐成熟,往往会萌发对异性的爱恋之情。这种恋爱是异性之间的自然吸引,是最纯洁的、没有夹杂私欲的爱慕情绪的流露,高职学生恋爱是符合青年阶段的生理和心理发展需要的,是性发育成熟的重要特征。高职学生面临的恋爱与性的问题一般包括:单相思、恋爱受挫、恋爱与学业关系问题、情感破裂的报复心理等;而常见的性心理问题包括由婚前性行为、校园同居等问题引起的恐惧、焦虑、担忧等。

（五）性格与情绪问题

性格是指表现在人对现实的态度和相应的行为方式中的比较稳定的、具有核心意义的个性心理特征,它是一种与社会相关最密切的人格特征,在性格中包含有许多社会道德含义。性格表现了人们对现实和周围世界的态度,并表现在行为举止中。性格障碍是高职学生中较为严重的心理障碍,其形成与成长经历有关,原因较为复杂,主要表现为自卑、怯懦、依赖、神经质、偏激、敌对、孤僻、抑郁等。

情绪是对一系列主观认知经验的统称,是多种感觉、思想和行为综合产生的心理和生理状态。最普遍、通俗的情绪有喜、怒、哀、惊、恐、爱、恨等,也有一些细腻微妙的情绪如嫉妒、惭愧、羞耻、自豪等。情绪常与心情、性格、脾气、目的等因素互相作用,也受到激素和神经递质影响。

（六）网络中的心理问题

现如今,网络的受欢迎程度越来越高,有不少同学沉迷其中,严重影响了他们正常的学习、生活和社会交往,随之也带来了网络心理问题,比较常见的有网恋、网络依赖和网络成瘾等。

（七）求职与择业问题

求职与择业问题是高职高年级学生常见的问题。在即将跨入社会时,他们往往会感到困惑和担忧。如何选择自己的职业,如何规划自己的生涯,求职需要些什么样的技巧等问题,或多或少会给其带来困扰和忧虑。

毕业班学生的心理压力要比低年级学生更大,在择业过程中可能会遇到的各种问题,如工作环境不如意、工资待遇不满意、担心自己经验不足、缺乏胜任自信等,这些都给临近毕业的学生造成巨大的心理压力,毕业生们更容易产生焦虑、自卑等情绪。

三、影响高职学生心理健康的主要因素

影响高职学生心理健康的主要因素由两方面来决定:一是遗传,二是环境。遗传决定人的潜能;环境决定这种潜能能否发挥出来,以及发挥到什么程度。

(一)遗传因素

遗传对一个人发展的影响,一直是心理学家们争论的焦点。精神疾病是否遗传?回答是肯定的,一些对于双生子精神分裂症的研究表明,同卵双生子的平均相关是 0.48,异卵双生子的平均相关只有 0.17,另外,父母患有精神分裂症会增加子女患精神分裂症的风险。这些研究强有力地证明了精神分裂症受遗传影响。另外一些研究证明了遗传在酗酒、抑郁症、多动症及双向情感障碍的作用。也许你的亲戚中有人患这些病症,但请放心,这并不意味着你将来一定会得这些病。研究表明,在有一人患有精神分裂症的夫妻中,只有 9% 的夫妻,他们的孩子曾经出现过精神分裂症的症状。据北京医科大学精神卫生研究所和上海市精神卫生中心近年的遗传流行病学研究表明,重性精神疾病患者,如精神分裂症、双向情感障碍等与遗传的关系十分密切,一些轻的精神疾病与遗传的关联度较小。遗传并非决定心理健康的唯一因素,另一个重要因素是环境的影响。

(二)环境因素

心理学家进行了一些分开的同卵双生子研究,奥斯卡·斯德尔和杰克·尤菲就是这样的一对同卵双生子。奥斯卡由他的母亲在纳粹统治的欧洲抚养,是一名天主教教徒,他在第二次世界大战期间曾参加了希特勒青年团运动,后被聘为一家德国工厂的管理人员;杰克则是一位商店老板,被一名犹太人抚养长大,然后来到了令人厌恶的纳粹区。后来杰克成了一名政治自由主义者,而奥斯卡则是一名极端的保守主义者。奥斯卡和杰克享有共同的遗传基因,但由于他们被抚养的环境不同,他们的发展也有了较大的差异,这充分说明了环境对人发展的影响。环境对高职学生的影响主要来自家庭、社会和学校。

1. 家庭环境

环境因素中对高职学生心理健康影响最大的就是家庭环境。家庭环境的影响主要包括三个方面:家庭的自然结构、家庭中的人际关系和家庭的教养方式。有研究表明,寄居家庭相对于其他家庭的学生与人交往时更加敏感;单亲家庭的学生抑郁程度更高,心理障碍较严重,更容易产生敏感和自卑心理,同时他们的独立性更强。父母关系不良、经常吵架甚至相互敌视、家庭气氛紧张、与父母关系较差或很少与父母联系的学生更容易产生抑郁情绪。家庭教养方式从不同方面直接或间接地影响着高职学生的心理健康水平。否定的、消极的、

拒绝的教养方式对学生的心理健康起到了一定层面的负面影响;而肯定的、积极的教养方式则对学生的个性特征、社会交往、自我评价起到了积极的作用。

2.社会环境

当前数字化、智能化带来了社会经济和产业的巨大变革,经济、政治、文化各个方面都在快速变化,生活环境的变化、学习环境的变化、就业环境的变化以及产业的快速转型升级对高职学生的学习、生活、工作提出了更高的要求,而高职学生又恰逢生理和心理发展的不稳定时期,所以受社会环境的影响,出现各种心理困惑在所难免。

3.学校环境

大学是人生的重要时期,是青年在生理和心理上走向成熟和定型的重要阶段。学校教育在提供给学生知识的同时,教师也通过自己的言谈举止,让学生学习到做人的道理,学校、班集体、宿舍是高职学生生活的小社会,学校的文化氛围也对他们有着很大的影响。

诸多影响心理健康的因素中孰轻孰重?事实上心理问题的出现并不是由单一的因素所导致的,而是各种因素综合作用的结果,只有个体因素、环境因素相互协调,才能避免心理问题的发生。

【心理活动】

我的心理健康状态

一、活动目的

通过心理健康问卷,测试了解自己的心理健康状况。如果在上述测试中得分为中度抑郁以上的,应该寻求心理教师和心理咨询师的解释和帮助。

二、活动时间

15分钟。

三、活动内容

表1-1为抑郁量表,其中的句子描述了个体在生活和学习中可能存在的心理感受,请就下列描述对自己在过去2周内的实际感受做出判断,选择符合相应感受在2周内出现频率的选项。

表1-1 抑郁量表

抑 郁 表 现	没有	有1～2天	有3～5天	几乎每天都有
1.做什么事情都觉得没兴趣、没意思	○	○	○	○
2.感到心情低落、郁闷,没希望	○	○	○	○
3.入睡困难,总是醒着;或者睡得太多,一直想睡觉	○	○	○	○
4.感到身体疲倦	○	○	○	○
5.胃口不好,或食欲过盛	○	○	○	○

续表

抑 郁 表 现	没有	有1～2天	有3～5天	几乎每天都有
6. 认为自己是个失败者,让家人丢脸	○	○	○	○
7. 学习或娱乐时难以集中注意力	○	○	○	○
8. 行动、说话过慢或过快以致引起他人的特别关注	○	○	○	○
9. 有轻生或伤害自己的念头	○	○	○	○

四、评分标准

每题对应0～3分。分值与选项的对应关系是:没有抑郁为0分,有1～2天抑郁为1分,有3～5天抑郁为2分,几乎每天都有抑郁为3分。

五、结果解释

计算9道题的平均得分如下。

(1) 0～4分:正常。

(2) 5～9分:存在轻微抑郁可能。

(3) 10～14分:存在中度抑郁可能,建议咨询心理教师和心理咨询师。

(4) 15～27分:重度抑郁,建议咨询心理教师和心理咨询师。

专题二 校园生活适应

【案例导入】

孔子观于吕梁

孔子观于吕梁,悬水三十仞,流沫三十里,鼋鼍鱼鳖之所不能游也。见一丈夫游之,以为有苦而欲死者也,使弟子并流而承之。数百步而出,被发行歌而游于棠行。

孔子从而问之,曰:"吕梁悬水三十仞,流沫三十里,鼋鼍鱼鳖所不能游。向吾见子道之,以为有苦而欲死者,使弟子并流将承子。子出而被发行歌,吾以子为鬼也。察子,则人也。请问蹈水有道乎?"

曰:"亡,吾无道。吾始乎故,长乎性,成乎命。与齐俱入,与汩偕出,从水之道而不为私焉。此吾所以道之也。"

孔子曰:"何谓始乎故,长乎性,成乎命也?"

曰:"吾生于陵而安于陵,故也;长于水而安于水,性也;不知吾所以然而然,命也。"(出自列子《先秦》)

翻译:孔子到吕梁山游览。那里的瀑布有几十丈高,水流湍急,水花飞溅,鱼类都难以穿梭逡巡,却看见一个男人在那里游泳。孔子认为他是有痛苦想投水而死,便让学生沿着水流去救他,他却在游了几百米之后出来了,披散着头发,唱着歌,在河堤上漫步。孔子赶上去问他:"刚才我看到你在那里游,以为你是有痛苦要去寻死,便让我的学生沿着水流来救你。你却一下子游出水面,我还以为你是鬼怪呢。请问你游到那种深水里去有什么特别的方法吗?"那人说:"没有,我没有什么特殊方法。我起步于原本,成长于习性,成功于命运。水回旋,我跟着回旋进入水中;水涌出,我跟着涌出于水面。顺从水的活动,不自作主张。这就是我能游水的缘故。"孔子说:"什么叫'起步于原本,成长于习性,成功于命运'?"那人回答说:"我出生于陆地,安于陆地,这便是原本;从小到大都与水为伴,便安于水,这就是习性;不知道为什么却自然能够这样,这是命运。"

启示: 适者生存,这是人类一切问题的答案。试图让整个世界适应自己,这便是困难所在。试图让一切适应自己,这是很幼稚的举动,而且是一种不明智的愚行。那位智者让自己适应水流,而不是让水流适应他,因此他成功了。这不是一种方法,也不是一个技巧,而是一种智慧。

【心理讲堂】

每个人都希望自己的才能得到发挥,实现自己的愿景,使自己的人生航船驶向胜利的彼岸。而控制人生航船的舵手不是别人,正是自己。青年学生要学会控制自己的心理,积极地适应现实,不断发展自己。

一、适应的含义

适应原是来自演化生物学的一个概念,指的是生物与环境、生物的结构与功能等相适合的现象,是生物界的普遍现象,尤其表现为生物对环境的生理和心理适应。在心理学领域,适应是指个体通过不断调整自身,使其个人需要能够在环境中得到满足的过程,是自我与环境和谐统一的一种良好的生存状态。因此,适应包含了个体、环境与改变三个基本组成部分,改变是其中心环节,它不仅包括个体改变自身以适应环境,而且也包括个体改变环境使之满足自己的需要,从而达到个体和环境的和谐。

人类对其所处的环境,都有一定的适应行为。"良好适应"包含两层含义:一方面,就主体来说,个体的需求获得满足,紧张情绪相应消除;另一方面,就社会来说,个体满足需求的方法要为社会所认可。也就是说,适应要同时具备"需求满足"与"社会认可"这两个条件,反之就是"不适应"或"适应不良"。

良好适应能增进心理健康并形成健全的人格,而不良适应则可能导致行为异常或人格的偏离。世界卫生组织认为,良好的社会适应能力是健康不可或缺的,一个没有良好的社会适应能力的人就不是真正健康的人。

关于适应的含义可以从以下三个角度来理解。

（一）生物学角度

适应最初是一个生物学概念，一切有生命的有机体都是以适应作为生存的基本任务，即生理适应，指的是在环境变化的作用下，个体的生理结构、机能或行为发生变化。

（二）心理学角度

从心理学角度看，适应是指个体遇到环境的变化后借助心理防御机制来使自己减轻压力、恢复平衡的自我调节过程。心理适应主要指个体通过自身的多种个性特征互相配合来适应周围环境的能力。心理适应可以从以下四个方面解读。

第一，心理适应是主体对环境变化所作出的反应，没有环境的变化就无所谓适应或不适应。

第二，心理适应是一个过程，需要一定的时间和努力。

第三，心理适应是一个重建平衡的动态变化过程。适应的主要任务就是使主体和客体之间的不平衡状态重新恢复平衡状态。

第四，心理适应的内部机制是同化和顺应的平衡。同化是指将客体纳入主体已有认知结构或行为模式的过程。顺应则是指调整原有的认知结构或行为模式以适应环境变化的过程。一个人能否快速适应新环境，与其心理适应性高低都有直接的关系。

（三）社会学角度

从社会学角度看，适应是指个体为了生存和发展使自己的行为符合社会要求和规范的过程。良好的社会适应意味着一个人对社会环境的刺激能做出恰当正常的反应。

作为一名高职学生，良好社会适应能力的标准如下。

一是能够与环境保持良好的接触，能根据变化的环境及时修正自己的需要和愿望，使个人行为符合新环境的要求。

二是当个人需要与社会发生矛盾时，能够积极调节自我与社会之间的冲突，使自己在思想、行为上与社会保持协调一致。

三是个人具有较强的竞争意识与创新意识，敢于正视人生与社会的变化与挑战，不断实现自我提升与自我超越。

青年学生的适应不仅包含个体随环境改变和角色变化而做出的行为反应，还包括其心理的成长与成熟。从时间界定上看，新生适应一般是指从入学到第一学期结束；但从心理影响上看，可能不仅局限于这一阶段，有时会更长一些，这取决于个体的适应能力差异。

二、适应的方式

从心理学的观点看，适应的标准就是减轻或消除紧张。例如，高职学生找到了正确的适应方式，减轻了刚入学时的紧张，并且逐渐驾轻就熟，能够和新时期的学习、生活节奏保持和

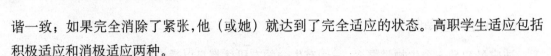

谐一致；如果完全消除了紧张，他（或她）就达到了完全适应的状态。高职学生适应包括积极适应和消极适应两种。

（一）积极适应

积极适应是主动的、健康的适应。一是改变自己以顺应环境，或顺应环境中的某些变革。二是不断地抗争和选择，从一个目标走向另一个目标，这是发展性适应。具体表现如下。

首先，积极适应是一种放弃，即放弃固有的行为习惯，习得新的生存模式。

其次，积极适应是一种接受，是有辨别、有选择地接受，而不是麻木地跟随或违心地屈从。

再次，积极适应是一种挑战，是在现实与不断变化的环境中挑战自我、完善自我、求得生存。

最后，积极适应又是一种痛苦选择，因为有打破与重建以及产生冲突与恢复平衡的过程，这痛苦的过程也正是适应的过程。

因此，整个适应的过程，既是放弃的过程，也是发展的过程。

（二）消极适应

消极适应是被动的、不健康的适应，它以牺牲个体的发展为代价，甚至会导致某些不同程度的心理问题或疾病。

人只有在适应中才能生存和发展，适应是人生别无选择的课题。与其被动适应，不如主动适应；与其晚适应，不如早适应。综观人生，凡懂得适应和善于适应者，往往处处占领先机，事业节节成功；反之，则会步人后尘，碌碌无为，难有建树。

【案例分享】

适　应

有一个女孩，名字叫珍子，她家世代采珍珠。她有一颗珍珠，是她母亲在她离家外出求学时给她的。

在她离家前，她母亲郑重地把她叫到一旁，给她这颗珍珠，告诉她说："当女工把沙子放进蚌的壳内时，蚌觉得非常不舒服，但是又无力把沙子吐出去。所以蚌面临两个选择：一个是抱怨，让自己的日子很不好过；另一个是想办法把这粒沙子同化，使它跟自己和平共处。于是蚌开始把它的精力和营养分一部分去把沙子包起来。当沙子裹上蚌的外衣时，蚌就觉得它是自己的一部分，不再是异物了。沙子裹上蚌的成分越多，蚌越把它当作自己，就越能心平气和地和沙子相处。"

母亲启发她道，蚌并没有大脑，是无脊椎动物，在演化的层次上很低，但是连一个没有大脑的低等动物都知道要想办法去适应一个自己无法改变的环境，把一个令自己不愉快的异己转变为自己可以忍受的一部分，人的智能怎么会连蚌都不如呢？

启示： 生活中每个人都会面临无法改变环境的情况，当你无法改变一个环境的时候，就应该想办法努力去适应它，只是一味地抱怨会让生活更糟糕，只有适应了环境，才能够活出自己，获得精彩人生。

三、新生的适应困境及心理表现

当新生进入新的学习环境时，由于对周围环境比较陌生，如果个体不能及时有效地采取措施加以调整，就会导致个体在认知、情感和意志等方面出现茫然、自卑、焦虑等心理困扰。

（一）适应困境归类

1. 生活与环境适应问题

对于大多数新生来说，来到大学可能是自己第一次离开父母到一个陌生的环境生活。有些学生从未住过校，生活自理能力较差，学校的管理让他们有些许压力。有些学生从外市甚至外省来到学校所在地上学，气候、文化等各方面的不同也会导致不习惯。总之，由于地域、文化或个人等各种原因，新生在入校后相当长一段时间内都会存在生活和环境的适应问题。

2. 人际适应问题

在进入大学之前，同学们在学校的任务主要是学习，大部分学生走读，从未体验过集体生活，同学们大多居住于学校附近，相似性很强。进入大学后，同学们来自五湖四海，习惯和地域文化都各不相同，相处过程中更容易出现人际摩擦。同时，因为课余时间更丰富，大家走出课堂参加活动、交友的时间更充裕，对人际交往能力的要求也会更高，如果还延续之前的人际交往方式，就可能出现人际适应问题。

3. 学习适应问题

学习适应问题主要表现在目标不明确导致的适应问题，以及学习模式和学习方法的不适应。大学是人生的新起点，它是高职学生步入社会前的重要一环，但是很多学生来到新环境时并没有及时确立目标，导致在生活和学习方面非常迷茫，不知道干什么，久而久之就会无聊、厌学、焦虑。同时，职业院校学习内容和教学方法的改变要求学习方法也要相应改变，对高职学生自主学习的能力要求更高，中学时代靠老师督促的学习方法已经不再适用。所以，如果新生在这些方面没有进行及时调整，就会出现学习方面的适应问题。

4. 自我适应问题

高职学生处于青春期，是自我同一性形成的关键时期，心理上成熟与幼稚并存，自我意识不全面。自我适应问题主要是他们对自己的自我意识不全面、不正确而导致新生活适应出现问题。例如，自信心不足导致的人际交往出现障碍，以自我为中心处理问题导致的师生关系紧张等。

（二）适应不良的心理表征

1. 间歇心理

经过高考前努力地拼搏,进入大学就读后突然间放松了,想歇一歇,放松放松。加之学校的课业负担相对于中学时代没有那么重,使很多同学在学业上更加松懈,产生了一种间歇心理,即什么都不想干,没有学习的动力。

2. 茫然心理

中学时代大家的学习目标就是高考,进入大学后,很多新生尚未建立新的学习目标,导致自己有些茫然,不知道该干什么,整天浑浑噩噩,上课睡觉不听课,下课沉迷于网络游戏,校园时光一点点消耗殆尽,没有什么收获。

3. 自卑心理

中学时代同学们都是来自户籍地周围,大家的求学经历大致相似;进入大学后,同学们来自五湖四海,自身的能力、家庭条件等也各不相同,有些同学在与其他同学对比的过程中会由于家境比别人差或能力比别人弱等产生自卑心理。

4. 失落心理

入校前很多新生在脑海中对自己即将就读的学校进行了描绘和畅想,但是来到学校就读后发现,学校的实际条件与理想中的差距较大,完全不是自己想象中的那般美好,于是就会产生失落心理。

5. 怀旧心理

相较于中学时代,大学在生活方式、学习内容、学习方法、人际关系等方面都发生了显著的变化,如果个体不能积极调适,就会产生怀旧心理,非常想回到过去的生活。

四、适应校园环境变化

高职院校学习阶段的生活与中学生活存在多方面的差异,无论是生活环境还是学习方式,无论是社会期望还是自身目标、周围环境都发生了巨大变化。同学们只有在短期内尽快适应环境,调整自己的心态,转变个人的角色,才能为新时期的学习和生活奠定良好的基础,从而顺利地度过大学时代。认识新环境,适应新生活,这是每一个新生入学后要上的第一堂课。

（一）生活环境的变化

相比中学生活,大学生活需要更多的独立自主性。从衣、食、住、行到学习交友,都需要学生独立思考面对。同时在环境上,远离了自己熟悉的家及熟悉的家乡,住在集体宿舍里,舍友们来自五湖四海,兴趣爱好、生活习惯等方面都存在着较大的差异,因此在生活方式、生活范围、生活习惯、语言环境等方面都需要积极主动地去适应。

(二)学习环境的变化

学习环境的变化主要体现在学习内容、学习环境和学习方式的变化上。

1.学习内容更加广博

中学时期,同学们主要学习一般性的基础知识;高职阶段是专业性学习,学生要学习更多的专业课程。高职教育课程容量、广度及深度要远远超过中学时期。高职课程除了学习理论知识,还要进行各种技能的培养,重视综合素质的提高。首先,授课内容中加入了教材之外的新知识、新信息;其次,高职课程的学习具有探究性、创造性和自主性,需要学生更加积极主动地提出问题并探讨研究,需要学生课后查找资料和实践,需要学生具有自学能力;最后,高职课程开设门类众多的选修课程,为学生扩充知识和全方位发展提供了更加广阔的空间。多种多样的课外科研实践活动,相关相近专业的交叉学习与互动活动等,使学习内容更加广博精深和丰富多彩。

2.学习环境更加优越

高职院校有各具所长的专业教师,学生来自四面八方,成长经历各具特色,性格爱好各不相同,每一位教师或同学身上皆有可学习、可借鉴之处。高职院校有更专业、更先进、更丰富的学习设备和实训(实验)场所,校园网络、图书馆等资源更加丰富,设备齐全的实验室可提供学习和实践探索的机会,漂亮、干净、宽敞、安静的校园环境创造了良好的学习氛围。高职学生有较多的自由支配时间,有机会参加各种社会活动,广交朋友、取长补短、相互借鉴、历练能力、开阔视野。

3.学习方式的变化

中学阶段学习主要以教师讲授为主,讲授的内容一般以教材为主,学生只要按教师讲授的内容来理解吸收即可。高职阶段则按照专业来进行教学和学习,面向就业岗位需求,设置专业课程、拓展课程和公共课程,既有专业必修课程,也有专业选修和公共选修课程,满足了学生多样化的学习需求。在课堂教学中,教师往往要将广博的学习内容在十分有限的课堂上浓缩讲解,因此课堂节奏快、信息量大、讲解思路多、详细讲解少,学生在课下要花费大量时间去整理,还要参阅大量相关的学习资料帮助理解吸收,同时需要深入行业企业进行岗位实习和锻炼,深化自身的职业认知,提升职业技能。

(三)自身角色地位的变化

高职新生的生活、学习及人际环境的变化,归结起来是角色地位发生了变化,从一名中学生转变为一名大学生。每一名新生都面临着角色的转变,需要从职业教育阶段的学习、生

活、人际等方面对自我重新定位。

（四）人际关系的变化

人际关系的变化主要体现在人际交往的方式与对象、人际交往的要求等方面。中学阶段学生的主要任务是学习，与社会接触有限，人际关系也相对简单，主要是和父母、教师、同学打交道，不太会感受到地域文化差异。进入高职院校后，人际关系和交往范围出现了很大的变化。首先是人际交往范围扩大，同学们要和不同地域文化、不同专业、不同年级的同学接触，要参与实践活动，深入认识自身职业发展，找准自身职业目标和定位。其次，异性交往的增多使人际交往难度增加，同学之间生活习惯或者价值观的差异等因素也提高了交往的难度。

五、环境适应的应对策略

（一）生活环境适应的应对策略

1. 尽快熟悉校园环境

很多时候人们心中不踏实是因为对一个环境不了解，所以新生要想尽快适应新生活，就要尽快熟悉校园环境。入校后，首先，同学们可以与舍友们一起逛逛校园，了解教室、宿舍、食堂、图书馆、教师办公室等场所；其次，要尽快熟悉在校学习生活的一日常规，按照教师的要求逐渐建立行为习惯。等新生熟悉了校园环境，就会逐渐成长为校园的主人。

2. 适应学校管理模式

高职学生管理的模式是学校、二级学院，以及学生处、教务处等职能部门综合管理，管理内容涉及学生的生活、学习、思想等各个方面。新生入校后要积极地去了解各机构的制度以及工作机制，知道有困难和需要的时候该向谁求助，逐渐适应学校的管理模式。

3. 以积极心态结交朋友

人是社会性动物，面对新环境时，及时建立归属感是克服新生活不适的关键。宿舍是同学相处最紧密的场所，在宿舍最容易结交志同道合的好朋友，所以个体在入校后可以积极与舍友一起做事情，一起吃饭、买东西、学习等，在相处中逐渐磨合，慢慢找到人生观、价值观相似且志趣相投的朋友。有了朋友，就拥有了寻找心灵慰藉的去处。相同的年纪、相似的经历都会让心灵贴得更近，适应新生活就变得容易多了。

（二）学习环境适应的应对策略

1. 正确认识学习内容、方法的转变

职业院校在学习内容和方法上相较于中学都有很大的变化，学习内容更偏向专业课程

的教授和专业技能的训练,学生既要掌握理论知识,更要掌握技能操作。在学习方法上,相比于中学时代,更强调同学们的自主学习。这就要求刚刚进入大学校园的同学们要尽快在学习过程中去适应,努力学习理论知识,做到课前预习,课下巩固;多跟随教师操作实习,掌握实践技能;多参加兴趣小组学习活动和技能竞赛等。

2. 及时确立学习目标

目标是前进的方向,所以在入校后要及时确立学习和生活目标,包括长期、中期和短期目标。比如长期目标是通过三年的专业学习,自身在专业有所成长,在学业上进一步深造;中期目标是以优异的成绩完成大学学习;短期目标是尽快适应大学生活等。

3. 认同你所在的学校和专业

学校是学生成长进步的摇篮,要想学业上有所成就,必须首先认可自己的学校和专业。在学校的选择上,有部分同学是高考失利走入了高职院校,也有同学是经过中职阶段的不懈努力进入了高职院校。在专业的选择上,有的同学选择了自己一直以来坚持的梦想的专业,有的同学是在对自己所学专业一无所知的情况下做出的选择。无论什么情况,首先要从适应学校、适应专业开始,逐渐到热爱学校、热爱专业。所以,新生入校的时候要多了解学校的历史和自己的专业,在学习过程中逐渐培养起专业兴趣,爱己所学与所选,努力学好专业技能。

【案例分享】

兴趣是成功之母

20世纪初,克里斯汀·迪奥出生在法国格兰维尔的一个小镇上,家境殷实,父亲是当地有名的肥料大王。6岁那年,迪奥举家迁往巴黎定居。

一个周末,父亲带着迪奥前往巴黎最大的博物馆卢浮宫去游览。卢浮宫精美的艺术珍品深深地吸引了迪奥,特别是在德农馆二楼的第六厅里,迪奥看到了达·芬奇的《蒙娜丽莎》,让迪奥感到惊奇的是:无论自己站在哪个角度上,画中人的眼睛都会镇定而深沉地和自己对视。迪奥兴奋极了,赞叹艺术的神奇,也对美学有了极高的兴趣。迪奥知道自己离不开艺术了,"我要为艺术而活,艺术就是我的生命!"迪奥心中暗暗下定决心。

回家后,迪奥跟父亲说了自己的兴趣和想成为一名艺术家的理想时,却遭到了父亲的强烈反对。父亲认为画画是不务正业,不可以作为一生的工作及奋斗目标,父亲希望他以后能成为一名外交家或者继承自己的公司,他让迪奥选择经济学或政治学。于是16岁那年,在父亲的强制干预下,无奈的迪奥只能听从家人的意愿进入了科学政治学院,攻读政治学。

虽然读了5年的政治学,但迪奥并无意成为一名外交家。因为对艺术的浓厚兴趣,在服完义务兵役后,迪奥开了一家小画廊。但是两年之后,因为迪奥的家庭发生财务危机,加上画廊的生意惨淡,迪奥只好结束画廊的经营。

法国独立前期,经济萧条,迪奥也经历着非常黑暗的时光。每天他从报纸上搜索工作机会,他没有固定的住址,时而露宿街头,饥一餐、饱一餐,最终得了肺结核。尽管如此,迪奥始终没有放弃过自己的兴趣,因为他一直坚信兴趣也可以成为一个人的事业,所以从没有放弃艺术。没有纸,没有笔,迪奥就用石头在地板上画。

有一次,迪奥正在地上画《蒙娜丽莎》,刚好被一位时装界的朋友看到。这个朋友看到了地板上的图画惟妙惟肖,于是介绍他去自己的公司画一些服装设计的画作,迪奥的第一张服装设计画作以20法郎的价格售出。

1939年,第二次世界大战爆发了,迪奥被征召到法国南部从军。两年后,40岁的迪奥回到了巴黎,经历过多年尝试和失败的迪奥日渐成熟,眼见身边的朋友们一个个都事业有成。"我要为艺术而活,艺术就是我的生命!"迪奥想起了自己的兴趣和孩提时的决定,于是他应聘到一家时装公司做了一名设计助理。

迪奥是一名天生的艺术家,从没有学过裁剪和缝纫的技术,但对裁剪的概念了然于胸,对比例也极为敏锐,他的每一份设计都充分展露出他独特的才能。也正是迪奥的这个才能,被当时的织品生产商业巨头米歇尔·巴萨科慧眼相中,他邀请迪奥与其合作,共同开展高级时装业务。两年后,迪奥在巴黎著名的时装街马丁大道上开设了个人服装店,专心经营起了自己的事业,从设计到制作全部自己独立完成,并且以自己的名字定为服装的品牌,他的服装高级华丽、高雅时尚,很快博得了世界时尚女性的青睐,也让迪奥这个品牌迅速地走向了全世界,并且几十年不变,引领世界潮流。迪奥在晚年的时候写过一本回忆录,其中一段是这样说:"我的成功来自我的兴趣,兴趣能让人勇敢,让人坚强,让人百折不挠,只要兴趣不灭,成功就不会太遥远!"

启示: 俗话说兴趣是最好的老师,把专业培养成自己的兴趣,才能持之以恒,精益求精,取得专业上的进步和成功。爱吾之所爱,为之努力奋斗,成功离你就不远了。

(三)自我适应的应对策略

1. 树立正确的自我意识

适应新环境的过程也是个体重新建构自我意识的过程。在这个过程中,如果自我认知不合理,就会出现自卑、自负、人际交往障碍等问题。每个人都有自己的优点和不足,在本阶段,同学们需要正确地进行自我认知,正确且全面地进行自我评价,充分利用自己的闪光点,努力弥补自身不足,不要拿自己的不足与别人的长处作比较,也不要嘲笑别人的不足之处,应保持一个谦虚谨慎的态度,客观全面地进行自我认知。

2. 向外界求助

每个人的心理都不是完全健康和完善的,大多数人或多或少都存在一些心理问题,因此当自己出现心理问题的时候,首先要认识这是正常现象,然后采取简单的心理调适方法进行调整。当出现个人即使努力也无法调和的心理问题时,个体可以积极寻求班主任、辅导员、心理老师的援助,或者拨打心理咨询热线。

（四）人际环境适应的应对策略

1.建立和谐的人际关系

人际关系建立的关键是微笑、赞美和倾听。微笑能最直接地拉近人与人之间的关系;赞美是一种成本最低、回报最高的人际交往法则,交往中要多加运用;一个拥有好的人际关系的人首先是一个好的倾听者,倾听要做到"耳到、眼到和心到"。另外,要掌握人际交往的黄金和白金法则。黄金法则:想别人怎样对你,你就怎样对别人;白金法则:明白别人的需要,适当给予所需。

2.多参与社团活动

社团活动是高职院校课外活动的重要基地,也是交友的重要场所,可以丰富同学们的校园生活。社团活动可以吸引一批爱好相同的人在一起做事,发展自己的兴趣,培养自己的能力,丰富自己的生活。生活充实起来,获得了成就感,就会很快适应新的校园生活了。

3.向长者汲取经验

来自高年级同学的经验是新生适应校园生活最好的忠告,所以新生入校后可以多向高年级同学请教,咨询生活经验、学习技巧、就业渠道等,他们走过的路就是大家将来要走的路,所以可以多跟他们交流,寻求经验,少走弯路。

【心理活动】

理 想 的 我

一、活动目的

寻找理想的我与现实的我之间存在的差距。

二、活动时间

30分钟。

三、活动内容

（1）同学按3～4人划分为一组。要求每位同学认真思考理想中的我具有哪些特征,在8分钟内至少列举出10个"理想的我"的特征（越多越好）。每位同学分别对每位组员的"现实的我"的特征进行评价,然后对同学的评价与自己所认为的"理想的我"进行比较,寻找两者间存在的差距,时间大概15分钟。最后每个小组选派一名代表,谈谈参加此次活动的感受。

（2）完成后,让学生分享在活动中的感受,再次澄清对自我的认识。

专题三　心理素质提升

【案例导入】

乐观向上的张海迪

张海迪5岁时因患脊髓血管瘤而导致高位截瘫。因此,她没进过学校。但张海迪从童年起就开始以顽强的毅力自学知识,先后自学了小学、中学和大学的专业课程。张海迪15岁时,随父母下放到山东聊城莘县一个贫穷的小村子。她没有惧怕艰苦的生活,而是以乐观向上的精神顽强拼搏。在那里她给村里小学的孩子们教书,并且克服种种困难学习医学知识,热心地为乡亲们针灸治病。在莘县期间,她无偿地为乡亲们治病1万多人次,受到人们的热情赞誉。

启示：即使身处逆境,也要保持积极向上的心态,在逆境中不断提升自身的心理素质,用强大的内在动力,冲破外在环境的束缚,实现人生价值和人生目标。张海迪面对逆境没有自暴自弃,而是以坚忍、乐观的心态克服了种种困难,努力实现自身价值,展现了良好的心理素质。

【心理讲堂】

当前,全世界都注重要从小培养心理素质,心理健康教育日益普及,并在各个年龄阶段有着不同的内涵。

一、心理素质的内涵

心理素质是指个体在遗传和环境的共同作用下形成的内在的、相对稳定的心理品质。这些心理品质影响或决定着个体的心理、生理和社会功能,其结构由认知品质、个性品质和适应能力三个基本维度构成。

关于心理素质的分类有多种,如前所述的"知、情、意"是一种分类;强调心理有"智力因素"与"非智力因素(或人格因素)"又是一种分类。从认知品质、个性品质、适应能力的角度来看,其实就是侧重于后一种分类。

认知品质主要强调智力因素,个性品质侧重于动机、情绪情感、意志、自我认识等非智力因素,适应能力的侧重点在于自我发展和社会交往的适应性,主要也属于非智力因素。

我国早在1999年中共中央、国务院颁布的《关于深化教育改革全面推进素质教育的决定》中就已提出:"在全面推进素质教育工作中,必须更加重视德育工作,加强学生的心理健康教育。"此后,教育部颁布的《关于加强普通高等学校大学生心理健康教育工作的意见》中指出:"高等学校培养的学生不仅要有良好的思想道德素质、文化素质、专业素质和身体素质,而且要有良好的心理素质。"

在教育部颁布的《中国普通高等学校德育大纲（试行）》中也明确提出："要把心理健康教育作为高等学校德育的重要组成部分，大学生应具备良好的个性心理品质和自尊、自爱、自律、自强的优良品格，具有较强的心理调适能力。"从这些文件中都可以看到，心理健康教育的重要目的在于提高广大学生的心理素质。

心理素质教育，顾名思义是指提高学生心理素质的教育，包括普及心理健康基本知识，树立心理健康意识，了解简单的心理调节方法，认识心理异常现象，以及初步掌握心理保健常识等，涉及学会学习、人际交往、自我修养、升学择业以及生活和社会适应等方面的常识。概括地说，心理素质就是指在面向心理健康保持和提升的要求下，个体在认知、情感、行为意向等方面需要学习、了解并掌握的知识技能和相关的心理准备。

从心理健康的角度看，心理素质可以分为适应性指标和发展性指标。

适应性指标重点是看能否良好地适应社会，一切不适应的心理行为都属于心理不健康的范畴，如学生中存在的诸如嫉妒、任性、自卑、孤僻、逆反、焦虑、神经衰弱、社交困难，乃至自杀、犯罪等心理行为问题。

发展性指标则强调智力因素和非智力因素（即人格因素）的培养发展。智力因素包括感知觉能力（特别是观察辨别能力）、记忆能力、想象能力、思维能力、言语能力和操作技能，其中思维能力和问题解决能力是智力与能力的核心。非智力因素是指智力活动以外又能对智力活动产生助益的一切心理因素。良好的非智力因素主要包括健康稳定的情绪情感、刚毅坚忍的意志、积极主动的兴趣、稳定持久的动机、崇高的理想、良好的习惯等。

二、培养积极健康的心理素质

心理素质是一个多层次、多维度的概念。从其功能角度，对于个体来说心理素质存在正性（积极的或健康的）和负性的（消极的或不健康的）两种功能。就心理健康的角度，我们应重点发展培养积极、健康的心理，尽力减少或消除那些消极、不健康的心理。

在这些心理素质中，既包括指向自我的心理品质，如自我知觉、自我体验、自我评价、自我调节和自我效能感，也包括指向其他人或物的心理品质，如个人的认知风格、情绪体验、情绪调节、应对风格、个性、动机、价值观等。

培养积极健康的心理素质，重点可从以下几方面着手。

（一）自我认识与控制

自我认识与控制是指个人对自己的认识、对自己情绪的体验和调节以及控制自己行动相关的知觉和信念。简言之，包括自我知觉、自我评价、自我体验、自我调节。其中，有关自我效能感和自尊的培养极为重要。对此，我们可以从专注完成日常点滴小事中逐渐积累成就体验和价值感。

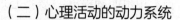
（二）心理活动的动力系统

心理活动的动力系统是指个人心理活动的动力源泉，包括心理活动最基本的动力源泉——需要，以及在社会生活中形成的人生观、价值观及生活目标等。对于高职学生来讲，就是要好好考虑未来的职业取向和生活目标，思考自己未来希望成为什么样的人，相应地规划自己的行动方案。

（三）性格

性格是指人对现实的稳定态度和与之相适应的习惯化的行为方式。其主要反映人格中较为稳定的对事物的认识，有关事物变化发展的乐观与悲观态度，敢于负责、敢于行事、独立行事、能够克服困难并自我约束的意志品质，以及在挫折情境下的挫折容忍力。

【案例分享】

空城计的故事

诸葛亮为实现刘备凤愿，率领大军北伐曹魏，但因错用马谡而失掉战略要地街亭，魏将司马懿乘势引 15 万大军向诸葛亮所在的西城蜂拥而来。当时，诸葛亮身边没有大将，只有一班文官和 2500 名士兵在城里。诸葛亮传令，藏起旌旗，打开城门，每个城门之上派 20 名士兵扮成百姓模样，洒水扫街。诸葛亮自己领着两个小书童，带上一张琴，到城上谈笑风生。司马懿率先头部队到达城下，见状认为诸葛亮一生谨慎，不曾冒险，现在城门大开，里面必有埋伏，于是撤退。

启示：空城计，这是一种心理战。在己方无力守城的情况下，故意向敌人暴露我城内空虚，就是所谓"实者虚之，虚者实之"。敌方产生怀疑，更会犹豫不前，就是所谓"疑中生疑"。敌人怕城内有埋伏，怕陷进埋伏圈内。但这是悬而又悬的"险策"。使用此计的关键是要清楚地了解并掌握敌方将帅的心理状况和性格特征。诸葛亮使用空城计解围，就是他充分地了解司马懿谨慎多疑的性格特点，才敢出此险策。诸葛亮强大的心理素质和对司马懿多疑性格的判断是空城计成功的关键，也是现实生活中心理素质和性格决定事情成败的典范。

（四）认知风格

认知风格是指个体在认知过程中经常采用的习惯化的方式，具体而言，就是在感知、记忆、思维和问题解决过程中个体所偏爱的、习惯化的态度和方式，它包括认知方式和归因方式两个方面。认知方式可分为沉思—冲动、发散—整合、语言—图像、复杂—简单、具体—抽象、冒险—谨慎等方面；归因方式可分为内归因与外归因、稳定归因与不稳定归因等。

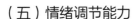

（五）情绪调节能力

我们在日常生活中会产生各种各样的情绪,包括积极情绪和消极情绪。积极情绪对人的活动具有正向作用,对人的生活具有良好的适应功能,对人的发展具有推动作用;消极情绪往往会对心境产生负面影响,但如恐惧、愤怒这样的消极情绪,其实也是来自生物进化中为躲避威胁而产生的本能反应,也有其本来的适应的积极意义。总体而言,如果我们能够提高情绪调节和控制能力,使积极情绪在个人的情绪生活中占主导地位,减少消极情绪对个人心境和行为的负面影响,就能够更好地提升自己的幸福感。

（六）应对风格

应对风格是指一个人身上较稳定的、独特的应对外部环境和应激事件的策略和方式方法。应对风格既是一个人以往应对经验的积累,也是应对策略和方式的学习。进入高职院校之后,同学们会面临更复杂的学习和工作环境以及人际关系,学习应对各种压力情境的方式方法,形成自己的有效应对方式和应对风格,是需要每一位同学重视的。

（七）人际交往素质

人际交往素质是指个人能与周围人和群体进行交往、沟通,建立良好人际关系,维持、改善人际环境的能力和品质,包括人际知觉、人际沟通、同理心、人际过程中的自我情绪调控能力等。

良好的心理素质有助于产生良好适应状态,这也是心理健康者的特征。在现代社会,适应还意味着能够随社会进步和生活节奏的改变,不断改变自己、改变环境、改变自身的需要以适应不断变化着的现实,从中体现出我们的适应能力、自控能力和社会交往能力。因此,我们每一个人,都要努力提高自己的心理素质。

【心理活动】

我是不是真实的自己

一、活动目的

通过真实性量表,评估自己在日常学习生活中是否可以真实地做自己。

二、活动时间

20分钟。

三、活动内容

下列题目是用来描述人们对自己看法的。答案没有对错之分,请根据自己的实际感受,按 1～7 七个程度,选出最能描述你自己的选项(1.很不符合;2.基本不符;3.有点不符;4.介于符合／不符合之间;5.有点符合;6.基本符合;7.很符合)。

（1）我认为做自己要比受欢迎好。

(2) 我不知道自己内心真正的想法。

(3) 他人意见能强烈地影响到我。

(4) 我经常做别人让我做的事。

(5) 我总是感到需要做其他人期望我做的事。

(6) 其他人对我的影响极大。

(7) 我感到好像不是很了解自己。

(8) 我总是坚持自己的信念。

(9) 大多数情况下,我是真实的自己。

(10) 我感觉无法触及真实的自我。

(11) 我依照自己的价值观和信念行事。

(12) 我感到与自我疏离。

四、评分标准

每题对应 1～7 分。12 道题分别属于以下三个维度,根据各维度下相应题目的得分计算平均分,得到每个维度的得分。

五、结果分析

真实的生活(分数越高则真实性越强):包含(1)、(8)、(9)、(11)题。低于 3.8 分,较低水平;3.8～6.1 分,平均水平;6.2 分以上,较高水平。

接受外部影响(分数越高则真实性越低):包含(3)～(6)题。低于 2.8 分,程度较低;2.8～5.4 分,平均水平;5.5 分以上,程度较高。

自我疏离(分数越高则真实性越低):包含(2)、(7)、(10)、(12)题。低于 2.2 分,程度较低;2.2～5.2 分,平均水平;5.3 分以上,程度较高。

(1) 如果"真实的生活"分值高于 6.2 分(含),"接受外部影响"低于 2.8 分,并且"自我疏离"低于 2.2 分,表明自我真实程度很高;如果上述三方面有两个方面符合,表示自我真实程度较高。

(2) 如果"真实的生活"分值低于 3.8 分,"接受外部影响"高于 5.5 分(含),并且"自我疏离"高于 5.3 分(含),表明自我真实程度很低;如果上述三方面中有两个方面符合,表示自我真实程度较低。

(3) 其他分值情况意味着中间状态,即真实性处于一般平均水平。

模块二　心理危机与心理支持

【心理箴言】

禅　诗

（宋）释绍昙

春有百花秋有月，夏有凉风冬有雪。

莫将闲事挂心头，便是人间好时节。

【分析解读】

这首诗的意思是每个季节各有其美，人也要放平心态，时刻保持好心情，这样自然能够获得生活之乐。这是很有禅意的一首诗，读之使人心境平和，抛却烦恼，尽情拥抱春风、夏夜、秋月、冬雪！

许多人谈到心理问题就色变，殊不知一般性的心理问题就犹如感冒，人人都会遇上。现在的大学校园里，环境适应、学业困惑、生活压力、交往障碍和就业竞争等因素都有可能导致大学生产生心理问题和心理障碍。所以，应该学会直面自己的心理问题，接纳各种事物的不完美，懂得及时自我调适或寻求帮助，及时恢复健康，拥有健康的心理，提升生命的质量。

【学习提示】

(1) 了解心理健康的状态划分、常见的心理问题及心理障碍。

(2) 了解心理咨询的功能，知悉获取心理咨询的途径。

(3) 识别心理危机状态并知悉求助的渠道。

(4) 理解生命的意义和价值。

专题一　心理问题与心理咨询

【案例导入】

社交恐惧症

张某，女，23岁，某大学三年级学生。自诉自己有害羞的毛病，两年多来，从不多与人讲话，与人讲话时眼睛躲闪，不敢直视，脸发烧，心怦怦跳，全身发抖并起鸡皮疙瘩；说话时总是低头盯着脚尖,像做了亏心事,最怕接触男生,也害怕老师;上课时只有老师背对学生板书时才不紧张,只要老师面对学生,就不敢朝黑板方向看,常常因为紧张,对老师所讲的内容不知所云。由于这些原因,张某极少去社交场所,很少与人接触。自己曾力图克服这个毛病,也看了不少心理学方面的书,按照社交技巧去指导自己,用理智说服自己,用意志控制自己,但作用不大。现在已经严重影响到了自己各方面的发展,导致学习成绩下降,交往失败。

启示:张某的情况符合精神疾病的三方面症状,是一种常见的心理障碍——社交恐惧症。这是由心理原因导致的,应该及时到心理咨询室或医院的心理科寻求心理咨询师的帮助。

【心理讲堂】

心理健康状况可以分为正常和异常两大范畴。正常的心理是具备正常功能的心理活动,多数人的心理状态都处在正常状态的范畴中。

一、心理健康状态的划分

通常将心理健康状态划分为四个等级,即心理健康、心理问题、心理障碍和心理疾病。

(一)心理健康

心理健康是指生活在一定社会环境中的个体,智力正常、情绪稳定、行为适度,具有协调关系及适应环境的能力;也是指个体在一个时间段内,良好的感觉大于不良感觉,个人心理活动与周围环境相协调,社会功能良好,具有良好的自我调节能力,是一种较为稳定的心理状态。

(二)心理问题

心理问题(也称心理失衡)是指所有心理及行为异常的情形。心理的"正常"和"异常"之间并没有明确的和绝对的界限,现实社会中的每一个人在一定程度上都存在心理问题,只是程度不同而已。心理问题是正常心理活动中的局部异常状态,不存在心理状态的病理性变化,具有明显的偶发性和暂时性,常与一定的情境相联系,常由一定的情景诱发,脱离该情景,个体的心理活动则完全正常。

(三)心理障碍

心理障碍是由于某种原因导致的心理功能不能正常发挥作用,从而影响了个体的正常生活、学习和工作状态,使个体无法有效适应日常生活要求。通俗地讲,心理障碍是指个体没有能力按社会规范或适宜的方式来适应日常生活要求,而表现出的心理异常或行为偏离。"没有能力"可能是器质性损害或功能性损害的结果，或者两者兼有。

在识别心理障碍者时，应该注意到：心理障碍者肯定偏离常态心理现象，但并非所有偏离常态心理现象的人都患有心理障碍。对心理障碍的判断还应该参照当事人一贯的心理行为表现，以及发生该"异常"行为有无"合理"的原因及解释等。另外，不同的社会制度、风俗习惯也会影响我们对心理障碍的分辨。

我们可以通过图 2-1 中的指标来标识心理障碍，具体包括以下几个方面。

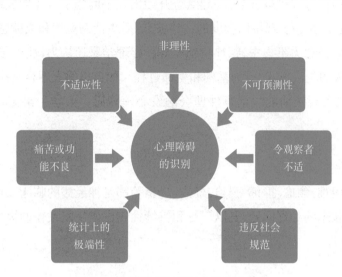

图2-1　心理障碍识别的主要考虑因素

（1）痛苦或功能不良。例如，一个男生离开家就要哭，无法正常生活。

（2）不适应性。例如，总是无法保持正常工作，或者对他人的安全造成威胁。

（3）非理性。例如，个体总是对实际上不存在的声音做出反应。

（4）不可预测性。个体从一个情境过渡到另一个情境的行为存在不可预测性或者没有规律可循，如一个孩子无缘无故地用拳头打碎玻璃。

（5）令观察者不适。即个体让他人感到威胁或遭受痛苦，如一个女人在大街上自言自语地大声讲话，或对试图绕过她的车辆上的观察者造成不适。

（6）违反社会规范。个体违反了社会规范对其行为的期望。

（7）统计上的极端性。个体的行为在统计学上处于极端位置且违反社会公认的或赞许的标准。

（四）心理疾病

心理疾病是指由于个人及外界因素引起的个体强烈的心理反应，并伴有明显的躯体不适感，是大脑功能失调的外在表现，如出现思维判断上的失误，情绪低落，紧张焦虑，行为失常，意志减退等。这种状态通常需要接受精神疾病专业医生实施药物与心理治疗。

二、大学生常见的心理问题

模块一中已经介绍了大学生在日常学习与生活中往往会因遇到各种各样的矛盾冲突，而产生短暂性、发展性的心理困惑。这些心理矛盾或心理困惑表现得并不剧烈，及时使用正确的方法进行调适就可以恢复到正常的心理健康状态，但如果不及时进行心理疏导，则可能转化成为心理障碍，甚至严重的心理疾病。

生活中有许多细节在提醒我们，心理状态开始出现小问题了。比如成绩不好、失恋、考研受挫、就业失败等，都会出现不同程度的情绪波动，对生活满意度和成就感有所下降，遇事易急躁，抱怨增多，注意力不集中，精神状态差等。心理学家还认为，性格与心理密切相关，性格代表了一个人的生活方式、行为基础和生命过程。如自卑的人不容易控制外界变化，常常怨天尤人，一旦出现负面的生活事件便会触发心理障碍。大学生常见心理障碍有如下几点。

（一）神经病

长期的睡眠困难、焦虑、抑郁、强迫、疑病、恐惧等都是神经病的临床表现症状。神经病问题是偏离正常状态的心理问题，是以广泛和持续性焦虑或反复发作的惊奇不安为主要特征的神经症性障碍。

1. 焦虑症

焦虑症又称为焦虑性神经病，是神经病这一大类疾病中最常见的一种，以焦虑情绪体验为主要特征。焦虑症是一种对身心伤害很大的精神类疾病，其特征为：心慌心悸、头晕眼花、感觉心跳加快、胸闷、呼吸不畅，甚至有窒息的濒危感。

焦虑症又分为广泛性焦虑和急性焦虑。

（1）广泛性焦虑：患者经常持续出现无明确对象或固定内容的紧张不安，或对现实生活中的某些问题过分担心、烦恼。

（2）急性焦虑（又称惊恐发作）：发作不限于某一特殊情境或特殊场合，患者会突然产生极度恐惧的状态。

2. 恐惧症

恐惧症是以对某种客体（特定物体或情境）产生不合理的恐惧为临床表现的一类神经病性障碍。其特征为：恐怖情绪与现实不符，对恐怖现象有回避行为，伴有明显的自主神经症状。恐惧症又分为场所恐怖、社交恐怖和物体恐怖。

（1）场所恐怖：患者对特定场所或环境产生恐惧，如广场、空旷的场地、高处、幽闭空间等。

（2）社交恐怖：患者对特定的社交场合和人际接触产生恐惧，如对视、赤面、学校、异性和陌生人等。

（3）物体恐怖：患者对特定的物体产生恐惧，如动物、血液、自然现象、疾病、尸体等。

3．强迫症

强迫症是以强迫症状为主要临床表现的一类神经病。强迫症患者明知没有必要，却又不能以主观意志所克制，其症状特点是自我强迫与反自我强迫同时存在，患者感到焦虑、痛苦，有明显的人格基础。强迫症又分强迫观念、强迫行为、强迫观念与强迫行为混合。

（1）强迫观念：在患者脑中反复出现的某一概念或相同内容的思维，明知没有必要，但又无法摆脱，如强迫怀疑、强迫回忆、强迫穷思竭虑、思维强迫意向、强迫情绪、魔术性思维等。

（2）强迫行为：其往往是为减轻强迫观念而引起的焦虑，患者不由自主地采取的一些顺从性行为，如强迫洗涤、强迫检查、强迫记数、强迫仪式动作等。

（3）强迫观念与强迫行为混合：在某段时间个体反复而持久地经历某些侵扰和不恰当的观念的冲动，又用某种行动来压制这种观念的产生。

4．疑病症

疑病症是以疑病症状为主要临床特征的一类神经病性障碍。其特征为：对健康过分担忧，其严重程度与实际情况明显不相称；对身体过分关注，对通常出现的生理现象和异常感觉做出疑病性解释；有疑病观念，缺乏根据，但不是妄想。

5．神经衰弱

神经衰弱是一种神经症性障碍，主要表现为精神容易兴奋和脑力容易疲乏，情绪易烦恼，入睡困难。其特征为：脑力不足、精神倦怠；对内外刺激敏感；情绪波动、易烦易怒、缺乏忍耐性；紧张性疼痛；失眠、多梦等。

（二）心境障碍

心境障碍是一组以明显而持久的情感高涨或低落为主要特征的心理疾病，伴有相应的认知和行为改变。严重者可有幻觉、妄想等精神病性症状，大多有反复发作的倾向，治疗缓解后或发作间期精神状态基本正常，但部分患者有残留症状或转为慢性。心境障碍主要包括躁狂发作、抑郁发作和双相障碍等。

1．躁狂发作

躁狂发作是指与所处情境不相称的心境高涨，可能兴高采烈，也可能易激惹。患者觉到挫折的时候，一般是易激惹，甚至发生意识障碍，严重者可能出现幻觉、妄想精神病性症状。在躁狂阶段，患者常常感觉到自尊的膨胀感，觉得自己拥有特别能力或潜力，表现出前所未有的乐观，需要睡眠的时间戏剧化地减少，精力充沛。

2．抑郁发作

这是与所处情境不相称的心境低落，可以从闷闷不乐到悲痛欲绝，严重者甚至可能出现幻觉、妄想等精神病性症状。简言之，抑郁发作的患者可谓"六丧失"：没有乐趣，没有希望，没有办法，没有精力，没有意义，没有用处。

当今社会，高校校园中学生出现抑郁倾向的比例较高。一方面，他们对社会有强烈的需求和期望，希望表现出自己的才能；另一方面，他们对社会还缺乏认识，加上人生观、价值观尚未稳定，对挫折的承受能力与心理防御机能还不成熟、不完善，因而很容易影响个体的情绪和心境。

3．双相障碍

双相障碍是指躁狂症状和抑郁症状在一次发作中同时出现，临床上较为少见。通常是在躁狂与抑郁快速转相时发生。例如，一个躁狂发作的患者突然转为抑郁，几小时后又再复躁狂，使人得到"混合"的印象。但这种混合状态一般持续时间较短，多数较快转入躁狂相或抑郁相。

（三）人格障碍

人格障碍是指从童年或少年期开始，现年 18 岁以上，至少持续 2 年，其人格发展和人格结构显著偏离常态为特征的精神障碍。其特征为：从童年或少年开始；有严重的人格缺陷；情感异常；缺乏自制力；持续终生，不易改变。常见的人格障碍又分偏执型人格障碍、分裂型人格障碍、反社会型人格障碍、冲动型人格障碍、表演型人格障碍、强迫型人格障碍、焦虑型人格障碍和依赖型人格障碍。

【案例分享】

约 拿 情 结

约拿情结是美国著名心理学家马斯洛提出的一个心理学名词。简单地说，"约拿情结"就是对成长的恐惧。它源于心理动力学理论上的一个假设："人不仅害怕失败，也害怕成功。"其代表的是一种机遇面前自我逃避、退后畏缩的心理，是一种情绪状态，并导致我们不敢去做自己能做得很好的事，甚至逃避发掘自己的潜力。在日常生活中，约拿情结可能表现为缺少上进心，或称"伪愚"。它的存在也许有一定的合理性，不过，从自我实现的角度来看，这是一种阻碍自我实现的心理障碍因素。

约拿情结的基本特征可以分为两个方面：一方面是表现在对自己，另外一方面是表现在对他人。对自己，其特点为：逃避成长，拒绝承担伟大的使命；对他人，其特点为：嫉妒别人的优秀和成功、幸灾乐祸于别人的不幸。

人类的心理是复杂而奇怪的：我们渴望成功，但当面临成功时却总伴随心理迷茫；我们自信,但同时又自卑;我们对杰出的人物感到敬佩,但总是伴随一丝敌意;我们尊重取得成功的人,但面对成功者又会感到不安、焦虑、慌乱和嫉妒;我们既害怕自己最低的可能状态,又害怕自己最高的可能状态。简单地说,这些表现就是对成长的恐惧——既畏惧自身的成功,又畏惧别人的成功。

约拿情结是一种复杂的心理现象。它的存在也许有一定的合理性,不过,从自我实现的角度来看,这是一种阻碍自我实现的心理障碍因素。

启示:毫无疑问,"约拿情结"是我们平衡自己内心心理压力的一种表现。我们每个人其实都有成功的机会,但是在面临机会的时候,只有少数人敢于打破平衡,认识并克服了自己的"约拿情结",勇于承担责任和压力,最终抓住并获得了成功的机会。这也就是为什么只有少数人成功,而大多数人却平庸一世的重要原因。

三、寻求心理咨询

大学生初入大学,兴奋感过后,就会面临一段心理的适应期,在这个阶段很容易出现心理适应不良的现象。平日里,由于遇到一些自己无法解决的问题时而产生的各种心理困扰,阻碍了自己的发展。此时,在自己努力无效的情况下,大学生应该及时寻求心理咨询的帮助,自愿寻求帮助是心理成熟的表现。

(一)心理咨询的含义

咨询一词源于拉丁语 consuitatio,英语为 counsel,有商讨、劝告、质疑等意思。心理咨询(psychological counseling)是在咨询的概念上延伸出来的,特指在心理方面给咨询对象以帮助、劝告、引导的过程。心理咨询是通过人际关系,运用心理学理论和方法,给咨询对象以帮助、启发,以协助其自强自立的过程。通过心理咨询,可以使咨询对象在认识、情感和态度上有所变化,解决其在学习、工作、生活、疾病和康复等方面出现的心理问题,从而更好地适应环境,保持身心健康。

(二)心理咨询的原则

心理咨询的原则是心理咨询师在工作中必须遵守的基本要求,是有效运用心理咨询方法和技术与来访者建立良好关系的重要条件,也是取得良好咨询效果的重要保证。心理咨询的原则有很多,其中,高职院校心理咨询师在心理咨询中必须遵守以下基本原则。

1. 保密原则

这是心理咨询中最重要的原则。这一原则是指心理咨询人员有责任对来访者的谈话内容予以保密,来访者的名誉和隐私权应受到道义上的维护和法律上的保护,在没有征得来访者同意的前提下,不得在咨询场合下把来访者的言行随意泄露给任何人或机关。当然,保密也是有一定限度的,对于某些问题,咨询人员可以不保密。根据美国心理学家联合会（APA）的条例,以下几种情况属于例外,可以不保密:确信一名未成年人是性虐待或其他虐待的受害者;来访者有自杀倾向或经由一项测验显示来访者有高度危险时;当来访者有强烈伤害他人的倾向时;当法庭要求提供个案资料时。

2. 自愿原则

"来者不拒,去者不追",强调来访者必须出于完全自愿是心理咨询工作中所应遵循的原则。

学校心理咨询有其特殊性,特别是从目前大学生的现状看,有相当一部分学生心理健康意识相对比较淡漠,对心理咨询还存有误区。可以引导学生来咨询,但不能利用教育者的身份强制学生前来咨询。

3. 平等原则

咨访关系是一种没有上下级之分,没有指导者和被指导者之分的平等关系。在学校咨询中,心理咨询师更要处理好教师与学生之间的关系,以平等的身份接待来访的学生。

4. 时间限定原则

一次咨询时间一般定为50分钟左右,原则上不能随意延长咨询时间。咨询次数一般为每周一次,特殊情况下可以增加到两次。咨询时间的限定,可以让来访学生能够更加珍惜并有效利用每一次咨询时间。但是,咨询时间的限定也不是绝对的,对于一些特殊的学生,可以根据实际情况,适当缩短咨询时间和间隔。

5. 感情限定原则

感情限定原则是指心理咨询师不得与来访学生在咨询室以外的地方有亲密接触和交往,也不能将自己的情绪带进咨询过程,不对来访学生在感情上产生爱憎和依恋,更不能在咨询过程中寻求在爱憎、欲求等方面的满足和实现。

6. 中立性原则

每位心理咨询师都会有自己的价值取向,对客观事物也有着自己的评价。但在咨询中,不能以自己的价值取向作为参照点去评判来访学生,要保持一种中性的态度与来访学生共同探讨,促进其对原有的观点进行自我审视,从而让学生获得成长。

7. 非指导性原则

授之以鱼,不如授之以渔。心理咨询师对来访学生的问题不作直接建议和提示,而是启发和鼓励来访学生自我理解,自我改变,促进其心理成熟和成长,达到助人自助的目的。

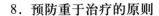

8．预防重于治疗的原则

学校心理咨询是为全体学生服务的,高职院校的心理咨询师的工作除了对来访学生心理问题的个别咨询外,更重要的是面向全体学生的心理健康知识的普及和宣传,使尽可能多的学生增强心理健康意识,掌握心理调节的方法,提高广大学生的心理健康水平,真正发挥学校心理健康教育的作用。

9．发展性原则

高职院校学生的心理问题多数为适应、交往、情感和学习等方面遇到的困惑。因此,心理咨询师要以发展变化的观点来看待来访学生的问题,不宜轻易地将来访学生的问题归为某种心理障碍或某种心理疾病。

10．坚持性原则

由于来访学生个性特点不同,需要解决的问题不同,心理咨询所需要的次数也会存在差异。心理咨询过程有可能不是直线发展的,咨询中可能会因为来访学生认识的变化、环境的影响而产生反复和周折现象,因而心理咨询师和来访学生都要能够坚持,这样才有利于咨询效果的巩固和提高。

（三）心理咨询的主要对象

心理咨询的主要对象可分为以下三大类。

一是精神正常,但遇到了与心理有关的现实问题并请求帮助的人群。

二是精神正常,但心理健康出现问题并请求帮助的人群。

三是特殊对象,即临床治愈的精神疾病患者。其中,心理咨询最一般、最主要的对象是健康人群,或者是存在心理问题的亚健康人群,而不是人们常误会的"病态人群",病态人群如躁狂、精神分裂症等患者是精神科医生的工作对象。

（四）如何通过心理咨询寻求帮助

1．把握心理咨询的时机

总的来说,当学生遇到自己不能解决的任何问题,同时产生的心理情绪等困扰又是自己调整不好的,已经明显影响了他们的生活质量,这时就应该立即寻求心理咨询的帮助。如果遇到下述具体情况都应寻求心理咨询的帮助:学业迷茫;考试屡次失败;人际交往困难;与家人很难沟通;欲求过强,不能自控;恋爱失利;家境困难,自己学习生活艰难;家人出现意外;上网过度,不能自控;较长时间内受到某种想法或情绪困扰;突然出现某种自己不能调控的状况;身患疾病,心中茫然。

2．做好心理咨询的准备

心理咨询的各个阶段都需要来访者的密切配合。因此，来访者做好充分的心理准备，对提高咨询效果十分必要。

（1）咨询前准备。

① 有主动咨询的愿望。良好的心理咨询首先建立在来访者自愿的基础上，如果来访者没有沟通的愿望，仅仅是被老师或家长带来，是不会情愿地谈及真实的自我，咨询效果会受到影响。通常来访者的求助动机越强，与心理咨询师的配合越好，咨询的效果也会更快更明显。

② 减少不必要的担心。心理咨询要遵循保密原则和价值中立原则，这是心理咨询师最基本的职业道德。有些来访者担心谈话的内容外泄，咨询时往往隐去某些问题，这样不利于心理咨询师发现问题，做出诊断和提供帮助。此外，有些来访者清楚自己的行为是"非主流"的。如同性恋，担心被心理咨询师嘲笑，又想解决自己的痛苦，交流过程中表现得犹犹豫豫。心理咨询不是思想教育工作，不是与领导谈话，心理咨询师关注点不在价值判断，而是帮助来访者解决心理上的困惑。

③ 选择合适的心理咨询师。咨询前要了解一些关于心理咨询师的情况，每个心理咨询师的职业背景、职业经历、咨询擅长领域都有所差异，尽量找受过专业培训且具有从业资格的心理咨询师。咨询前还要考虑自己的需求。如咨询婚姻问题，最好找年龄偏大的心理咨询师；有关性的问题，最好找同性别的心理咨询师，咨询时会更方便。如果和心理咨询师接触后感觉不合适，可以提出终止咨询或请求转介其他心理咨询师。

④ 了解咨询的时间规定。咨询是有时限的，通常一次咨询的时间不超过 50 分钟。根据来访者表现出来的心理问题程度和心理咨询师使用的方法不同，需要咨询的次数不固定。有的需要 1～2 次，就会达到咨询目的；有的需要更长的时间甚至 1 年或 2 年。心理咨询一般需要提前预约，来访者应按照约定的时间及时去咨询，如遇特殊情况须提前联系，更改咨询时间，以免耽误心理咨询师的宝贵时间。

（2）咨询过程中的配合。

① 来访者要有自助意识。心理咨询不是一般的助人行为，而是"助人自助"的过程。心理咨询师不是救世主，只能起到分析、引导、启发、支持、促进来访者改变和人格成长的作用，不能替代来访者改变或做决定。心理咨询更需要来访者积极主动配合，参与到咨询方案的制订中来，认真完成咨询作业，勇于改变自己、战胜自己，最终才能走出心理困境。

② 来访者要有耐心。心理问题、心理疾病不是一天两天形成的，它可能是多种原因造成的，解决问题也需要一定的时间。心理咨询也是个渐进的过程，一般包括了解来访者的问题、诊断、设立咨询目标、选择咨询方法、制订咨询方案、实施和反馈等过程。有时在咨询的过程中，心理问题还会反复出现，非常考验耐心和信心，欲速则不达。

③ 真诚坦率地交流。心理咨询主要以语言沟通为基础，面对心理咨询师，来访者尽量不要过多地考虑说话的方式方法，要如实地、直截了当地讲述心理困惑和内心感受。即使分

不清问题所在,也不用担心,心理咨询师会在倾听过程中捕捉一些重要的信息点去询问。来访者不用辨别有用与无用,只要实事求是回答即可。

④ 认真完成咨询作业。咨询过程中一个重要的环节就是来访者和心理咨询师共同制订咨询目标和计划,来访者要在咨询的不同阶段认真地完成各种实践作业,贯彻咨询计划,做好反馈,这样才会有助于收到理想的咨询效果。

【心理活动】

自我肯定练习

一、活动目的

练习肯定自己、鼓励自己,并学会温和地表达拒绝的方式。

二、活动时间

40分钟。

三、活动内容

(1) 教师在白色屏幕上打出了一个黑色的圆点,问学生:"你们看见了什么?"

如果学生回答说:"一个黑点。"那只能说明其看到了极小的一部分,屏幕中最大的部分是空白。只见小,不见大,就会束缚我们的思考力。成千上万的人不能突破自己的原因就在这里。这个黑点恰似人的缺点,盯着自己缺点不放的人,就会成为一个自卑而怯懦的人;盯着别人缺点不放的人,则会失去周围所有的朋友。

(2) 请对照以下条目,在自己能够做到的项目后面画"√",看看个体对自己的关爱是否足够。个体做完之后,可以与周围的人互相讨论。

① 停止对自己的批评;

② 不要自己吓唬自己;

③ 保持温柔、善良和忍耐;

④ 好好对待自己;

⑤ 悦纳自己,称赞自己,支持自己;

⑥ 保重身体;

⑦ 注重自己的感受;

⑧ 现在就做。

(3) 自信训练,主要包括坚持自己的立场和学会表达自己的感觉,目的是去掉深植于心中的悲观念头,重建新的观点。

① 一个人自己先闭上眼睛,从小声到大声地反复背诵一句话:"无论你怎样待我或说什么,我仍然是个有价值的人。"

② 提高练习效果的方法:两人一组,其中一个人先说一句指责、挑剔的话,另一个人听完别人的批评与指责,延缓数秒钟,平复自己的恼怒心情,然后用平和沉稳的语气说:"无论

你怎样待我或说什么,我仍然是个有价值的人。"

③ 几分钟后,角色互换,进行同样的操练,相互强化。

专题二　走出危机并战胜自我

【案例导入】

小明的遭遇

小明,男,大三学生,高三时因为高考压力太大曾有过自杀行为,被救下后确诊为抑郁症。后来到一所高职学校,大一时情况还比较稳定,进入大三实习后,工作和就业压力逐渐增加,在春节前夕因为还没有找到满意的工作,再次实施自杀行为。

启示:小明的情况属于压力状态下导致的心理危机,由于曾经有抑郁症病史,所以在压力状态下很容易再次产生轻生的念头,需要得到及时的治疗和帮助。

【心理讲堂】

了解心理危机的内涵和特征,有助于感知自身可能遇到的心理危机类型并主动求助,可以使自己及时走出危机并战胜自我。

一、心理危机的内涵

心理危机一般指个体处于一种"紧张紧急状态",自感对困难无力处理,无法对当下的境遇做出反应,也可以理解为个体危机问题处理的能力已超出了过往生活经验。

(一)心理危机的含义

心理危机主要是指个人面临突然或重大生活事件如亲人亡故、突发威胁生命的疾病、灾难等,个体既不能回避又无法用常用的方法来解决问题时所出现的心理失衡状态。某一事件是否会成为危机,有以下三个影响因素。

一是个体对事件发生的意义以及事件对自己将来的影响的评价。

二是个体是否拥有一个能够为自己提供帮助的社会支持系统。

三是个体是否获得有效的应对机制,也就是个体能否从过去经验中获得解决问题的有效方法,如哭泣、愤怒、向他人倾诉等。由于个体在这三个方面可能存在着较大的差异,因此相同的事件不一定对每个人都构成危机。

(二)心理危机的特征

心理危机状态主要有以下五种特征。

（1）突发性。危机常常是出人意料、突如其来的,具有不可控制性。

（2）紧急性。危机的出现如同急性疾病的暴发一样具有紧急的特征,它需要人们去紧急应对。

（3）痛苦性。危机在事前事后给人带来的体验都是痛苦的,而且还可能涉及人尊严的丧失。

（4）无助性。危机的降临常常使人觉得无所适从,而且危机使得人们未来的计划受到威胁和破坏。由于心理自助能力差以及社会心理支持系统不完善,危机常常使个体感到无助。

（5）危险性。危机之中隐含着危险,这种危险可能影响到人们的正常生活与交往,严重的还可能危及自己和他人的生命。

除了上述特点外,心理危机还具有以下特点:一是通常为自限性,大多于 1～4 周内消失;二是在危机期,个人会发出需要帮助的信号,并更愿意接受外部的帮助或干预;三是预后取决于个人的素质、适应能力和主动作用,以及他人的帮助或干预。

（三）心理危机的结果

心理危机来临时,人们会用不同的方式做出反应,产生不同的后果。

1. 顺利度过危机

面对心理危机,能够意识到自己遇到了严重的问题,明白此时此刻要冷静下来,通过自身努力和寻求外界帮助等措施来应对危机;并学会了处理危机的方法策略,提高了自身心理健康水平。

2. 度过了危机但留下心理创伤,影响今后的社会适应

由于自己的情感特点和行为习惯,最终虽然能够侥幸度过危机,但并没有从认知的角度解决问题,即并没有认清危机发生的原因和自己应采取的态度与应对措施,危机的阴影还笼罩在心头,在以后的生活中,危机的不良后果还会不时地表现出来。

3. 未能度过危机而出现严重心理障碍

对所发生的生活事件往往采取消极的认知状态,即认为无力应对眼前的困难,此时,如果外界没有及时、适当的干预,或者受到进一步的负面刺激,危机则可能会进一步加深,导致采取非正常的手段来解决问题,经不住强烈的刺激而自伤自毁。

二、学生心理危机的类型及表现形式

（一）学生心理危机的类型

根据职业院校青年学生心理危机应激源的差异,可以分为学业危机、人际关系危机、就业危机、情感危机、自杀危机等。如果学生的心理危机得不到及时的疏导,不仅容易造成心理障碍或发展为心理疾病,严重的可导致自杀,造成严重后果。

(二)学生心理危机的表现形式

处于心理危机状态的人,他的临床表现可能是多种多样的,具体来说可以从以下几个方面来判断。

1. 情绪改变

良好的情绪是心理健康的重要标准之一,不良的情绪体验是心理发生问题的主要因素。心理学认为情绪是指个体需要是否得到满足的反应,需要是情绪的基础。当需要满足时就会产生积极的情绪体验,反之,就会产生消极的情绪体验。职业院校学生的情绪突然改变,明显不同于往常,出现不良情绪反应,如情绪低落、悲观失望、焦虑不安、无故哭泣、意识范围变窄、忧郁苦闷、烦恼或喜怒无常、自我评价丧失、自制力减弱等消极情绪时,就有发生心理危机的可能。恶劣的情绪也是判定个体发生抑郁症的重要临床表象。

2. 行为改变

正常的行为活动是一个人心理健康的重要表现之一。当个体职业院校学生出现行为异常,如出现饮食睡眠出现反常、个人卫生习惯变坏不讲究修饰、自制力丧失不能调控自我、孤僻独行等非常态行为时,就要注意是否有心理危机问题了。行为异常也是判定个体发生抑郁症的重要条件之一,行为变化与情绪变化密切相关,不良的情绪必然导致行为的反常变化。

3. 学习兴趣下降

如上课无故缺席,常迟到早退,成绩陡然下降,根本无法进行正常的学习和听课。心理学认为,正常、有效、良好的学习能力是个体心理健康的前提和标准。当个体在智力正常的情况下突然丧失了学习这一功能时,就说明是心理状态发生了问题。

4. 出现"告别"行为

丢弃或损坏个人平时十分喜爱的物品是十分典型的识别根据。如果职业院校学生不能正常有序地学习和生活,把自己平时很喜欢的东西随意丢弃或毁坏等,这意味着发生了不正常的心理行为,而且是心理障碍达到危急的程度时才会出现的情况。

5. 出现攻击破坏性行为

出现攻击破坏性行为、酒精及其他物质滥用或依赖等状态;问题严重时,流露出自杀意图,如谈论自己的死或与死有关的问题,或写下遗嘱之类的东西,有的甚至已经试图采取过某些手段企图自杀。

三、心理危机的干预

心理学领域的危机干预是指对处在心理危机状态下的个人采取明确有效的措施,使之最终战胜危机,重新适应生活。危机干预的主要目标是降低急性、剧烈的心理危机和创伤的风险,稳定和减少危机或创伤情境的直接严重后果,促进个体从危机和创伤事件中恢复或康复,给予帮助的及时性、迅速性是其突出特点,有效的行动是危机干预成功的关键。

(一)心理危机干预的主要技术

1. 支持技术

支持技术的应用旨在尽可能地解决危机,使求助者的情绪状态恢复到危机前水平。由于危机开始阶段求助者的焦虑水平很高,应尽可能使之减轻,可以应用暗示、保证、疏导、环境改变、镇静药物等方法;如果有必要,可考虑短期的住院治疗。

2. 干预技术

干预技术又称解决问题技术,用于帮助处于危急状态的求助者进行思考和行动。在这个过程中,教师、同学及其他帮扶人员的作用在于启发、引导、促进和鼓励,而不是提供现成的公式。

3. 倾听技术

准确和良好的倾听技术是危机干预者必须具备的能力,实际上有时仅仅倾听就可以有效地帮助所有的人。为了做到很好地倾听,危机干预工作者必须能够全神贯注于求助者。

(二)心理危机干预的步骤

在大学校园内,当我们发生心理危机时,可主动寻求专业人员进行危机干预。

1. 确定问题

危机干预要从求助者的立场出发,确定和理解求助者的问题。干预人员使用积极的倾听技术:同感、理解、真诚、接纳尊重,以及使用开放式问题;既注意求助者的语言信息,也注意其非语言信息。

2. 保证求助者安全

在危机干预过程中,干预人员应该将保证求助者安全作为首要目标。这里的安全是指对自我和对他人的生理和心理的危险性降低到最小的可能性。在干预人员的检查评估、倾听和制订行动策略的过程中,安全问题都必须给予同等的、足够的关注。

3．给予支持和帮助

危机干预强调与求助者沟通和交流,通过语言、语调和躯体语言让求助者认识到危机干预人员是能够给予其关心帮助的人,让求助者相信"这里有确实很关心你的人"。

4．提出应对的方式

帮助求助者探索可以利用的替代解决方法,促使求助者积极地搜索可以获得的环境支持、可资利用的应对方式,启发其思维方式,让求助者知道有哪些人现在或过去能关心自己,有许多可变通的应对方式可供选择。

5．制订行动计划

帮助求助者做出现实的短期计划,包括资源的提供应付方式,确定求助者理解的自愿的行动步骤。计划应该根据求助者自身的应付能力,着重于切实可行和系统地帮助求助者解决问题;计划的制订应该与求助者合作,让其感到这是他自己的计划;制订计划的关键在于让求助者感到没有剥夺他们的权利、独立和自尊。

6．得到求助者的承诺

帮助求助者向自己承诺采取确定的、积极的行动步骤,这些行动步骤必须是求助者自己的,从现实的角度是可以完成的。如果制订计划完成得较好,则得到承诺是比较容易的。在结束危机干预前,危机干预工作者应该从求助者那里得到诚实、直接和适当的承诺。

除以上6步外,还应该启动社会支持系统。社会支持系统主要包括来自父母及其他亲人、老师和同学、朋友和社区志愿者的支持等。这种支持不仅包括心理和情感的支持,也包括一些实质的救助行动。有调查表明,职业院校学生从他人那里获得的社会支持具有可靠同盟、价值增进、工具性帮助、陪伴支持、情感支持、亲密感和满意度等调节功能,这些功能对处于危机期的职业院校学生具有重要作用。

【知识链接】

心理干预的七步模型

七步模型由美国心理学家提出,用于帮助处于急性的心理危机、急性的情境性危机和急性的应激障碍的人群,包括以下7个步骤,如图2-2所示。

(1) 彻底的生物心理社会评估和危机评估。设计对于危险性的迅速评估,包括自杀、杀人或暴力的危险性、药物治疗的需要、毒品和酒精滥用等情况的评估。

(2) 快速建立友善的治疗关系。向对方表示你的尊敬和接纳是关键。要极力去迎合当事人的话题,并保持中立而不作评判,尽量确保不要表露个人观点。保持冷静,并使局面处在掌控之中。

(3) 识别问题。用开放性问题让当事人用自己的语言解释和描述他(她)遇到的问题,这样便于危机干预工作者了解问题真相。可以感受到危机干预工作者的关注与理解,对当事人来讲很重要,而且也有利于友善、信任关系的进一步建立。第二步、第三步采用问题解决中心的疗法,识别当事人的能动性和应对资源,包括对其以往有效应对策略的辨别。

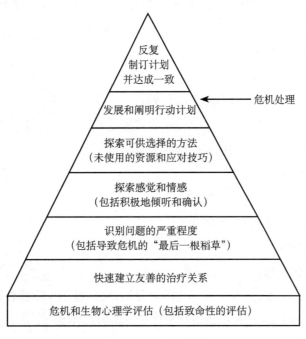

图2-2 危机干预七步模型

(4)用积极的倾听技巧来处理感情和情绪的问题。利用鼓励性语言,让当事人感到危机干预工作者在仔细聆听,这些口头反馈在电话干预中尤为重要。除此之外,反应、解释、情绪定性等都是可使用的技巧,反应包括重复当事人所说的话、所表达的感情和想法;解释包括用危机干预者本人的语言来重复当事人的话;情绪定性包括归纳出隐含在当事人话语中的情感,如"你听起来非常生气"。

(5)通过识别当事人的能动性和以前成功的应对机制,寻求可供选择的方法。危机干预者和当事人的合作能使潜在的应对资源更为丰富,供选择的方法范围更为广阔。因此,危机干预工作者的创造性、灵活性和应变能力是成功干预的关键。

(6)贯彻行动计划。危机干预工作者应在限制性最小的模式下帮助当事人感到自主性。这一步骤之中重要的环节包括识别可供联系的人和转接资源,以及提供应急机制。

(7)反复制订计划并达成一致。第一次会面后,危机干预的工作者应与当事人达成一致,共同确定能使危机得到解决的计划。这可以通过电话和面对面交流来完成。

(三)自杀的识别

自杀是一个沉重的话题,近年来,职业院校学生自杀事件数量呈上升趋势。自杀又称自杀死亡,是指以死亡为结局的蓄意自我伤害行为。一般从危险因素、自杀线索、呼救信号三个方面进行自杀的评估。

1. 危险因素

如果求助者无论何时具备了下述的 4 ~ 5 项危险,危机工作者就有理由认为该当事人正处在自杀的高危时期。

（1）求助者有自杀家族史。

（2）求助者曾有自杀未遂史。

（3）求助者已经形成一个特别的自杀计划。

（4）求助者的家庭因损失、个人虐待、暴力或遭受性虐待失去稳定。

（5）求助者陷入特别的创伤损失而难以自拔。

（6）求助者是精神病患者。

（7）求助者有药物和酒精滥用史。

（8）求助者最近有躯体和心理创伤。

（9）求助者有失败的医疗史。

（10）求助者独居并与他人失去联系。

（11）求助者有抑郁症,或处于抑郁症的恢复期,或最近因抑郁症住院。

（12）求助者有特别的行为或情绪特征改变,如冷漠、退缩、隔离、易激怒、恐慌、焦虑或社交、睡眠、饮食、学习、工作习惯的改变。

（13）求助者有严重的绝望或无助感。

（14）求助者陷于以前经历过的躯体、心理或性虐待的情绪中不能自拔。

（15）求助者显示一种或多种深刻的情感特征,如愤怒、攻击性、孤独、内疚、敌意、悲伤或失望。

2. 自杀线索

深感矛盾或内心冲突的大多数想自杀的求助者,他们不仅会提供一些自杀线索,而且会以某种方式请求帮助。这些线索可能是言语的、行为的、处于某种状态或综合征的线索。有自杀倾向的职业院校学生一般具有以下一些特征:遭遇了不能忍受的心理痛苦;心理需求遇到挫折;为了寻求解决的办法;在情感上感到绝望无助;对自杀的态度通常是矛盾的;想与别人交流,但找不到与人交流的途径;为了寻找出路和心灵的解脱等。

3. 呼救信号

对于危机工作者来说,值得庆幸的是几乎所有想自杀的求助者都提供了几种线索或呼救信号。有些线索和寻求帮助的信号易于识别,但有些是难以识别的,有强烈死亡愿望的人是非常矛盾的、茫然的,他们的情绪和想法是平行的,思维模式是非逻辑性的。每一个求助者都具有不同的特点,对危机工作者来说,无论是否存在强烈的死亡愿望或绝望感并伴随自杀行为,危机干预工作都必须鉴别自杀意念的强度以及自杀危险的程度。

上面描述的这几个方面的警示信号,可使危机工作者或其他任何与求助者接近或亲近的人转换成挽救生命的行动。

【案例分享】

点 灯 的 心

16世纪荷兰的港口城市阿姆斯特丹海边的小镇上住着一对夫妻,白天丈夫出去捕鱼,妻子在家洗衣做饭看孩子。每天傍晚,妻子都会爬到房顶,挂上一个很大的瓶子,里面燃着红烛,烛光一直闪烁到丈夫平安归来。有一天,狂风大作,海浪滔天,夜色降临,仍不见丈夫回来,妻子忐忑难安。忽然,当啷一声,大瓶子被风吹落,掉在地上,滚了好远。妻子跑了出来,外面已经漆黑一团,她怕极了,但还不至于慌乱。她坚信丈夫会安全回家,像往常一样,给孩子们轻轻地讲故事,直到他们睡着。为了给丈夫照明,为了丈夫的平安回来,为了用自己的爱,唤起丈夫求生的勇气和信心。她再次爬上了屋顶,点燃了红烛,右手高高举起,左手夹住灯罩,围在烛光四周。风太大了,吹乱了她的头发,吹红了她的眼睛,吹得她嘴唇发紫,吹得她牙齿打架。微弱的烛光熄了再点,点了又熄,但她始终没有放弃。奇迹终于发生了,丈夫在水中看到了远处的烛光,知道妻子在等他,这个家庭需要他,他要活着,虽然他已经与风浪搏斗得筋疲力尽了,但刹那间浑身充满了力量,朝着那微弱的光游去。他终于平安回来了,他虽然失去了船,弄丢了网,也没捕到鱼。然而,他却十分感动,因为那颗"点灯的心"。

启示: 每个人都有一颗"点灯的心",只是有的为自己,有的则是为了别人;有的始终亮着,有的却早已熄灭了。想想看,他的平安正是你的幸福,他的离开却是你的悲哀,别犹豫了,快快点亮你心中的灯吧。

【心理活动】

戴 高 帽

一、活动目的

学会发现别人和自己的优点并欣赏之,促进相互肯定与接纳。

二、活动时间

30分钟。

三、活动内容

将团队所有成员分成若干小组,每组5～10人。每组请一位团队成员坐或站在团体中央,其他人轮流说出他的优点及欣赏之处(如性格、相貌、处事……)。然后被称赞的成员说出哪些优点是自己以前察觉的,哪些是不知道的。每个成员轮流站到中央戴一次"高帽"。规则是必须说优点,态度要真诚,努力去发现他人的长处,不能毫无根据地吹捧,这样反而会伤害人。参加者要注意体验被人称赞时的感受如何,怎样用心去发现他人的长处;怎样做一个乐于欣赏他人的人。练习结束时,大家心情愉快,相互接纳性增高。

完成后,让团队成员分享在活动中的感受,发现自己的独特之处,增强在工作、生活中的信心。

专题三 感悟生命并追求品质

【案例导入】

迷茫的小李

小李是某职业技术学院的一名大一学生。这天,他来到心理咨询室,对咨询师说:"高中时忙得井井有条,可到了大学,看起来也忙,但忙得乱七八糟。""以前我们只有一条路,每天都有明确的目标和很具体的任务,每天就只需要奔着目标而前进,日子过得忙碌又充实,可现在却非常迷茫。""时光匆匆,感觉进入大学后好像并没有学到什么东西,也并没有一些切实的进步,感觉生活没有意义,有时候觉得还不如死了好。"像小李这样的孩子在大学里并不少见,他们真的不知道自己每天的忙碌是为了什么,老是涌起生命的无意义感,想不如死了算了,但又怕死,有时候觉得死亡挺好的,可以逃避活着时的无意义感,因此纠结、低落、难受甚至抑郁。

启示:小李的这种感受其实是当代大学生的一个共性,社会的急剧变化带来的不可控感不断挑战着每个人的感知体验极限,生命的颓废、疲困问题日益凸显,就表现为"无聊""躺平"和"自戕"。存在主义心理学家罗洛·梅认为,当旧的价值观是空洞的,传统习俗再也行不通时,个体就会感到难以在世界上发现自己。这种状态不一定是疾病,而是一种内心空虚的焦虑,个体也不是真正想死,而是想逃避。

【心理讲堂】

地球上,人是唯一能追问自身存在之意义的动物。这是人的伟大之处,是人的生命神圣性的表现。生命受之于父母,成长于社会,对于每个人来说都只有一次,它具有单一性和独特性,并且无可替代,因而每个人的生命意义都是独特的。

一、理解生命的意义

生命的意义是什么?人类自从诞生就一直在思考这个问题。不同的人有不同的答案。面对有大学生放弃生命,选择自杀这种极端方式结束自己年轻、尚未开启人生旅途的生命的

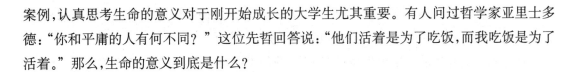

案例,认真思考生命的意义对于刚开始成长的大学生尤其重要。有人问过哲学家亚里士多德:"你和平庸的人有何不同?"这位先哲回答说:"他们活着是为了吃饭,而我吃饭是为了活着。"那么,生命的意义到底是什么?

1.生命具有独一无二的性质,人的生命是不可重来的

英国物理学家布赖恩·考克斯曾说过:"导致人类在地球上诞生的过程是一种侥幸,它在宇宙中其他任何地方被重复的可能性极低。"人的生命既是客观的,也是主观的。每个人的生命都与别人不一样,每个人都是独一无二的。两个人完全一样的概率几乎为零,即使双胞胎也会有很多区别,每个人都会有不同的天赋和性格,不同的天赋和性格决定了每个人适合从事不同的工作,这也是社会分工的需要,人的天赋资源决定了不同的人没有可比性。在这个世界上,你是独一无二的,没有人像你,你也不需要去代替谁。在你的人生舞台上,你是自己的主角,不需要去做谁的配角。无论两个人看起来有多么相像,他们都永远不可能成为一个人。

2.人的生命同时存在肉体的欲望和精神的超越

人的生命不仅表现在物质欲望的企求与满足,这只是人的生命得以存在的前提;人的生命更表现在对理想、感情、道德、信仰和价值等精神境界的升华与超越。赫塞说过:生命究竟有没有意义并非我的责任,但是怎样安排此生却是我的责任。这句话带给我们的启示是:人生的过程要好好去创造属于自己的价值。

3.理解与发现自己生命的价值

(1)努力学习,去准备成就一番功业。"盛年不再来,一日难再晨;及时当勉励,岁月不待人。"学习和工作会给人带来成就感,带来价值体验。在自主择业制度下,平等竞争为每个大学生提供了一个更为自由和广阔的就业择业环境,然而,参与竞争本身并不是件轻松的事,大学生不仅要面对竞争的挑战和压力,还要不断进行学习,提升自身价值。从本质上说,只要大学生能增强竞争意识,努力学好专业知识,提前为就业做好准备,就能不断克服困难,走向成功。

(2)认真去体验奋斗、创造与奉献的快乐与价值。当代大学生就是要勇当走在时代前列的奋进者、开拓者、奉献者,下得苦功夫,求得真学问,扎扎实实干事,踏踏实实做人。当前,万众创新的号角已经吹响,新的使命正在召唤着青年一代。不嫌基层偏远,不怕创业艰难,不惧失败挫折,实干的汗水与创造热情将让青年人的肩膀更加坚实,更有力量。"没有比脚更远的路,没有比人更高的山"。大学生应通过认真去体验奋斗、创造与奉献的快乐与价值,从而发现生命的意义与价值所在。

(3)去分享和经历人生的快乐与苦难。人生之路原本就没有平坦可言。欢乐和痛苦是一对孪生姐妹,人都要经历苦难,感受痛苦。快乐是一种享受,痛苦是一种洗礼,当你都经历了,回头再看的时候,痛苦也变成了快乐,因为你拥有了人生的经历,"经历了便是拥有"。无论是快乐还是痛苦,好好把握,这是独属于你的人生经历。

(4)永不放弃生的希望。生命只有一次,我们谁都没有权利、没有资格放弃它,因为它是父母给予的,父母给了我们生命,我们就要好好珍惜它,因为生命不能再来一次。人的生命是宝贵的,世界因生命而精彩。

二、生命教育的含义和内容

(一)生命教育的含义

生命教育有助于人们认识生命、尊重生命、珍爱生命,促进学生主动、积极、健康地发展生命,提升生命质量,实现生命的意义和价值。生命教育的主要内容包括以下几点。

1. 生命价值教育

帮助学生认识生命、尊重生命、珍爱生命,促进学生主动、积极、健康地发展生命,提升生命质量,实现生命的意义和价值的教育。通过生命价值教育,最终树立正确的生命观,领悟生命的价值和意义。要以个体的生命为着眼点,在与自我、他人、自然建立和谐关系的过程中,促进生命的和谐发展。

2. 生存教育

帮助学生学习生存知识,掌握生存技能,保护生存环境,强化生存意志,把握生存规律,提高生存的适应能力、发展能力和创造能力,树立正确生存观念。

3. 生活教育

帮助学生了解生活常识,掌握生活技能,实践生活过程,获得生活体验,确立正确的生活观,追求个人、家庭、团体、民族、国家和人类的幸福生活。

4. 死亡教育

死,是生命的否定状态,意味着无生命。对于任何人而言,有生命或者无生命只能二者居其一状态。有死才有生,这是一个谁也改变不了的规律,生与死共同构成完整的人生,创造着生命的奇迹。但中国人是忌讳谈论死亡的,人们对死亡没有一个正确、科学的认识,容易对死亡产生神秘感。

【案例分享】

安宁疗护

近些年,"安宁疗护"在慢慢进入国人的视野,其实它的另一个说法叫"缓和医疗"。从医学角度讲,当有一些病患在经历很多痛苦,特别是治愈的希望不是很大的时候,医学能做什么？缓和医疗，就是通过医疗手段帮助患者减少痛苦，获得一些舒适的感觉，比如止痛、止喘。安宁疗护，可能更注重生命中末期的病人的生存质量，安宁疗护不光是关注病人躯体是否疼痛，而且也关注心理、社会和人的精神层面的问题，不光是关心患者，也把患者的家人作为服务对象。

安宁疗护有一个非常重要的理念，就是既不加速也不延缓死亡，把死亡视为生命的一个自然过程。什么叫加速？比如安乐死这样的。什么叫延缓死亡？其实现代医疗能够把死亡的过程变得很长，我有一个朋友跟我说，他妈妈临终前在重症监护室（ICU）待了两年，我当时吓了一跳。但是这两年我看到过在ICU待了三年的老人，实际上是延缓了死亡的过程。有一些治疗其实已经没有意义了，这时候应该去停药，而不是一定要去做，因为这会让人感到痛苦。

安宁疗护是希望让患者减少痛苦，提高生命末期的生活质量，让人能够安详、有尊严地离开。不光是为了善终，也是希望让人在善终之前还能善生，在临终前的这段日子还能够好好地享受生活，享受亲情。

这两年安宁疗护在不断地被推广，除了医院的病房以外，还有很多人在做居家安宁。比如，北京协和医院的宁晓红大夫是最早接受安宁缓和疗护培训的大夫，她带动了不同科室几十个医护人员形成一个安宁疗护团队，他们不仅经常到各个科室会诊，还在支持社区的卫生中心开展居家安宁疗护，把安宁疗护送到临终者的家里，因为很多老人更愿意在家里离开，而不是医院。

死亡影响着每一个人。然而，无论在东方还是在西方，死亡一直是社会的禁忌，人们尽量避免与家人和朋友谈论这个话题。作为悲伤心理治疗师，有着长期的临床经验的朱莉娅·塞缪尔说过："真正伤害着一个人、一个家庭甚至一代人的，并不是悲伤所带来的痛苦本身，而是他们为了逃避痛苦所做的事情。"要治愈悲伤，首先要允许自己感受伤痛。学会面对死亡是每个人的必修课。

因此，开展死亡教育，帮助青年学生认识死亡的必然性，更有助于学生的发展。首先，要教育学生正确地看待生死。死亡教育要帮助大学生真实而科学地了解死亡，了解生与死的关系，使大学生正确看待死亡，将死亡视为生命成长的一部分，深刻理解生命存在的意义，学会珍惜生命、尊重生命。其次，要敬畏死亡。死亡教育并不限于对死亡的恐惧与否，更重要的是追问死亡的意义。对于自然到来的不可抗拒的疾病导致的死亡，要教育大学生泰然处之，不应该恐惧和畏惧；对于因生活中的挫折而产生死亡的念头，要教育青年挫折只是暂时的，只要努力就能改变不利的现状，而不应该成为挫折的牺牲品。所以，死亡教育的目的在于使青年大学生敬畏死亡、敬畏生命。

（二）生命教育的目标

通过接受生命教育使当代青年学生拥有正确健康的生命观、社会责任感和自我价值感，并激发出大学生对于自身和他人生命的全部热爱。具体来说，高职院校生命教育的目标有以下几个方面。

1. 认识生命

我们每个人都是一个独立的个体，是不能被再造和复制的。每个人在生命开始之初，都必将经历母亲和自身共同的挣扎和努力才能顺利来到人世，正是生命中最初的痛苦才体现了生命的珍贵和伟大。认识生命，要求大学生理解生命不仅是自然属性躯体形式的存在，还要认识到生命是一种情感的维系，是一种理想价值成就的载体。

2. 珍爱生命

中国心理卫生协会危机干预专业委员会研究数据表明，自杀在我国已成为位列第五的死亡原因，中国的青少年心理问题中自杀已排在第一位。生命的唯一性告诉我们，珍爱自己的生命，不轻言放弃是对自己、家庭和社会的一种不可推卸的责任。

3. 感恩生命

认识生命是为了更好地珍爱生命，而珍爱生命是为了感恩生命、升华生命的价值。感恩生命不仅是要感谢生养自己的父母，还要感恩在成长道路上帮助和教导自己的老师、朋友。当我们用生命去感恩他人时，无形中就会增加了我们的生命重量，让我们感受到生命的美好。同时，当我们生命中充满感恩之后，我们也可以更好地用自己的生命观影响身边的人。

4. 尊重生命

尊重生命意味着我们需要学会平等地去看待自己与他人的生命权利，在了解了生命的唯一性，获知了生命的珍贵之后，大学生更要学会尊重生命。尊重生命不仅要求我们尊重自己的生命，还要求我们尊重他人的生命，特别是在与他人有了矛盾和冲突之后，更需要我们从尊重生命的角度去理性处理。尊重生命还意味着需要我们理性看待生命中的好与坏、得与失，允许生命中出现一些瑕疵和失望。

5. 幸福生活

生命教育绝不只是为了杜绝自杀，更重要的是需要提升生命的存在意义和价值，回归于个体身上就是一种能够幸福生活的能力；不仅是让自己幸福，也可以让身边的人幸福。这种能力是基于对自己生命的全然接纳和了解的，是和自我认知相关的。

【案例分享】

活出生命的意义

一名在战役中失去双腿的年轻士兵因陷入抑郁而企图自杀。有一天,他的朋友注意到他变了,他的面容从沮丧变得庄严而神气。士兵就是因为阅读了《活出生命的意义》一书才发生如此巨大的转变。《活出生命的意义》曾经感动千千万万的人,它被美国国会图书馆评选为最具影响力的十本著作之一。到今天,这部作品销售已达1200万册,被翻译成24种语言。

这本书的作者,著名心理学家弗兰克尔是20世纪的一个奇迹。纳粹时期,作为犹太人,他的全家都被关进了奥斯威辛集中营,他的父母、妻子、哥哥全都死于毒气室中,只有他和妹妹幸存。所有财物都被掠夺,他们每天经受饥饿、寒冷和拷打的折磨,时时企望着结束自己的生命。在这种条件下,他怎能够发现生命值得留恋?弗兰克尔不但超越了这炼狱般的痛苦,更将自己的经验与学术结合,开创了"意义心理治疗",替人们找到绝处再生的意义,也留下了人性史上最富光彩的见证。正如弗兰克尔所说,人所拥有的任何东西都可以被剥夺,唯独人性最后的自由,也就是在任何境遇中选择自己态度和生活方式的自由不能被剥夺。

弗兰克尔一生对生命充满了极大的热情,67岁开始学习驾驶飞机,并在几个月后领到驾照;80岁时还登上了阿尔卑斯山。弗兰克尔认为,生命的意义不是由我们自己创造的,而是要人们去探索的。人生的基本动力是寻求意义的意志,而神经病患者恰恰缺乏这种意志。

在弗兰克尔逝世后,有人这样评价他:英雄稀有,他静静地出现、发光,在世界上留下印记。当他逝去,作为整体的人性已变得不一样了。他并不是当年在集中营里编号为119104的待决囚徒,而是让人的可能性得以扩大的圣者。

启示:不惧苦难,努力活出了生命的意义,珍惜独一无二的你自己,珍惜这短暂的几十年光阴,然后再去不断充实自己,最后世界才会认同你的价值。

(三)接受生命教育的途径

生命教育是一种终身学习,贯穿于人的整个一生,蔓延于生活的各个方面。生命教育必须由学校、家庭、社会等多个合力共同推动开展,而学校在其中起着主导作用。根据生命教育的内容,结合当代大学的成长环境,大学生自觉接受生命教育,可以从以下几个方面入手。

1. 自觉接受挫折教育、逆境教育

不少大学生生活在家长提供的优越环境中,经济上的宽裕、生活上的无忧使学生成为"温室娇花",一旦遇到挫折,他们便无法理智地应对。因此,要培养大学生挑战挫折和苦难的能力,磨炼其生命意志,以增强他们的挫折容忍力和心理调控能力。

2．从课程内容中感悟

职业院校生命教育课程内容的讲授可以两种方式来进行。其一，在高校思想政治教育的"思想品德修养"课中增设有关生命教育的内容，通过学习，使学生正确认识生命的起源，体验迎接新生命的喜悦，意识到随意处置生命是轻视生命、毫无意义、没有任何尊严的行为，从中学会珍爱一切生命；其二，将生命教育内容融入心理健康教育选修课中，关注学生的认知、情感、意志等各个方面，构成一种旨在提高生命质量的综合性视角，使相关的内容融入已有的心理健康教育内容中并占有足够的地位，从而促使学生在认知、情感、意志等方面共同发展。

3．从实践活动中提升

青年学生渴望了解社会，接触社会，热衷于参加各种社团活动、课外活动。应该通过形式多样的社团课外活动感悟，在实践中形成正确的生命态度和生命意识，培养对社会及他人的关心。例如，可以到动植物园等地参观，从而真正领略到生命之奇、动物之趣和自然之美，培养博爱的情感；到医院参观产房、婴儿院、手术室、太平间等，了解生命的起源，体验生命的喜悦和恐惧，从而敬畏生命，更加珍惜生命；到德育教育基地参观，学会欣赏生命，懂得生命的价值和意义；进行生命价值和审美教育；到法院、监狱参观，树立法律意识，学会尊重生命；组织"青年志愿者"协会，利用节假日从事一些公益活动，如走访孤儿院或敬老院，懂得用爱心、友善去关爱别人，真诚地帮助困难弱势群体体验和感悟生命的快乐。

【案例分享】

人生的境界

中国哲学大师冯友兰认为人生有四种境界，分别是自然境界、功利境界、道德境界、天地境界。

一个人做事，可能只是顺着他的本能或社会的风俗习惯。就像小孩和原始人那样，他做他所做的事，然而并无觉解，或不甚觉解。这样，他所做的事对于他就没有意义或很少意义。他的人生境界就是自然境界。

一个人可能意识到他自己，为自己做各种事。这并不意味着他必然是不道德的人。他可以做些事，其后果有利于他人，其动机则是利己的。所以他所做的各种事，对于他有功利的意义。他的人生境界就是功利境界。

还有的人可能了解到社会的存在，明白自己是社会的一员。这个社会是一个整体，他是这个整体的一部分。有这种觉解，他就为社会做各种事，或如儒家所说的为了"正其义不谋其利"而做事。他是真正有道德的人，他所做的都是符合严格的道德意义的道德行为。他所做的各种事都有道德的意义。他的人生境界就是道德境界。

最后，一个人可能了解到超乎社会整体之上，还有一个更大的整体，即宇宙。他不仅是社会的一员,同时还是宇宙的一员。他是社会组织的公民,同时还是孟子所说的"天民"。有了这种觉解,他就为宇宙的利益做各种事。他了解他所做的事的意义,知道他正在做他所做的事。这种觉解使他达到了最高的人生境界,即天地境界。

【心理活动】

音乐与生命

一、活动目的

让学生聆听音乐,感悟生命的意义。

二、活动时间

20 分钟。

三、活动道具

瑜伽垫、眼罩、歌曲音频及播放器。

四、活动场地

室内或室外,要求安静,无干扰。

五、活动流程

(1) 两人一组,面对面盘腿坐在瑜伽垫上,戴上眼罩,然后调整呼吸,依次放松头部、颈部、双肩、手臂、腹部、腿部等全身部位。

(2) 播放如下音乐,每个人都随着音乐进入冥想状态,眼前浮现出一幅幅画面……

生命的意义

词/曲:曹秦

黑夜来临你是否感到孤单,独自一人你是否感到彷徨,

这世界上有多少这样的你我,就让我们彼此关爱。

爱你的家人,爱你的朋友,用心去爱你的爱人,

爱这个世界上所有的人,这就是生命的意义。

没有人愿做离群之雁,谁又愿靠向无人港湾,

当这个世界越来越冷漠,就让我们相互关怀。

爱你的家人,爱你的朋友,用心去爱你的爱人,

在这个世界彼此温暖,这就是存在的意义。

爱这个世界上所有的人,这就是生命的意义。

(3) 音乐结束,大家慢慢睁开眼睛,交流自己的感受。

模块三　自我意识与人格发展

【心理箴言】

吾日三省吾身：为人谋而不忠乎？与朋友交而不信乎？传不习乎？

——《论语》

行路难，行路难，多歧路，今安在？长风破浪会有时，直挂云帆济沧海。

——《行路难·其一》

【分析解读】

人生最艰难也最宝贵的，莫过于对自我的深刻认识。每个人都是独一无二的，拥有各自独特的性格、能力和经验。只有当我们真正了解自己，才能找到适合自己的发展道路，实现真正的成功和满足。"吾日三省吾身"至今仍闪耀着智慧的光芒。它提醒我们要时常反问自己："我究竟是谁？""我是一个怎样的人？"通过对这些问题的深入思考，我们可以逐渐揭开自己内心的迷雾，找到真实的自我。自我认知是一种智慧，然而认识自己并非易事，人们常说人贵有自知之明，一个"贵"字就把正确认识自己之难勾勒了出来。

【学习提示】

（1）自我意识的发展：了解自我意识的重要性，掌握自我意识的内涵、结构、心理功能，以及大学生自我意识的基本特征、发展特点等，建立良好的自我意识。

（2）自我意识的提升：熟悉健康自我意识的标准，识别自我意识冲突及原因，掌握大学生自我意识培养方法，提升自我觉察力，培养悦纳自我的良好心态。

（3）健康人格的培育：认识人格的概念、特征、结构，理解影响人格成长的因素，树立自我人格发展的意识，掌握人格发展的途径及方法。

专题一　自我意识的发展

【案例导入】

小婷的自我探索

大一新生小婷对大学生活满怀憧憬与期待，初入大学校园，她便被大学丰富多彩的社团活动所吸引。然而，在众多选择面前，小婷却感到了迷茫。她渴望融入这个充满活力的环境，却又不知道该从何入手。面对众多的社团和学生活动，她发现自己措手不及，不知道如何选择。

在一次与老师的交流中，小婷袒露了自己内心的困惑。老师微笑着告诉她："大学是一个全新的起点，它给予了我们更多的机会去探索、去尝试。但在此之前，我们需要先了解自己，明确自己的兴趣爱好、优势特长、能力性格等。"然而，当小婷试图回答这个问题时，她发现自己对这些问题并没有清晰的自我认知。

启示：小婷的经历并非个例，大学生在踏入大学校园后都会面临更多的选择和挑战，自我意识的觉醒与成长显得尤为重要。大学生需要对自我内心世界进行探索和认识，要了解自己的气质性格，明确自己的目标定位等。大学生通过全面了解自我，可以更清晰地认识自己的优点和不足，保持理性平和、自尊自信、积极向上的社会心态，勇敢尝试新事物，接受新挑战。

【心理讲堂】

人类的心理发展和演变经历了漫长的过程，而人类意识的出现标志着人类心理的正式诞生，与此同时，人的自我意识也诞生了。"我是谁？""我从哪里来？""我要到哪里去？"每个人或许都曾有过思索。这 3 个问题不仅是哲学史上的经典之问，更是每个人在生命中不断追寻和思索的问题。人们时常会审视自己的内心，探寻那个真正的、完整的"我"。这个"我"既是自己最熟悉的，又常常是自己最陌生的，对于"最熟悉的陌生人"——自我，大学生该如何去认识、去理解、去相处呢？

一、自我意识的概述

从哲学家的思辨到心理学的探索，人们不断追寻着自我意识的奥秘。康德将自我意识视为"先天统知统觉"，揭示了其哲学意义。黑格尔则强调，精神实质上就是自我意识，它伴随人的成长而不断发展。心理学家詹姆斯将"自我"引入心理学领域，开启了自我概念的深入研究。行为主义曾一度忽略自我概念，但人本主义和认知学派重新唤起了人们对自我意识的关注。大学生探索自我意识，了解自我，发展自我，以实现个人成长与身心和谐。

（一）自我意识的内涵

意识是人脑对客观世界的主观反应，它是心理学的重要研究内容。自我意识也叫自我，自我意识是个体对自己的意识，是个体意识发展的高级阶段。心理学家詹姆斯把"我"分解为主体我（I）和客体我（me）。自我意识就是主体我对客体我的意识，主要是指个体在社会化过程中逐步形成和发展起来的，对自我及自己与周围环境关系的多方面多层次的认

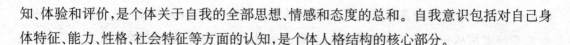

知、体验和评价,是个体关于自我的全部思想、情感和态度的总和。自我意识包括对自己身体特征、能力、性格、社会特征等方面的认知,是个体人格结构的核心部分。

(二)自我意识的结构

自我意识是一个具有多层次、多维度的复杂心理系统,它既是心理活动的主体,又是心理活动的客体。因此,自我意识的结构分析需要从不同角度来展开。

1. 内容维度:生理自我、心理自我和社会自我

从内容上来看,自我意识可分为生理自我、心理自我与社会自我。

(1)生理自我——对自己生理状态的认知和体验。生理自我是个体对自己的生理状态的意识,包括个体对自己的身高、体重、外貌、健康状况等方面的意识。它是个体在与他人交往的过程中通过学习而逐渐形成的,使个体把自我和非我区别开来。生理自我在意向上表现为对身体健康、外表美的追求。生理自我是个体自我认知的起点,也是个体与外界互动的基础。

(2)心理自我——对自己心理状态的认知和体验。心理自我是个体对自己的心理状态的意识,包括对自己的感觉、知觉、记忆、思维、能力、性格、气质、爱好等方面的意识。心理自我随着个体的成长而发展,使我们学会觉察与评价自己的心理。随着个体的成长,心理自我逐渐发展,使个体能够反思和评价自己的内心世界。

(3)社会自我——对自己与所处客观环境关系的认知和体验。社会自我是个体对自身在社会中角色的意识,包括所属的社会群体、社会地位、社会责任等的认知、评价和体验。社会自我是个体社会化的产物,也是个体融入社会、实现自我价值的重要途径。社会自我的一个突出特点是自我控制,包含坚持性和自制力两个方面。

2. 形式维度:自我认识、自我体验和自我控制

从形式上来看,自我意识表现为认知的、情感的和意志的三种形式,分别称为自我认识、自我体验、自我控制。

(1)自我认识——知。自我认识是自我意识的认知成分,主要解决"我是一个什么样的人"的问题。它是自我意识的首要成分。自我认识包括自我认知、自我观察、自我分析和自我评价等。自我分析是在自我观察基础上对自身状况的反思。自我评价是对自己能力、行为等方面的社会价值的评估,它最能代表一个人自我认识的水平,也是自我调控的心理基石,自我评价集中反映了个体自我意识乃至自我意识发展的水平。

(2)自我体验——情。自我体验是自我意识的情感成分,主要解决"我怎么看我自己"的问题。它是在自我认识的基础上产生的,是主观自我对客观自我产生的情绪体验,反映个体对自己所持的态度。自我认知决定自我体验,而自我体验又强化自我认知,主要集中在"能否悦纳自己""对自我是否满意"等方面。自我体验的内容十分丰富,包括自尊、自爱、自信

等。自我体验中自尊是关键，是自我体验中最主要的方面。

（3）自我控制——意。自我控制是自我意识的意志成分，核心是"我应该做什么？""我应该成为怎样的人？""我可以选择如何做？"。自我控制是个体对自己行为与心理活动的自我作用过程，主要表现为个体对自己的思想、行为和情绪等的调控，以达到自我期望的目标。自我控制是个体实现自我期望目标的关键环节。自我控制能力的强弱，直接影响个体行为效果和心理健康。自我控制是自我意识的最高阶段和关键环节。

自我意识的结构关系如表 3-1 所示。

表 3-1　自我意识的结构关系

项目	自 我 认 识	自 我 体 验	自 我 控 制
生理自我	对自己身体、外貌、衣着、风度、体重、所有物等的认识	英俊、漂亮、有吸引力、迷人、自我悦纳等	追求身体的外表及物质欲望的满足，维持家庭的利益等
心理自我	对自己智力、性格、气质、兴趣、能力、记忆、思维等特点的认识	有能力、聪明、优雅、敏感、迟钝、感情丰富、细腻等	追求理想，行为符合社会规范，注重智慧与能力的发展等
社会自我	对自己的名望、地位、角色、性别、义务、责任、人格魅力的认识	自尊、自信、自爱、自豪、自卑、自怜、自恋等	追求名誉地位，喜欢与他人竞争，注重获得他人的好感等

3. 存在方式：现实自我、投射自我和理想自我

自我意识的存在方式上分为现实自我、投射自我和理想自我三个层面，三者共同构成个体心理世界的多维镜像。现实自我是个体基于自身视角对当前实际状况的全民审视，是心理认知的稳固基石，直接反映个体在现实环境中的自我定位与认知。投射自我也称镜中自我，是心理镜像的折射，展现了个体对自己在他人眼中的形象的构想或他人对自己的基本看法评价。投射自我的过程深刻影响着人的社交互动与自我形象的塑造。理想自我则是指个体想要达到的比较完美的形象，它既是个人追求的灯塔，也是自我激励的源泉。

从自我意识存在的形式来看，现实自我是一种能被人感知到的客观存在，而投射自我和理想自我是在个体大脑中的一种客观存在，容易受到个体的主观因素影响，往往不稳定，易变化。研究表明，当现实自我和投射自我相一致时，会产生加快自我发展的倾向；反之，个体寻求改变或调整自我表现以获得认同。

（三）自我意识的心理功能

自我意识不仅是个体对自身的认知和评价，更是一种深层的心理机制，具有多方面的心理功能。

1. 目标导向与内驱力

意识决定行为，行为是意识的反映。自我意识的首要功能是为目标提供导向和内驱力。一个健全的自我意识能够使个体从实际出发，确立合理的"理想自我"，为个人发展指明方

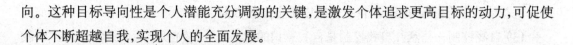

向。这种目标导向性是个人潜能充分调动的关键,是激发个体追求更高目标的动力,可促使个体不断超越自我,实现个人的全面发展。

2．自我控制与自律力

每个人都需要自我控制的意识,对自己的情感、行动进行调节和控制。拥有良好自我意识的个体在自我正确认识、合理规划的基础上,能够对自己的注意力、情感、行为等有意识地自我调控,促进自我目标的实现。自我控制是自我意识发挥能动作用的重要方面。

3．内省与自我调整

自我意识健全的个体不仅能够确立"理想自我"的内容与规划,而且能够通过自我控制来实现预期目标。自我意识会对自己的认知、情感、意志、行为等进行反省,找到受挫的主客观原因和问题的根源,并重新调整认识规划行动,形成新的"理想自我"内容,使"理想自我"与"现实自我"趋于统一。这种内省和自我调整能力是个人成长和发展的重要保障。

4．激励与潜能开发

自我意识是个体内心世界的总和,是人格的核心部分,对个体人格的发展和塑造起着至关重要的作用。正确的自我意识对个体具有激励作用,帮助个体形成准确的自我认知与评价,建立自立、自主、自信的积极心理品质。这种积极的自我意识能够激发个体的潜能,促进思维活动的活跃,使个体在追求目标的过程中不断获得成功的体验。与此同时,成功的体验与成就取得也强化积极的自我意识。

二、自我意识的发展

（一）弗洛伊德的人格三分结构论

奥地利著名心理学家弗洛伊德（Freud）的人格结构理论和人格发展理论都强调了自我意识的健康发展是心理健康的关键,认为人格由本我、自我和超我三部分构成。人出生时有一个本能的我,即本我,它由先天的本能、原始的欲望组成,处于最底层,只知道满足和释放而不知道约束自己,其遵循快乐原则。它像一个幼儿,容不得紧张,容不得希望得不到满足,易冲动,无组织,非理性。自我是本我在与现实打交道的过程中分化出来的。因为本我是一种原始的快乐欲望,在现实生活中是行不通的,所以经过大脑思考就产生了一种自我的意识,让它来解决本我与现实的矛盾和冲突,这就是自我。它遵循现实原则,以适应环境中的一些条件和限制。它是人与外部世界交往的媒介,是一个人具有的符合现实生活的理智思维。超我是人格中最文明、最有道德的部分,它是社会道德的化身,按照道德原则行事。

（二）艾里克森的自我发展渐成学说

美国著名的精神病医师、新精神分析学派的代表人物艾里克森（Erikson）心理社会发展理论认为，人的自我意识发展持续一生，但要经历不同的发展阶段，每个阶段都有一个核心任务。该理论把自我意识的形成和发展过程划分为八个阶段，认为每一阶段都存在一种"危机"或矛盾冲突，对危机的积极解决有利于自我力量的增强，有利于个人适应环境，心理冲突解决了，自我意识就能顺利发展。每一个阶段都是不可忽视的，每一个阶段都有着要解决的核心任务，如表 3-2 所示。

表 3-2　艾里克森的自我意识发展阶段和相应的品质

年　龄　段	社会转变期的心理冲突	相应获得的品质	
		积极的	消极的
婴儿期（0 ~ 1.5 岁）	信任感—怀疑感	希望、信任	恐惧、不信任
儿童早期（1.6 ~ 3 岁）	自主感—羞怯感	意志、自制力	自我怀疑
学步期（3.1 ~ 5 岁）	主动感—内疚感	自主和价值感	无价值感
学龄初期（5.1 ~ 12 岁）	勤奋感—自卑感	能力、勤奋	无能
青春期（12.1 ~ 18 岁）	自我认同—角色混乱	忠诚、自信	不确定感
成年早期（18.1 ~ 25 岁）	亲密感—孤独感	爱和友谊	泛爱
成年期（25.1 ~ 65 岁）	创造力—自我专注	关心他人和创新	自私自利
成熟期（65 岁以上）	完美感—绝望感	智慧	绝望和无意义感

自我意识是个体在生理和心理能力逐渐成熟的基础上，在与社会环境长期的相互作用过程中形成和发展的。心理学研究表明，个体自我意识从发生、发展到相对稳定和成熟，大约需要 20 年。大学生的自我意识是在儿童、青少年时期自我意识的基础上进一步发展来的，它既有继承性，又有自身新的特点。

三、大学生自我意识的特点

自我意识的确立是心理发展的重要标志，自我意识是人格发展的核心要素。大学生自我意识发展水平以其自我意识结构之间是否协调发展为重要指标，其自我意识的发展呈现出自身特点。

（一）自我发展深切关注

大学生对自我认识充满兴趣，能够主动积极地探索自我，强烈关心自己是否已成长为成人，关注自己的外貌、能力、性格、特征、社会归属和地位、人生价值等方面，大学生的自我意识围绕个人和社会的关系维度发展。

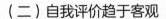

（二）自我评价趋于客观

大学生活阅历与社会经验增加，感性与理性趋于成熟，自我分析与评价逐步趋于客观，能对自己的优缺点、才华、性格、气质、道德品质及人际关系等进行深刻、明晰、广泛的评价。

（三）自我体验丰富而复杂

凡是涉及"我"以及与"我"相联系的事物，易激起大学生的情绪情感反应。通常，大学生情感基调积极健康，自信且自尊心强。然而，大学生自我体验中也有敏感、复杂和闭锁的特点，情绪波动较大，取得成绩时容易产生积极、肯定的自我体验，遇到挫折时易产生消极、否定的自我体验。

（四）自我控制能力提高

大学生自我控制能力呈现出显著的增强趋势。其自觉性、坚韧性、独立性和稳定性均得到了显著的发展，使大学生能进行较为深入的自我反省，以社会标准要求自我，并能够依据自我设定的目标，自觉地调节自身行为。这种自我驱动和自我调节的能力，是大学生自我控制能力提高的重要体现。

（五）自我意识水平存在年级差异

自我意识发展中，不同年级的大学生呈现出显著的差异。大学二年级学生普遍面临自我意识发展的转折，内心矛盾冲突尖锐，回顾与展望时间较多，这是大学生自我意识相对稳定阶段中的不稳定时期，但也是一次新的上升时期，因此被称为大学生自我意识发展的转折时期，为大学生自我意识健康发展奠定重要基础。

大学生自我意识发展过程中展现出自我觉察增强，自我评价日趋成熟，自我体验丰富深刻，自我控制能力提升等积极特质，但自我意识尚处于形成和发展阶段，容易出现各种自我意识偏差，包括自我封闭、过度自我中心、从众心理、盲目自负、过度自卑、自我同一性混乱等。大学生可通过反思自我、调整心态、积极参与社会活动、建立良好人际关系等方式实现自我完善和提升。

【案例分享】

从指责到赞美：画家的双面反馈实验

有一个画家画了一幅颇为得意的画后拿到画廊里展出。为了提高自己的绘画技艺，画家在旁边放了一支笔并附上他的要求：哪一位观赏者如果认为这画有欠佳之笔，请在画上做记号。晚上，画家取回了这幅画，发现整个画面涂满了记号，几乎没有一处不被指责。画家决定换一种方式试试看。他又临摹了一张同样的画拿到画廊展出，不过这次要求与上次不同，他请每位观赏者在他们最为欣赏的地方标上记号。当他取回画时，他看到画面又被涂满了记号,原先被指责的地方都换上了赞美的标记。

启示: 任何一件事都有多面性,自我认知是一个动态、多元且不断深化的过程。我们能够在多大程度上探索自我,就能在多大程度上以一种友好的方式对待自己,获得引导和改变自己的机会和动力。

【心理活动】

我是谁——自我意识 20 问

一、活动目的

全面地了解自我,形成正确的自我意识。

二、活动时间

20 分钟。

三、活动内容

自我意识 20 问——WAI 技法(WAI technique)是指"我是谁?"("Who am I",简称 WAI),因其形式上是书写 20 种回答,也称为 20 句测验(twenty statements test)。WAI 技法始于 20 世纪 50 年代,以"我"字开头的 20 空行,用 20 种回答说明头脑中浮现的关于自己的想法。

请按下面的格式写出 20 句"我是怎样的人",要求尽量选择一些能反映个人风格的语句;由于这是自我分析材料,所以想到什么就回答什么,不用有什么顾虑或者考虑其中的逻辑关系;尽量选择能反映个人特点,代表自己的语句。

(1) 我是_____。

(2) 我是_____。

(3) 我是_____。

(4) 我是_____。

(5) 我是_____。

(6) 我是_____。

(7) 我是_____。

(8) 我是_____。

(9) 我是_____。

(10) 我是_____。

(11) 我是_____。

(12) 我是_____。

(13) 我是_____。

(14) 我是_____。

（15）我是_____。

（16）我是_____。

（17）我是_____。

（18）我是_____。

（19）我是_____。

（20）我是_____。

四、活动结果

将陈述的20项内容进行归类。

（1）身体状况：涉及个体的体貌特征，涵盖年龄、身高、体型等生理属性。

编号：_____

（2）情绪状态：反映个体常持有的情绪情感，如乐观开朗、烦恼沮丧等特质。

编号：_____

（3）才智水平：评估个体智力、能力状况，包括聪明、灵活、迟钝等能力特征。

编号：_____

（4）社会关系：描述个体与他人的关系，涉及交往方式、对他人常持有的态度和原则，如乐于助人、善于交际、坦诚直率或孤独内向等社会交往特质。

编号：_____

五、结果分析

评估你对自己的陈述是积极的还是消极的。在你列出的每句话的后面加上加号（＋）或减号（－），加号表示"这句话表达了你对自己满意、肯定的态度"，减号表示"这句话表达了你对自己不满意、否定的态度"。看看你的减号与加号的数量各是多少。如果你加号的数量大于减号的数量，说明你的自我接纳状况良好；相反，则显示你接纳自己，自尊程度较低，这时需要内省并寻找改善方法。

专题二 自我意识的提升

【案例导入】

自卑在心底

小李是一名大学二年级的学生，出身于农村，家庭经济拮据，性格内向，不善言谈，他从内心深处有一种深深的自卑感。他一方面努力学习专业完成学业，另一方面积极参加勤工俭学与兼职工作，在别人眼中他是个坚强、上进且有头脑的人。而他不认同这样的评价，他认为这只是出于无可奈何而做出的选择。在学校日常学习生活中，小李与周围同学融洽相处，看起来是个开朗的人。实际上，他内心封闭，尽量避免谈及自己的家庭，因为这些都是他心底最不愿触及的话题。即使优异的成绩也无法给他带来内心的喜悦,更无法消除深藏心底的自卑。后来,他暗恋上了一个女孩,但由于自卑感束缚,始终未能鼓起勇气向她表白。

启示: 案例中,小李有强烈自尊心,其外在行为透露出过度自卑感。心理学家阿德勒认为:"当一个人遇到无法解决的问题却深信自己能够解决时,就会陷入自卑情节。"每个人内心都潜藏着不同程度的自卑感,这是因为人们渴望成为更好的自己。适度的自卑感是普遍现象,它激励个体不断追求卓越,完善自我。案例启示我们,思考如何正确面对和转化自卑感,使其成为向前的动力,关键在自我认识、自我认可的基础上,自觉规划行为目标,主动调节自身行为,由现实自我走向理想自我,实现自身的完善以适应社会的要求。

【心理讲堂】

认知良好自我意识的标准,有助于培养健康的自我意识,化解自我意识冲突。

一、良好自我意识的标准

青年学生的自我意识主要表现在个人自我、社会自我、理想自我三个方面。衡量一个人自我意识是否健全,可以从以下几个方面来着手。

(1) 一个有健全自我意识的人应该是一个自我肯定的人、一个自我统合的人。

(2) 一个有健全自我意识的人应该是自我认识、自我体验、自我协调一致的人。

(3) 一个有健全自我意识的人应该是独立的,同时又与外界保持协调的人。

(4) 一个有健全自我意识的人应该是一个自我发展的人,其自我具有灵活性。

(5) 一个有健全自我意识的人应该是一个心理健康的人,不仅自己能健康发展,而且能促进社会文明和进步。

二、青年学生自我意识冲突

从青年学生自我意识的发展规律可以看到,其自我意识在不断地变化、稳定、成熟,在达到自我同一性统一前难免会出现各种各样的自我意识偏差,表现为自我意识的冲突。倘若冲突没有处理妥当,则容易产生自我意识偏差。

(一)主我与宾我的冲突

自我有主我与宾我之分,主我是主动地体验世界的自我;宾我是属于我们注意对象的那部分自我,即人们对自己样子的想法。主我具有三个功能:一是把我们和其他事物以及其他人区别开来;二是具有动机和意志功能;三是具备连续感和统一感。宾我也具有三个功能:一是关于自己的想法影响对信息的加工与解释;二是个体想法指引着个体的行为;三是具有动机作用。主我使个体能够根据自己的意愿产生行动的意识,而宾我影响着信息加工并指引着现在和未来。

（二）独立意向和依附心理的冲突

大学生独立意向迅速发展，希望自己能在经济、生活、学习、思想等方面独立，进而自主地处理所遇到的一些问题。然而，绝大部分大学生在经济上较依赖父母，在生活上也离不开同学、老师、父母的帮助，因此，大学生在心理上由于社会阅历、能力与条件等限制，无法做到完全脱离他人的支持与帮助。

（三）交往需要和心灵闭锁的冲突

马斯洛需要层次理论视角中每个人都有交往的需要，大学生渴望理解，寻求归属和爱，有强烈的交往需要。希望拥有知心好友可以吐露心事，分担痛苦与分享快乐；也希望在群体中可以被认同和悦纳。然而，青少年时期对人际关系较为敏感，在人际交往中常常存在戒备心理，会与他人有意无意地保持一定的距离。

（四）自卑与自信的冲突

大学生能正确认知自我时会更加自信，相信自己的知识和才能；当受到挫折时内心易产生冲突，自卑与自信不断起伏和变化，易怀疑自己的能力和魅力，易产生自我否定，陷入自卑情结。

【案例分享】

自我意识的镜花水月

透明度错觉是指人们总是高估自己内在状态外显的程度，即认为自己隐藏的情绪一旦外露，就会被人发现的错觉，实际上别人可能根本看不出来。小丽失恋了，觉得自己根本没办法正常上课，她坐在自己的位置上就会觉得别扭。小丽认为别人都知道她失恋了，课间看见周围的同学聚在一起聊天觉得那是在议论她。终于在一次课后她情绪爆发，失声痛哭，同学们目瞪口呆，不知究竟发生了什么让她如此伤心。她这才明白：原来大家并没有像她想象的那样时时处处都在观察和打探她。

启示：大学生自我意识尚在发展过程中，心理尚未完全成熟，容易出现自我意识偏差。大学生只有积极认识自我，识别自我意识冲突，才能更好地培养自我意识。

三、健康自我意识的培养

健康自我意识的培养，包括认识接纳自我、科学塑造自我、有效控制自我。

（一）认识接纳自我

1. 认识自我

认识自我是自我接纳的前提和基础。美国心理学家 Jone 和 Harry 提出了著名的关于人自我认识的乔韩窗口理论。他们认为对自己的认识是一个不断探索的过程,每个人的自我都有四个部分,如表 3-3 所示。

表 3-3　乔韩窗口理论

项　目	自己知道	自己不知道
别人知道	公开区　开放我	盲目区　盲目我
别人不知道	隐藏区　隐秘我	潜能区　未知我

(1) 开放我,是透明真实的自我,是自己和别人都很了解的领域,是不能隐瞒的或者愿意公开的部分。如:你现在是大学生,你今天出门的衣着打扮。

(2) 盲目我,是别人看得很清楚,自己却不了解的领域,自己没有意识到或者无意识地在别人面前表现出来的部分。如:一些下意识的小动作、口头禅等。

(3) 隐秘我,是自己了解但别人不了解的领域,是不愿意在别人面前展示出来,属于个人隐私的部分。

(4) 未知我,是别人和自己都不了解的潜能部分,通过一些契机可以挖掘激发。

乔韩窗口理论认为,每个人的自我都由这四部分构成,但每个人的四部分的比例是不同的。随着人的成长及生活经历,自我的四部分也在发生着变化。当个体自我的公开区扩大,则其生活会变得更真实,无论人际交往还是自处,都会显得轻松而有效率;个体盲目区的范围收缩,对自我的认识就越清楚。

2．自我接纳

人们在对待自我的态度上展现出两种截然不同的态度。一种为自我拒绝,往往伴随对自身的消极评价,过度强调个人的缺点和不足,甚至否认自己存在的价值;另一种则是自我接纳,表现为对自身以及自身特质持有积极的态度,能坦然接受现实中的自己,不因自身优点而骄傲,也不因存在缺点而自卑。自我接纳是一个人健康成长的重要前提,对于个人积极进取具有推动作用。自我接纳包括以下几点。

(1) 无条件地接受自己,无论优点与缺点、成功与失败,都积极正向地接受自己,不因一时的失误或者做错事而有所动摇。

(2) 喜欢自己,肯定自己拥有独特的价值,内心有愉快感和满足感。

(3) 以积极的态度和有效的方法对待自己的弱点和错误,尽可能地扬长避短。

(4) 培育自尊心,摒弃无端产生的内疚感和羞耻感。

根据发展心理学家皮亚杰提出的有关适应的内容,大学生自身认知结构得到发展需要建构起现实自我的相关内容,是一个达到现实自我与理想自我逐渐平衡的过程,可以概括为两种基本作用:同化与顺应,如图 3-1 和图 3-2 所示。

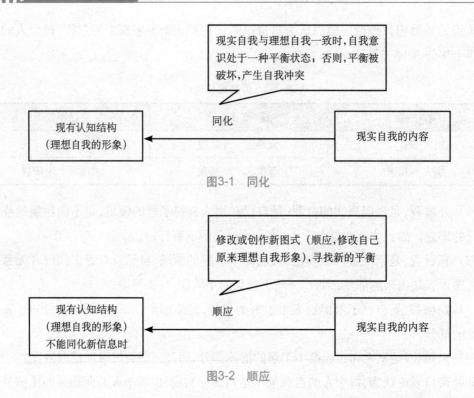

图3-1 同化

图3-2 顺应

大学生的自我意识最终达到的整合是同化、顺应两种作用之间取得平衡的结果,这种平衡不是绝对静止的,某个水平的平衡会成为另一个水平的平衡运动的开始。大学生在塑造完善自我的过程中,会经历一个"平衡—不平衡—平衡"的动态变化过程。

(二)科学塑造自我

科学塑造自我涵盖了自我革新与不断完善的动态过程,这不仅是对个人潜能的挖掘与实现,更是对生命意义的探索与追求。

1. 正确的自我认知

正确的自我认知,就是要全面地了解自己,探究自己的性格特质、气质类型与潜在能力,洞察自己与他人的异同,把握自身的独特性与共性,自己与群体、与他人的关系。要做到正确认识自我,个体可以通过多元的途径进行自我探索与认知。

(1)他人视角的自我认知。符号互动学者库利提出"镜中我"的概念,认为感知自己就像别人感知一样,镜子中的我或别人眼中的我就是感知的对象。"闻过则喜,见贤思齐"是古人正确面对他人评价的榜样。人们常常根据别人对自己的看法来调整自己的行为,以使自己的言行与别人的看法更为接近。

(2)社会比较与自我定位。社会比较是自我认知的重要途径之一。首先,应选择与自己条件接近的人进行比较,以避免产生不恰当的自我评价。其次,比较的对象应该是行动后的结果而非行动前的条件,真实地反映个人能力和成长。最后,应以相对标准而非绝对标准、可变因素而非恒定因素进行比较,从而更准确地把握自己的成长发展。

(3)自我反思与成长。自我反思是深化自我认知的重要方法。通过回顾自己的行为和经历,可以更深入地了解自己的内心。大学生在进行自我反思时,可以将现实自我和过去自我、理想自我进行比较。

2．客观的自我评价

客观的自我评价,其本质在于基于深入的自我洞察,以理智和客观的态度审视个人的长处与不足、成功与失败,评价过程遵循健全自我意识的标准,客观地考察自己。在进行自我评价时,应当广泛收集多元化的评价线索,如对照标准的自查、他人的反馈意见以及社会比较等。在此过程中,要特别重视评价的一致性。为确保评价的全面性和准确性,可以邀请熟悉自己的人参与评价。同时,也应积极接纳与自己观点不一致的反馈,形成更为全面和客观的自我认知。

3．积极地自我提升

美国心理学家亚伯拉罕·马斯洛的需求层次理论,把人的需求分为生理需求、安全需求、爱和归属感、尊重和自我实现五类。在基本需求得到满足后,个体倾向于追求更高层次需求的满足,而自我提升正是实现这一过程的核心。自我提升不仅是自我实现的过程,也是不断自我超越的过程。每个成功者都是不断进行的自我超越,追求更高的成就。当人们期望成功时,他们往往会倾尽全力;当面临挑战性任务时,也会表现出更强的毅力,从而增加成功的可能性。

4．关注自我成长

自我成长要求个体不断地进行自我反思和自我监控。通过审视过去,把握现在和规划未来,个体能够更深刻地理解和把握自己。与自我对话和与他人分享成长的经历也是促进自我成长的有效途径。首先,自我成长要有成长的意愿。对绝大多数人来说,成长的动力源于对现在的不满足和对美好未来的向往。其次,明确成长方向和目标至关重要。个体需要开阔视野,基于现实自我设定合理的理想自我,并确定适合自己的阶段性成长目标,制订切实可行的计划并付诸实践,是实现目标的关键。最后,自我成长并非一蹴而就的过程,成长需要勇气、坚持和耐心,应用心专注于自己的成长之路,坚持不懈地吸取成长的营养。

(三)有效控制自我

自我控制是指个体在自我认知的基础上有意识地自觉控制自我,主动协调个体与他人、个体与环境的关系,并在这些关系中更主动积极地、更有效地激发个人潜能,主动地改变现实的"我"达到理想的"我"的过程。为实现有效控制自我,应做到以下四点。

1. 保持适度的成就动机

究竟要确定什么样的抱负水平才能形成合理有效的目标呢? 心理学家阿特金森(Atkinson)做的关于抱负水平的投环实验提供了启示: 成绩动机高的人倾向于选择具有一定挑战性又不过高或过低的目标。投环实验中, 被试者自己选择投环的距离, 然后根据投中与否、距离远近等指标计算成绩。结果发现凡是成就动机高的人, 即努力工作追求成功的人, 多选择中等距离的位置投掷; 而成就动机较低的人, 多选择很近或很远的位置投掷。可见成功者情愿在有适度把握又有适度冒险的情况下做出努力, 他们的抱负水平是适中的; 而成就动机低的人, 则是在十分有把握或完全碰运气的情况下工作, 其抱负水平不是偏低就是偏高。所以, 人们在确立抱负水平的时候要立足现实, 从自己的实际出发, 制订适宜目标。

2. 发掘并强化个人优势

每个人的精力都是有限的, 所以将精力放到自己擅长的领域显得尤为重要。西德尼·史密斯说: "不管你天性擅长什么, 都要顺其自然; 永远不要丢开自己天赋的优势和才能。"个体应持续在已有成就或优势领域努力, 通过不断的努力和学习, 获得自我实现。大学生在学习过程中, 了解自己的兴趣爱好专长, 了解自己的专业发展方向及本专业的就业需求, 并基于此强化个人优势, 是有效自我调控的重要途径。

3. 增强自尊和自信

身心互动原理显示, 个体的身体状态与情绪、心态密切相关。因此, 改变个体的动作和身体状态可以调整情绪与心态, 如保持挺拔的姿态、快速行走等。大学生可通过积极身体语言体验这一原理, 做到雄赳赳, 气昂昂, 双眼有神, 腰板挺直, 快速行走, 渐渐地你的自信心会得以增强。

4. 培养坚定的意志与性格

实现有效的自我控制需要坚定的意志和性格作为支撑。首先, 要设置适度的目标。学会把长远目标分解为由近及远、循序渐进的、具体的、可操作的目标, 坚持定期复核目标实现情况, 及时自我反馈, 提高对目标的坚持性。其次, 形成正确的归因观, 将成功归因于可控制的稳定的因素, 如个人能力、努力等, 以增强对未来成功的可控感。如某人将某项任务的成功归于稳定的因素, 如他的能力很强或这项任务对他很容易, 他自然会期望自己在以后的类似情境中继续成功。

【心理活动】

举 手 仪 式

一、活动目的

体验"坚持"所需要的耐心和毅力, 丰富学生心理体验, 培养学生意志力。

二、活动时间

20 分钟。

三、活动内容

(1) 活动参与者分组,每 6～10 人为一组。

(2) 每位同学的两只手臂伸直向胸前平举,并且身体不能够晃动,小组成员间相互监督,坚持 10 分钟以上 (教师可根据学生实际情况选择时间长短)。

(3) 各小组代表进行团体分享:

① 当时间过了一半的时候,你有什么感受?

② 当你坚持到最后的时候,你有什么感受?

③ 在坚持的过程中遇到了哪些困难? 你是如何思考如何克服的?

④ 你觉得这项心理活动对你的学习生活有什么启发?

四、注意事项

(1) 心理活动中,教师可播放激励的歌曲或音乐。

(2) 心理活动中,各小组可自行设置激励的口号。

(3) 心理活动中,教师及小组要给坚持到最后的同学肯定与鼓励;引导没有坚持到最后的同学思考;引导参与活动的全体同学自我觉察,积极提升耐力和意志力。

专题三　健康人格的培育

【案例导入】

匠心筑梦,成就非凡

中央电视台新闻频道推出了 8 集系列节目《大国工匠》,呈现了为了国家事业作出杰出贡献的工匠们的故事,讲述了长征火箭焊接发动机的国家高级技师高凤林等 8 位不同岗位的劳动者用灵巧双手匠心筑梦的故事。高凤林被称为焊接火箭"心脏"的"中国第一人"。发动机是火箭的"心脏",任何一个漏点都可能在火箭升空过程中引发毁灭性的爆炸。高凤林能做到在 0.01 秒内精准控制焊枪停留在燃料管道上,且上万次的操作都准确无误。四十余年的坚守与奉献,使得 160 多枚长征系列运载火箭在他焊接的发动机助推下成功飞向太空。面对高薪的诱惑,他坚守初心,他坦言看到自己焊接的发动机把卫星送入太空,有一种非凡的成就感、民族的自豪感,这是金钱无法衡量的。《大国工匠》中感人至深的故事,生动地展示了只有热爱本职工作、脚踏实地、勤奋、尽职尽责、精益求精的人,才能成就一番事业,实现人生价值。

启示: 案例揭示了健康人格培育的重要性。大学生健康人格培育中,应学习高凤林等工匠的专注、执着和敬业精神。这种精神是实现个人价值和成就事业的基石。大学生应树立正确的职业观,热爱自己的专业,培养脚踏实地的工作作风和精益求精的工作态度。通过不懈努力,将所学知识应用于实践,不断提升自我,为社会和国家作出贡献。同时,大学生也应关注社会发展和国家需要,将个人发展与社会进步相结合,为实现中华民族的伟大复兴贡献自己的力量。

【心理讲堂】

人格是伴随人的一生不断成长的心理品质。人格的成熟意味着个体心理的成熟,人格的魅力展示出个体心灵的完善程度。人格是一个丰富而复杂的心理成分,它凝聚着文化、社会、家庭、教育与先天遗传的个体风貌。"人有千面,各有不同。"人格有着鲜明的个性特征,人格的差异铸就了个体千差万别、千姿百态的心理面貌。

一、人格概述

(一)人格的含义

"人格"是我们日常生活中频繁提及的术语,其涵盖法律、社会、哲学、心理学等多个学科领域。其含义深刻,不仅体现了个体道德品质和心理素质,也反映了其社会地位和角色定位。如人们经常说"他具有高尚的人格",实际上是在肯定其品德和行为正直;说"他具有健全的人格",则强调其心理状态的稳定和个性的完善。"人格"一词源于拉丁文中的persona,原意为"面具"或"脸谱"的意思,用于表现剧中人物的角色和身份。

如图 3-3 所示为中国京剧中一些代表性人物的脸谱,不同颜色有不同的象征意义。

(a)《华容道》中的关羽　　　　(b)《宇宙锋》中的赵高　　　　(c)《铡美案》中的包公

图3-3　京剧中人物的脸谱

红色:象征忠勇、正义、威武、庄严,大多用于富有血性的人物。
白色:大多表现阴险、狡猾、居心叵测。

黑色：表现性格严肃、正直无私,刚毅勇猛。

心理学沿用面具或脸谱的含义,转义为人格,人格是指一个人总的精神面貌,是相对稳定、具有独特倾向性的心理特征的总和。人格包含两层意思:一方面是个体在人生舞台上所表现出的言行及所遵从的社会准则,这是我们可以观察到的外显行为和人格品质;另一方面是个体内隐的人格成分,即"面具"后面的真实自我,这是人格的内在特征。

不同的心理学流派对于人格的阐释各有不同,目前很难对人格做出全面的、准确的定义。我国心理学界有关人格的定义也很多。本书采用黄希庭等人有关人格的定义:人格是个体在行为上的内部倾向,它表现为个体适应环境时在能力、情绪、需要、动机、兴趣、态度、价值观、气质、性格和体质等方面的整合,是具有动力一致性和连续性的自我,是个体在社会化过程中形成的具有特色的身心组织。

(二) 人格的特征

人格是人类独有的,由先天获得的遗传素质与后天环境相互作用而形成的,能代表人类灵魂本质及个性特点的性格、气质、品德、品质、信仰、良心及由此形成的尊严、魅力等。人格的特征主要有四个,分别是人格的独特性、整体性、稳定性、社会性。

1. 独特性

不同的遗传、生存及教育环境,形成了不同个体的独特人格。在人格形成与发展中,既有生物因素的作用,也有社会因素的作用。人格是共同性与差别性的统一,是生物性与社会性的统一。

2. 整体性

人格是由多种成分构成的一个有机整体,具有内在统一的一致性,受自我意识的调控。人格整体性是心理健康的重要指标。当一个人的人格结构在各方面和谐统一时,他的人格就是健康的。

3. 稳定性

人格的稳定性包括两个方面:一是跨时间的持续性;二是跨情境的稳定性。俗话说:"江山易改,禀性难移。"这里的"禀性"是指人格,体现了人格跨时间的持续性。一个外向的人如果在学校里善于交际,喜欢交朋友,那么当其踏入社会,也会善于人际交往,这表现出了人格的跨情境的稳定性。随着生理的成熟和环境的变化,人格也有可能产生或多或少的变化。这是人格的可塑性。因为人格具有可塑性,所以才能培养和发展人格。人格是稳定性与可塑性的统一。

4. 社会性

人格的社会性是指社会化把人变成社会的成员,而人格是社会的人所特有的。社会化

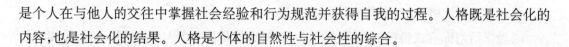

是个人在与他人的交往中掌握社会经验和行为规范并获得自我的过程。人格既是社会化的内容，也是社会化的结果。人格是个体的自然性与社会性的综合。

（三）人格的结构

人格由不同成分构成，从各个侧面反映人格的差异，包括气质、性格、能力等，其中气质和性格是最主要的成分。

1. 气质

气质是指个体表现在心理活动的强度、速度、灵活性与指向性等方面的一种稳定的心理特征。古希腊医生希波克拉底认为人体内有四种体液，即多血、黏液、黄胆汁和黑胆汁。

希波克拉底根据人体内的这四种体液的不同配合比例，将人的气质划分为四种不同类型。四者所占的比例不同，占主导的那种体液决定了个体的气质类型，即胆汁质、多血质、黏液质和抑郁质四种典型的类型（见表3-4）。虽然气质的生理基础仍无法确定，用体液解释气质类型缺乏科学依据，但是人们在日常生活中却可观察到四种气质类型的行为特点。

表 3-4　高级神经活动类型与气质的对照表

气质类型	神经类型	强度	均衡性	灵活性	行 为 特 点
胆汁质	共奋型	强	不均衡	灵活	急躁、直率、热情、情绪体验强烈、容易冲动、平息快速、不易约束、攻击性强、具有外向性
多血质	活泼型	强	均衡	灵活	活泼好动、反应迅速、好交际、情感丰富、兴趣易变、具有外向性
黏液质	安静型	强	均衡	不灵活	稳重、安静、坚定、反应迟缓、节制内敛、情绪不外露、不好交际、具有内向性
抑郁质	抑制型	弱	不均衡	不灵活	行动迟缓、孤僻、情绪体验深刻、感受细腻持久、善于观察细节、具有内向性

巴甫洛夫提出高级神经活动类型说，认为有四种典型的高级神经活动类型，即活泼的、安静的、不可抑制的、弱的，分别与希波克拉底的四种气质类型相对应。四种气质类型即四种典型的高级神经活动类型的行为表现。胆汁质的人神经系统的基本特点是强、不均衡、灵活；高级神经活动类型是兴奋型。多血质的人神经系统的基本特点是强、均衡、灵活；高级神经活动类型是活泼型。黏液质的人神经系统的基本特点是强、均衡、不灵活；高级神经活动类型是安静型。抑郁质的人神经系统的基本特点是弱、不均衡、不灵活；高级神经活动类型是抑制型。

当然，心理活动的内动力并非完全由气质特性所决定，它还深受活动的内容、具体目的以及个体动机的影响。气质类型无好坏之分，气质本身也不能单纯决定一个人的社会价值和成就的高度。气质类型往往是多样化的，许多人可能同时展现出多种气质特征的混合。

2．性格

性格是人格特征的核心组成部分。性格是一种与社会关系最密切的人格特征,是人对现实稳定的态度和行为方式上表现出来的心理特点。

从多个维度对性格类型进行划分,可以增进对人格内在结构的理解。

按照知、情、意在性格中的表现程度,可分为理智型、情绪型和意志型三种。理智型的人倾向于以理智思考支配自己的行动;情绪型的人情绪体验深刻,行为易受情绪影响;意志型的人具有较明确的目标和主动的行为。

按照个体心理倾向,可将性格分为外倾型和内倾型。外倾型的人心理活动倾向于外部,活泼开朗,善于交际,感情易于外露,处事不拘小节,独立性较强,但有时粗心、轻率;内倾型的人心理活动倾向于内部,一般表现为感情含蓄,处事谨慎,自制力强,交往面窄,适应新环境较为困难。

按照个体独立性程度,可将性格分为独立型和顺从型。独立型的人不易受外来事物的干扰,具有坚定的信念,能独立地思考和解决问题,在紧急和困难的情况下不紧张,易于发挥自己的力量,但有时会固执己见,不易合群;顺从型的人随和、谦虚,易与人合作,但独立性较差,容易受暗示,容易接受别人的意见,在紧急情况下易惊慌失措。

性格无好坏之分。性格与气质都是构成人格的重要因素,二者相互渗透、相互影响。气质影响性格特征的表现方式,性格也能在一定程度上塑造和改变气质。

3．能力

能力是顺利、有效地完成某种活动所必须具备的心理条件。

(1) 能力的分类。一般将能力分为一般能力和特殊能力。

一般能力是指做任何事情都不可缺少的能力,它能够保证人们有效地认识世界,也称智力。智力包括个体在认识活动中所必须具备的各种能力,如观察力、记忆力、想象力、思维能力、注意力等。其中抽象思维能力是核心,因为抽象思维能力支配着智力的诸多因素,并制约着能力发展的水平。

特殊能力又称专门能力,是顺利完成某种专门活动所必须具备的能力,如空间想象能力、音乐能力、绘画能力、数学计算能力、辨别色彩的能力、运动能力等。

(2) 能力的差异。其主要体现在类型、水平和表现三个方面。

① 能力类型差异。每个人都具有多样化的能力,其中某些可能比较突出,而另一些则相对较弱。这种差异源于每个人独特的能力结构,每种能力也存在类型上的不同。由于不同人的能力结构不同,因而能力在类型上便形成差异。例如,记忆能力,有的人偏向于视觉记忆,有的人更擅长听觉记忆,有的人可能通过运动加深记忆。由于能力类型的差异,因而人们在实践活动中处理和解决问题的方式方法,往往是通过不同能力的综合处理来解决问题。

② 能力水平差异。能力水平的差异是指人与人之间各种能力的发展程度不同,所具有的现实水平也不同,反映了能进行简单活动到具备高度创造性和突出成果的不同能力水平。

③ 能力表现的差异。人们的能力在呈现的时间上是存在差异的。有些人在童年时期就表现出某些方面的优异能力,即所谓的"早熟";也有些人的才能直到晚年才表现出来,即"大器晚成"。

能力的差异性是个体发展多样性和独特性的重要体现,它受到多种因素的共同影响,包括个体的气质、性格以及环境和学习机会等,深入理解和尊重这些差异,对于促进个体的全面发展和实现潜能至关重要。

二、影响人格形成的因素

塑造和培养健全的人格是个体成长与发展的重要基石。在人生发展历程中有许多因素会影响人格的发展,人格的塑造是先天、后天因素共同作用的结果。

(一)生物遗传

人格的发展必然受遗传因素的影响。遗传在人格形成中扮演着不可忽视的角色,尽管其作用程度因人格特征而异。一般而言,与生物因素密切相关的特征如智力、气质等,遗传因素占据较为重要的位置;而对于价值观、信念、性格等更多与社会因素相关的特征,则更多地受到后天环境的影响。人格发展是遗传与环境交互作用的结果,遗传为个体人格的发展提供了潜在的可能性,并影响了人格发展的方向和形成的难易程度。

(二)家庭

家庭环境对子女人格的影响主要表现在家庭心理氛围、父母的个性和家庭教育方式等方面。父母的言传身教、教育方式以及亲子关系的建立,都在潜移默化中塑造着子女的人格特征。俗话说:"有其父必有其子。"父母按照自己的意愿和方式教育孩子,使他们逐渐形成了某些人格特征。"三岁看大,七岁看老。"早期的亲子关系决定了个体的行为模式。当然,家庭因素跟人格发展并不存在一一对应的关系,它与其他因素共同决定了人格的形成。

(三)学校教育

学校作为个体成长的重要场所,其教育环境对人格发展具有重要影响。教师的人格特征、行为模式与思维方式都会对学生产生深刻影响。如果教师把自己的热情与期望投放在学生身上,那么学生就可能会努力奋斗。很多学生都有因受教师鼓励或批评而产生学习兴趣变化的心理体验。同时学校是同龄群体聚集的场所,同伴群体的兴趣、追求也对学生的人格产生重要影响。

（四）社会文化

个体从诞生之初就置身于社会文化之中，社会文化对人格的影响持续且深远。社会文化塑造了社会成员的人格特征，使其人格结构朝着相似性的方向发展，这种相似又具有维系一个社会稳定的功能。社会文化具有塑造人格的功能，这反映在不同文化的民族有其固有的民族性格、不同地域有不同的文化传统、不同的文化发展时期有不同的文化认同等方面。

人格的形成是一个多维度、复杂的过程，受到遗传、家庭、学校以及社会文化等多种因素的共同影响。遗传因素为个体人格的发展提供了基础，而环境因素则决定了人格发展的现实性。

【案例分享】

华罗庚的故事

华罗庚是我国著名数学家。他中学毕业后因家境贫寒失学，回到家乡的他一边帮父亲干活，一边自学不辍。长此以往，他身染伤寒，病势垂危，在床上躺了半年。病痊愈后，他的身上留下了终身的残疾——左腿的关节变形。当时，他只有19岁，在迷茫、困惑、绝望的日子里，他想起了失去双膑后著兵法的孙膑。"古人尚能身残志不残，我只有19岁，更没理由自暴自弃，我要用健全的头脑，代替不健全的双腿！"青年华罗庚就是这样顽强地和命运抗争。白天他拖着病腿，忍着关节剧烈的疼痛，拄着拐杖干活，晚上他在油灯下自学到深夜。在25岁时，他已成为蜚声国际的青年学者了。

启示： 人格的发展受个人性格、家庭、学校、社会等多方面因素的影响，大学生人格塑造将对以后的成长发展产生深远的影响。

三、青年学生健康人格的塑造

健康人格的塑造要秉持各因素协调发展、个性与共性相统一、知行统一的原则，在此基础上，青年学生应通过采取主动坚持正确导向、积极参与校园文化活动、培养良好人际关系、正确看待心理咨询等具体策略来完善自我人格。

（一）塑造健全人格的基本原则

1. 坚持人格各因素协调发展的原则

人格是由气质、性格、能力、认知风格、自我调节系统等诸塑造健全人格多因素构成的统一整体。各因素之间是相互影响、相互制约、相互渗透的关系。只有各个因素之间和谐均衡地发展，才能形成健康的人格，否则容易导致人格发展异常。为此，大学生健全人格的培养要坚持各种人格因素协调发展的原则。

2．坚持个性与共性相统一的原则

人格具有共性特征,也体现个性化差异,人格是共性与个性的统一。当代大学生健康人格的特征就是从共性的角度进行概括的,也要尊重并鼓励个体的独特性。每个大学生都应该保持自己的个性特色,形成独特的人格魅力。

3．坚持知行统一的原则

人格的塑造是一个从知到行,知行合一的过程。大学生要坚持知行统一,不仅要掌握必要的人格知识,还要将认知付诸具体的行为实践,形成良好的行为习惯,通过实践不断检验和完善自己的人格品质。

（二）青年学生完善人格的具体策略

1．正确导向与榜样引领

中华民族有着优秀的传统文化和伟大的民族精神,大学生应该主动学习其中的精髓,如爱国精神、包容精神、自立自强精神等。同时,每个国家和民族在长期的形成和发展过程中,都形成了自己的文化精神,值得大学生学习和借鉴,学习优秀人格品质,从身边小事做起,在实践中磨炼个人品质,追求健康人格。

2．积极参与校园文化活动

人格的形成与环境有着十分密切的关系,校园文化活动作为"软环境"的重要组成部分,对人格塑造具有潜移默化的影响。学校的教育环境包括校园、宿舍、教学设施等有形的硬件环境,也包括校风、学风、学校的传统等无形的软件环境。其中,校园的文化建设,就是对人格熏陶有十分重要的作用的"软环境"建设。大学生应积极参加校园活动,如专题讲座、文艺活动、学科竞赛等,通过实践锤炼专业能力,提升人际交往能力,培养组织管理能力,不断完善自我。

3．培养良好人际关系

良好的人际关系有助于提升大学生的自我意识和自信心。在和谐的人际关系中,大学生可以感到自己被接纳、被认可、被需要,从而肯定自我价值。同时,通过他人对自己的态度和评价,可以更加全面和客观地认识自我,实现自我成长和完善。

4．以心理咨询完善人格

正确认识和科学看待心理咨询,并有效利用心理咨询促进大学生人格的发展与完善,对于促进大学生人格的全面培育具有深远意义。心理咨询是通过人际关系,运用心理学方法帮助来访者自强自立的过程。发展性的心理咨询能够为大学生提供心理支持,成为他们人格成长的动力。通过心理咨询大学生能够更深入地了解自己,发现自身的潜能与不足,从而在心理层面得到全面提升。高校和社会各界也应加大对大学生心理咨询服务的支持,为大学生提供更优质、更专业的心理咨询服务,通过共同努力让心理咨询成为塑造大学生健康人格的重要途径。

【心理活动】

自 我 画 像

一、活动目的

(1) 增进大学生人际交往技能。

(2) 激发大学生自我认知,能够接纳并准确描述自身容貌、兴趣、性格等。

(3) 培养大学生依据他人描述捕捉关键信息、观察他人的能力。

二、活动时间

15 分钟。

三、活动内容

(1) 活动参与者分组,并为每位组员分发一张 A4 白纸。

(2) 组员根据主持人引导,仔细填写自我画像的"寻人启事",包括容貌特征、兴趣爱好、性格特点、家庭情况等,并将填好的"寻人启事"贴在小组区域内。

(3) 每位组员随机揭取一张同组其他成员的"寻人启事"。

(4) 组员根据"寻人启事"中的信息,寻找对应的张贴者,进行交流与采访。

(5) 主持人邀请组员推选出最具创意和特色的"寻人启事",进行分享和交流。

四、活动总结

"寻人启事"活动不仅促进同学们对自我特质和行为的总结与认知,而且可以加强同学间的交流和了解,提升团体凝聚力,推动自我意识与人格共同成长。

自 我 和 谐 量 表

一、活动目的

评估个体自我与经验之间的和谐程度以及个体的自我灵活性和刻板性。

二、活动时间

20 分钟。

三、活动内容

1. 回答表 3-5 所列的问题

指导语:下面是有关个人对自己的看法的陈述。选择时,请你认真理解每一句话的意思,然后圈选一个数字表示这句话与你现在对自己的看法的符合程度(其中,1 代表这句话完全不符合,2 代表有些符合,3 表示不确定,4 表示比较符合,5 表示完全符合)。每个人对自己的看法都不同,因而没有对错可言,请你如实回答。

表 3-5　自我和谐量表

序号	题　　目	完全不符合	有些符合	不确定	比较符合	完全符合
1	我周围的人往往觉得我对自己的看法有些矛盾	1	2	3	4	5
2	有时我会对自己在某方面的表现不满意	1	2	3	4	5
3	每当遇到困难,我总是率先分析造成困难的原因	1	2	3	4	5
4	我很难恰当地表达我对别人的情感反应	1	2	3	4	5
5	我对很多事情都有自己的观点,但我并不要求别人与我一样	1	2	3	4	5
6	我一旦形成对事情的看法,就不会再改变	1	2	3	4	5
7	我经常对自己的行为不满意	1	2	3	4	5
8	尽管有时得做一些不愿做的事,但我基本上是按自己的意愿办事的	1	2	3	4	5
9	一件事情好就是好,不好就是不好,没有什么可以含糊的	1	2	3	4	5
10	如果我在某件事上不顺利,我往往会怀疑自己的能力	1	2	3	4	5
11	我至少有几个知心的朋友	1	2	3	4	5
12	我觉得我所做的很多事情都是不该做的	1	2	3	4	5
13	无论别人怎么说,我的观点决不改变	1	2	3	4	5
14	别人常常会误解我对他们的好恶	1	2	3	4	5
15	很多情况下我不得不对自己的能力表示怀疑	1	2	3	4	5
16	我朋友中有些是与我截然不同的人,这并不影响我们的关系	1	2	3	4	5
17	我认为与别人交往过多容易暴露自己的隐私	1	2	3	4	5
18	我很了解自己对周围人的情感	1	2	3	4	5
19	我觉得自己目前的处境与我的要求相距太远	1	2	3	4	5
20	我很少去想自己所做的事是否应该	1	2	3	4	5
21	我所遇到的很多问题都无法自己解决	1	2	3	4	5
22	我很清楚自己是什么样的人	1	2	3	4	5
23	我能很自如地表达我想表达的意思	1	2	3	4	5
24	如果有了足够的证据,我也可以改变自己的观点	1	2	3	4	5
25	我很少考虑自己是一个什么样的人	1	2	3	4	5
26	我认为把心里话告诉别人不仅得不到帮助,还可能招致麻烦	1	2	3	4	5
27	在遇到问题时,我总觉得别人都离我很远	1	2	3	4	5
28	我觉得很难发挥出自己应有的水平	1	2	3	4	5
29	我很担心自己的所作所为会引起别人的误解	1	2	3	4	5
30	如果我发现自己在某些方面表现不佳,我总希望尽快弥补	1	2	3	4	5
31	我认为每个人都在忙自己的事情,很难与他们沟通	1	2	3	4	5
32	我认为能力再强的人也可能会遇上难题	1	2	3	4	5
33	我经常感到自己是孤立无援的	1	2	3	4	5
34	我感到一旦遇到麻烦,无论怎样做都无济于事	1	2	3	4	5
35	我总能清楚地了解自己的感受	1	2	3	4	5

2. 自我和谐量表计分规则

评分规则如表 3-6 所示。"自我经验的不和谐""自我的刻板性"正向计分（其中，1 完全不符合计 1 分，有些符合计 2 分，不确定计 3 分，比较符合计 4 分，完全符合计 5 分）；"自我的灵活性"反向计分（即将选项对应的分数进行反向赋值，选择完全不符合计 5 分、有些符合计 4 分、不确定计 3 分、比较符合计 2 分、完全符合计 1 分）；将三个分量表得分相加。得分越高，自我和谐程度越高。大学生中，低于 75 分为低分组，75 ～ 103 分为中分组，103 分以上为高分组。

表 3-6 自我和谐量表计分规则

维 度	包 含 题 目	大学生常模平均分	自测分数
自我与经验的不和谐	共 16 项：1、4、7、10、12、14、15、17、19、21、23、27、28、29、31、33	46.13±10.01	
自我的灵活性	共 12 项：2、3、5、8、11、16、18、22、24、30、32、35	45.44±7.44	
自我的刻板性	共 7 项：6、9、13、20、25、26、34	18.12±5.09	

说明如下：

（1）"自我与经验的不和谐"反映的是自我与经验之间的关系，包含对能力和情感的自我评价，自我一致性及无助感等，它所产生的症状更多地反映了对经验的不合理期望。

（2）"自我的灵活性"与敌对、恐惧的相关显著，预示自我概念的刻板和僵化。

（3）"自我的刻板性"不仅同质性信度较低，而且与偏执有显著相关。

模块四 学 习 心 理

学而时习之,不亦说乎?

学而不思则罔,思而不学则殆。

——《论语》

玉不琢,不成器;人不学,不知道。

——《学记》

【分析解读】

学习对我们而言意味着什么?我们应该怎样学习?我们如何去探索自己的学习之路?

大学生朋友,你平时也有类似的思考和感悟吗? 大学阶段是一个人成长成才的关键阶段,学习是大学生活中非常重要的组成部分,大学生应尽快适应大学阶段学习的特点,找到适合的学习策略与方法,培养自己的学习能力,更好地完成大学学业,为将来的人生打好基础。

【学习提示】

(1) 了解学习的定义,理解高职学生的学习特点,通过有代表性的学习理论了解学习是如何发生的。

(2) 了解高职学生常见的学习心理问题,学会正确处理学习困惑,掌握适当的心理调适方法。

(3) 能够正确地认知自己,养成良好的学习习惯,形成较好的学习能力。

专题一 认识学习与学习心理

【案例导入】

什么是学习

(1) 一个幼儿蹒跚着走出了人生的第一步。

(2) 当一个 5 岁小朋友看到医生拿着注射器时,他觉得害怕,转身扑向妈妈。

（3）一个小学生在上数学课，2 个 3 相加的另一种计算方式是：3 乘以 2。

启示：什么是学习？进入高职院校的你可能有一定的理解，但是学习的定义是什么？它的边界在哪里？人类的学习与动物有什么不同？准确理解学习的内涵有助于我们更好地去学习。

【心理讲堂】

学习不仅是个体生存和发展的必要条件，更是个体成才的基本条件。其实，学习发生在生活的方方面面，长期以来，许多心理学家、教育学家和哲学家从不同的角度提出了学习的定义。现代心理学对学习的定义，也有狭义和广义之分。

一、学习的概念

（一）国外关于学习的论述

美国心理学家桑代克认为，人类的学习就是人类本性和行为的改变，本性的改变只在行为的变化上才表现出来。德国心理学家苛勒认为，学习即顿悟，是理解、领悟、融会贯通的过程。瑞士心理学家皮亚杰认为，学习是一种能动的建构过程，学习的结果不只是知道对某种特定刺激作出某种特定反应，更是头脑中认知图式的重建，并且这种新的图式是创造性的，它在性质上也不同于原来的图式。

（二）我国关于学习的论述

我国古代教育家对学习有许多精辟的分析和深刻的论述。最早把"学"和"习"联系在一起的是孔子。孔子说"学而时习之，不亦说乎"（《论语》），"学习"二字成为一个词，最早见于《礼记·月令》"夏季之月……鹰乃学习"。这里的"学习"指的是雏鹰开始学习飞翔，反映了学习的最初含义是效仿和练习，掌握基本的技能。古代，所谓"学"，就是获取知识；所谓"习"，就是反复练习。《说文》里说："习，数飞也。"鸟初学飞，时常数飞不已。可见，我国古代"学习"二字的内涵主要指获取知识并且形成技能。

在现代学习理论中，学习有广义与狭义之分。从广义上讲，学习是人和动物在生活过程中通过实践训练而获得的由经验引起的相对持久的适应性的心理变化。在这个定义中体现了四个观点：一是学习是动物和人共有的心理现象，虽然人的学习是相当复杂的，与动物的学习有本质区别，但不能否认动物也有学习；二是学习不仅是本能，更主要是后天的习得和养成；三是任何水平的学习都将引起适应性的行为变化，不仅是外显行为的变化（有时并不显著），也有内隐行为或内部过程的变化，即个体内部经验的改组和重建，并且这种变化是长久的；四是不能把个体一切变化都归因于学习，只有通过学习活动产生的变化才是学习，而由于如疲劳、生长、机体损伤或其他生理变化所产生的变化并不是学习。狭义的学习是指

人的学习,是指个体在生产实践活动过程中,以语言为中介,自觉、主动、积极地获得知识和技能等的过程。

【案例分享】

人类的学习

在学习理论中,学习是一个含义极广的概念,它是人或动物在生活过程中获得个体的行为经验的过程。人和动物的学习,既有共通之处,又有本质的区别。一般说来,动物的学习都是无意识的,而人的学习主要是有意识的;更重要的是,动物的学习是被动地适应环境,而人的学习则在于能动地认识世界和改造世界。另外,人类的学习是个体与其他人在进行社会交往中通过言语的中介掌握历史经验的认识过程,这更是动物无法比拟的。

人类的学习是复杂多样的。小孩认识动物、使用筷子、懂得文明礼貌是学习,成年人掌握如何开汽车是学习,学生在学校里上课是学习,科学家在发明创造中也有学习。学习是个体在生活过程中由于反复的实践和积累经验而带来的行为或行为潜力的比较持久的变化。

启示:对人类而言,学习不仅是生存的本能,还是有意识地、能动地改造世界及发展自身的过程。学习带来个体自身的变化,也是科技发展和社会进步的源泉。

二、高职阶段学习的特点

高职是"高等"和"职业"的简称,"高等"是层次,"职业"是类型特征。因此,高职教育既具有高等教育的普遍性特征,又具有职业教育的独特性特征,它以培养高层次技术技能人才为导向,这一双重属性和导向使得高职学生的学习既具有普遍性又具有特殊性。教育学理论认为,学习三要素包括学习主体、学习客体和学习媒介。高职学习在各要素上同样具有鲜明的特征。

(一)学习主体的自主性

在高职阶段,学生是学习的主体,通过自主建构完成学习,这种自主性主要体现在以下几个方面。

1. 自我驱动学习动机

高职学习往往更强调实践和应用,学生需要根据自己的兴趣、职业规划以及学习目标,主动选择课程、实践项目和研究方向。他们不再是被动的知识接受者,而是主动的探索者。

2. 自主管理学习时间

高职学习中的课程和项目往往具有较大的灵活性和自主性,学生需要学会合理分配时间,确保既完成学业任务,又兼顾个人的兴趣和生活。这种时间管理能力是自主性学习的重要体现。

3．自主选择学习资源

随着互联网和信息技术的发展,学生可以通过各种在线课程、数据库、专业论坛等获取学习资源。他们需要根据自己的学习需求和目标,自主选择合适的学习资源进行个性化的学习。

4．自我评估调整策略

高职学习注重学生的实践能力和职业技能的培养,因此学生需要学会自我评估,了解自己的学习效果和不足之处。同时,他们也需要根据教师的反馈和同学的建议,及时调整学习策略和方法。

5．自主探索解决问题

在高职学习中,学生会遇到各种实际问题和挑战。他们需要学会独立思考及分析问题,并寻找解决问题的方法。这种自主解决问题的能力是高职教育中非常重要的培养目标之一。

【案例分享】

学会自己"找东西吃"

小阳经过奋斗考上了某高职院校。到校3个月后,他仍然不适应大学的教学和学习方式。他说,高中阶段的学习是在教师和家长的双重监督下进行的,自己想不努力都难。进入大学后,没有人再像以前一样督促自己。教师很少过问学习情况,任课教师布置的作业很多不作硬性要求,弹性很高。面对如此自由的学习环境,他不知该怎么办才好。

启示：高中阶段的教学是传承式的,教师会把各学科的重点强调很多遍,学生处于相对被动的位置。而高职教育更强调主动学习,注重专业性和创新性。看到高职院校的课程表,学生们往往会发现课程表上很多时段都是空着的、自由的。如果把大部分的自由时间都用在打网络游戏等娱乐上,那么毕业时将后悔莫及。因此,高职生要学会自己"找东西吃",学会主动、自觉地学习。入学后,高职生要及时了解图书馆、语音室、阅览室的开放时间,多听一些学术报告,尽量充实自己的生活。在课下,高职生还要注意大量阅读相关书籍和文献资料,以便更好地理解消化课堂学习内容。

（二）学习客体的复杂性

（1）专业性和深入性。高职教育以具体的岗位为导向,要求学生掌握一定的专业知识和专业技能,因此,学生需要学习大量的专业课程和实践技能。通过学习,学生可以获得与未来职业岗位相匹配的能力和素质,为未来的职业生涯打下坚实的基础。

(2)实践性和应用性。与普通本科教育相比,高职教育的目的是培养高层次技术技能型人才,因此,课程内容更贴近实际工作需求,强调对实践操作和应用能力的培养,学生需要参与各种实训、实验和实践活动,以巩固和应用所学知识,学生需要具备较强的实际操作能力和解决问题的能力。

(3)跨学科性和综合性。随着社会的发展和产业的变革,越来越多的职业领域需要具备跨学科的知识和技能。高职学习也不例外,对跨学科的整合和应用能力的要求也逐渐凸显。与此同时,"大国工匠""能工巧匠"等概念的提出,对人才的要求逐渐复合多元,高职教育对学生人文素质、科学素质和社会实践经验等综合能力的要求逐渐提升。

(三)学习媒介的多维性

(1)学习渠道的多元性。在高职院校,除了传统的教师课堂授课外,学生还可以通过互联网、在线课程、图书馆、企业实习、社会实践等多种渠道获取知识和技能。这些渠道为学生提供了广阔的学习空间。同时,学生还可以通过参加学术社团、各种类型的比赛、学术讲座等第二课堂的活动,拓宽自己的视野和知识面。

(2)学习方法的多样性。在高职院校,学生需要灵活运用各种学习工具,如电子书、音频、视频等,以及通过情景融入、合作学习、小组交流互动和相互分享学业或者专业问题、一对一经验和策略探讨等多样化的学习方式,加深对学科知识的认识。这种多样化的学习方法有助于提高学生的学习效率和兴趣。

三、学习是如何发生的

学习是一个复杂而多维的过程,它涉及个体的认知、情感、动机、行为等多个方面的相互作用。关于学习是如何发生的这一话题,大量学者经过了长期而深入的探讨,逐渐形成了不同的理论流派,现结合高职学生的学习特点,选取行为主义学习理论和认知主义学习理论的部分代表性观点,为高职学生更好地理解学习行为提供依据。

(一)行为主义学习理论

1.经典性条件反射学说

经典条件反射(又称巴甫洛夫条件反射)是指一个刺激和另一个带有奖赏或惩罚的无条件刺激多次联结,可使个体学会在单独呈现单一刺激时能引发类似无条件反应的条件反应。经典条件反射最著名的例子是巴甫洛夫的狗的唾液条件反射。经典条件反射具有获得、消退、恢复、泛化四个特征。

【案例分享】

分泌唾液的狗——巴甫洛夫经典条件反射

巴甫洛夫是俄国心理学家,他在给狗喂食时发现,每次给狗吃肉,狗即流口水,而且狗看到肉就流口水。此后,巴甫洛夫每次给狗吃肉之前总是按响蜂鸣器。结果狗听到蜂鸣声就如同看到肉一样,同样流下口水,即使蜂鸣器响过后没有食物也如此。同时,他也发现如果多次按响蜂鸣器后不给狗食物,狗对蜂鸣声的反应就会越来越弱,分泌的唾液一次比一次少,条件反射逐渐消退。

在给狗喂食的过程中,如果随同食物反复给一个中性刺激,即一个并不自动引起唾液分泌的刺激,如铃响,这狗就会逐渐"学会"在只有铃响但没有食物的情况下分泌唾液。一个原是中性的刺激与一个原来就能引起某种反应的刺激相结合,而使动物学会对那个中性刺激做出反应,这就是经典性条件反射的基本内容。

启示:一是建立积极的关联。在学习中,学生需要将抽象概念与具体情境联系起来。通过建立积极的关联,从而更好地理解和应用专业知识。二是重复与巩固。在学习中,学生需要通过不断地练习来巩固和加深对已掌握知识的理解。

2. 操作性条件反射理论

斯金纳认为,操作性行为主要受强化规律的制约,强化是一种操作,强化的作用在于改变同类反应在将来发生的概率。而强化物则是一些刺激物,它们的呈现或撤除能够增加反应发生的概率。

【案例分享】

实验:斯金纳箱

美国心理学家斯金纳在一个木箱内装了一个操作按键或杠杆,还有一个提供食物强化的食盒。动物一触按键或按压杠杆,食物盒就出现一粒食物,对动物的操作行为给予强化,从而使动物按压杠杆的动作反应概率增加。斯金纳认为,这种先由动物做出一种操作反应,然后获得成功体验而受到强化,从而使受强化的操作反应的概率增加的现象,是一种操作性的条件反射。

启示:在学习新知识时,应该及时给予强化,才能起到更好的效果。

(二)认知主义学习理论

1. 加涅的信息加工理论

加涅认为学习可分成若干阶段,每一阶段需进行不同的信息加工。在各个信息加工阶段发生的事件,称为学习事件。学习事件是学生内部加工的过程,它形成了学习的信息加工理论的基本结构。与此相应,教学阶段与学习阶段是完全对应的。因而,教师需要合理安排和有效控制这些外部条件构成每一教学阶段发生的事情,而教学的艺术就在于学习阶段与教学阶段的完全吻合,如图4-1所示。

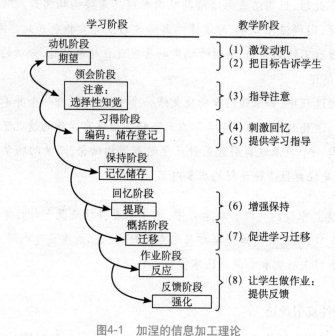

图4-1　加涅的信息加工理论

启示:通过对学习阶段的划分,让学生更清晰学习是如何构成的,从而针对每个阶段制订合适的学习策略。

2．布鲁纳的发现学习理论

布鲁纳认为,在学习过程中,学生是一个积极的探究者。教师的作用是要形成一种学生能够独立探究的情境,而不是提供现成的知识。教师教一门学科,不是要建造一个活着的小型藏书室,而是要让学生自己去思考,是一个通过参与学习→建构知识→获得认知的过程。"认识是一个过程,而不是一种产品"。因此,布鲁纳强调的是,学生不是被动的、消极的知识的接受者,而是主动的、积极的知识的探究者。

启示:这种学习方式有助于学生自行构建知识和加深对知识的理解,同时也有助于提高学习的自觉性和能动性。

3．奥苏贝尔的认知同化理论

奥苏贝尔认为,新知识的学习必须以已有的认知结构为基础。学习新知识的过程,就是学习者积极主动地从自己已有的认知结构中,提取与新知识最有联系的旧知识,并且加以

"固定"或者"归属"的一种动态的过程。过程的结果导致原有的认知结构不断地分化和整合,从而使得学习者能够获得新知识或者清晰稳定的意识经验,原有的知识也在这个同化过程中发生了意义的变化。奥苏贝尔强调,影响学生学习的最重要因素是学生已知的内容,他认为新知识必须建立在旧知识的基础上,二者必须予以同化。接受学习是知识同化的主要途径。

启示:奥苏贝尔的认知同化理论及其提出的学习组织的原则和策略,能够帮助学生确立有意义的学习策略。

学习是一个广泛而深入的领域,每种学习理论都为我们揭示了学习发生的不同侧面和机制,也为我们提供了促进学习的有效策略和方法。作为高职学生,在未来的学习和教育实践中,应该继续深入探索学习理论的奥秘,以更好地促进自身的成长和发展。

【心理活动】

我的学习方式

一、活动目的

(1) 全面反思自己的学习行为,形成对自己学习情况的初步认知;

(2) 运用学习理论优化个人学习策略,提升学习效率。

二、活动时间

10 ~ 15 分钟。

三、活动内容

请用空白纸张依次作答以下题目:

(1) 你进行了哪些学习活动?效果如何?

(2) 结合本专题的学习理论,试分析你当前的学习活动。

(3) 对你当前的学习行为提出 1 ~ 3 条改进意见。

四、活动总结

学习是一种能力,是可以通过提升认知及优化学习策略等方式来实现提升的。作为高职学生,应该重视学习能力的培养,提高学习效率。

专题二 常见学习心理问题及调适

【案例导入】

新 陋 室 铭

大学中曾流行这样的话:"分不在高,及格就行。学不在深,作弊则灵。斯是教室,唯我闲情。小说传得快,杂志翻得勤。琢磨打篮球,寻思游戏厅。可以打瞌睡,观窗景。无书声

之乱耳,无复习之劳心。自习说闲话,讲课听不进。曰:'混文凭。'"

启示: 在高职院校,一些学生能够很快适应新的学习环境,投入紧张的学习生活中去,但也有一部分学生存在或长或短,或轻或重的学习困难及障碍,这些问题如长期不能解决,就可能产生严重的学习问题,从而影响个人的生涯发展。

【心理讲堂】

高职学生常见的学习心理问题有自卑心理、学习不适应等,应分别采取不同的调适方法。

一、自卑心理

(一)高职学生学习自卑心理的现状

部分高职学生入学时存在低人一等的心理,认为之所以就读高职院校,就是因为水平低、能力差,有较深的心理负担。他们在入学后面对自己和他人时会产生严重的自我否定,对自己的能力缺乏自信,对未来、前途悲观失望。自卑严重的学生往往表现为对学习目的、学习内容的困惑、迷茫和无所适从,他们学习吃力,成绩下降,常表现为郁郁寡欢、压抑自怨、离群索居、焦虑不安,甚至出现失眠、神经衰弱等生理症状,严重影响了学习成效和身心健康。

(二)自卑心理产生的原因

1.家庭因素

部分高职学生来自农村或单亲家庭,缺乏父母的关爱和教育,导致他们在成长过程中缺乏自信。同时,家庭贫困或社会地位较低,也可能成为导致他们自卑感的原因。

2.社会偏见

长期以来,社会上对职业教育的偏见和较低的认同度,使得高职学生感受到来自社会的压力。这种压力可能导致他们对自己的评价过于负面,产生自卑心理。

3.学业影响

对于大部分学生来说,进入高职院校往往意味着升学考试的失利,面对失利,部分学生能够正视现实,查找原因,通过自身的努力来改变现状。但也有一部分学生自信心受到打击,认为自己不是学习的料,坦然接受失败,产生自卑心理。

4.自身因素

部分高职学生可能存在性格内向、自我归因不当、目标期望值与能力特征不匹配等因素影响,导致他们产生自卑心理。

（三）自卑心理的调适

1．增强自信心

对于部分高职学生而言，自信心的缺乏源于长期挫折或失败，因此可以尝试做一些难度较小的任务来增强自信心。根据个人情况设置稍微容易的任务目标，制订合理的学习计划和行动方案，及时完成既定任务，在任务完成中体验自我价值和成就感，增强学习自信。

【案例分享】

"荣誉班"的故事

美籍华裔物理学家钱致榕读中学时，社会风气很坏，影响到校风，很多学生考试作弊，不求上进。一位有经验的教师从300名中学生中抽出60名组成"荣誉班"，钱致榕是其中之一。该教师告诉大家，荣誉班的同学都是有发展前途的学生。因此大家都非常高兴，一改松散的毛病，对自己的前途充满信心，学习上认真自觉、勤奋努力，成绩越来越好。结果，奇迹出现了，这个班的大多数学生后来都成了有成就的人，有的甚至成了著名科学家。钱致榕回国后见到了那位教师才知道，当时荣誉班的学生是他抽签决定的，并非专门挑选的。从这个故事可以看出，学生的自信心对学习成功是多么重要啊！

2．克服自卑感

对于部分高职学生而言，是家庭或者个人方面的原因导致其出现较为严重的自卑感，因此需要重新认识自己，了解自己的优点、兴趣、性格、能力特征等，正视自身的不足。在此基础上接纳自我，发掘自身闪光点，发挥自身优势，多进行积极的自我暗示，减少不足之处对自身的影响。对于自身不善于自我审视、自我接纳的人员，也可以寻求他人的帮助。

3．更换赛道寻找竞争优势

成功的关键在于扬长避短。每个个体都有自身优势，了解自己的优势所在，才能充满自信地去面对挑战。部分高职学生之所以自卑，源于没找到自身的优势和特长，用自己的不足与别人的优势去比较，往往难以获得竞争优势。

美国的心理学家霍华德·加德纳提出"多元智力理论"，他认为，人的智能构成并非单一的，而是多元的，至少包括语言智力、数理逻辑智力、音乐智力、空间智力、身体智力、人际交往智力和自我认知智力等，只是其组合和发挥程度不同，每个人的智能和智能组合的发展都是不同的，也是不均衡的。教育的目的在于让每个学生发现其自身的智能特点，并将其发扬光大。

部分高职院校学生之所以自卑，重要原因在于用应试教育这个单一赛道去衡量所有学生的能力水平，这一赛道难以识别出学生其他智能，比如空间智能、人际交往智能等。大学是一个充满机会和无限可能的场所，高职院校的学生更应该抓住这一契机，去发现自身的优势智能,建构自己的职业发展道路。

二、学习不适应

(一)高职学生学习不适应的体现

1. 学习环境的不适应

迈入大学门槛,眼前是一个全新的、陌生的学习环境。学习时间以及行为都得靠自己进行管理,原来一直由教师掌控的学习生活结束了,学习变得盲目无助。部分高职教育在学校环境、硬件设施、师资力量等方面与本科教育相比存在差距,学生难免产生心理上的落差,缺乏学习兴趣。再加上高职院校多数人不存在升学问题,学生容易出现各种不健康的心态,如无奈、失意、混文凭等,浑浑噩噩地过日子,学习动机乏力;如果所在学校管理制度不严格,更会加剧学生的懈怠情绪,从而产生心理困扰。

2. 学习内容的不适应

高职教育以培养高技能人才为目标,在学习内容上,职业岗位技能的学习是关键。高职学生在学习角色的转换中,首先遇到的就是认知上的冲突。当认知结构与新知识没有寻找到最好结合点,就会给学习者在认知上带来一定的阻碍。尤其是一些高职学生对专业学习的长期性、艰苦性认识不足,对学习中遇到的困难缺乏一定的心理准备,往往就容易产生畏难甚至厌学的情绪。

【案例分享】

李强的经历

李强是某大学一年级的学生。高考仅有几分之差,他被调剂到了现在的专业。入学后,他才知道这个专业就业前景并不好。更让他无法忍受的是课程内容跟现代社会严重脱节,他实在提不起兴趣听课。"一定要转专业,否则自己大学几年就废了。"他对自己说。可是几经打听才知道,转专业并不是那么简单的事,他心仪的经济学专业只有几个名额,竞争激烈。他非常痛苦,感觉自己一辈子就要毁了。

启示:李强产生不适应的主要原因在于学习内容:一是专业前景不佳,二是课程内容脱离实际。对于大学生而言,绝大多数专业只要学好是有用武之地的,他可以通过向教师、学长、社会专业人士求助,了解这个专业的前景,提升自己的学习兴趣;如果确实不感兴趣,他有足够多的自由学习时间,学习自己感兴趣的专业,此外,他也可以拓展自己的综合素质,比如参加社会实践,在社会中发展自己的能力。

3. 学习方法的不适应

高职院校学生的学习特点是:教师授课时间少,学习信息量大,理论知识和技能学习要求较高,学习以自主学习为主,学生可支配时间多,学习灵活性、自主性增强,强调独立思考能力、创新能力、自主学习能力等各项实际能力和综合素质的培养等。面对这种与中学完全不同的学习方式,一些高职学生因不能及时调整学习方法而感到难以适应。

(二)学习不适应产生的原因

1. 学习动机不足

部分学生缺乏正确认知,来学校是为了混文凭,缺乏学习动力;部分学生是通过专业调剂或者由家长为其选择的专业,而学生本身对专业毫无兴趣,没有学习的动力;部分学生抵制诱惑的能力较差,当面临学习之外的诱惑(如网络游戏、网上聊天)远大于学习的感召时,容易产生厌学心理。此外,部分学校专业设置脱离社会需要,导致择业困难;部分课程教学内容陈旧,方法单一,教学效果不佳;教学管理不严,教学条件跟不上等,都可能使学生缺乏学习兴趣,导致学习动机不足。

【案例分享】

她为什么厌学

林某,女,原某高校工程造价专业学生。该生入学时个人喜欢艺术设计类专业,但是父母常年从事造价相关工作,在父母的意愿下,被迫改选专业到工程造价。自大一入学以来,该生非常散漫,没有正确的学习态度,非常排斥专业课教师,也不愿意与同学接触,不主动参加学校组织的各项活动,经常旷课甚至不参加期末考试,几度产生辍学的念头,与家长沟通后也没有起到相应的效果,这种情况一直持续到大二结束。

启示:林某因为家庭原因,选择了自己不喜欢的专业,而其自身对该专业缺乏兴趣,导致学习动机不足,产生了厌学心理,需要进行必要的调适使其做出改变。

2. 学习方式变化

进入大学后,学习方式发生很大改变,更多地以自主学习为主,也缺乏老师和家长的直接督促,同时部分学生的自我管理能力较差。部分学生课前不知提前安排预习,课堂上自律性差,学习时容易走神,易受干扰,效率低下。课后不知及时组织复习,学习习惯不良,结果出现各种各样的不适应状态。

3. 学习内容专业性强

课程内容围绕未来的职业而建构,专业性较强,学习难度较大。同时,实践教学在高职学生的学习中占比较大,这是大部分由高中转到大学阶段学生所较为缺乏的。此外,为了让

高职学生更好地适应社会,高职学生还需要培养与人沟通和合作的能力、不断学习的能力等综合能力,以适应复杂多变的职业环境。学习内容的变化对高职学生提出了较高的要求。

4. 自身身心发展不成熟

由于缺乏生活阅历,在客观环境发生变化时,明显地暴露出适应能力差,不能随着环境的变化及时调整自己,以致影响学习。

(三)高职学生学习不适应的调适

1. 明确学习目标

明确的学习目的是激发学习动机的重要条件之一,当我们认识到学习的价值时,学习就有了责任心和使命感,也才有更大的推动力量。

2. 培养学习兴趣

"兴趣是最好的老师。"许多同学都有这样的体会,如果自己对某门课程感兴趣,学习起来就非常轻松,能将学习任务变成自觉的需要和愿望,而不会感到是一种负担。所以对于自己不感兴趣的课程,应试着从不同的角度去了解它,或许能发现对它的兴趣,使你的学习乐在其中。

3. 学会正确归因

学习上的成功与失败会影响学习动机。成功的体验可以增加我们的自信,增强学习的动机。而失败则会让我们感到沮丧,严重者连继续学下去的激情都没有了。然而,成功和失败的体验对学习动机的影响并不是绝对的,关键是要学会合理归因。在面对成功和失败时,我们可能会把成功和失败归因于内部因素的作用,如能力或努力等;也可能认为是由外部因素造成的,如任务难度、别人的作用或运气等。其中,能力、任务难度和别人的作用都是一些稳定的因素,而努力和运气则是一些不稳定的因素。

4. 运用自己的优势智能

根据加德纳的"多元智力理论",人的智能是多元的且不均衡的,因此,高职学生如何扬长避短,发挥优势智能是高职阶段学习要解决的重要问题。高职学生可以回顾自己的学习、生活经历,思考自己在哪些领域表现得更出色;也可以通过参与校园活动、实习或兼职等方式,进一步了解自己的优势所在。通过诸多办法,识别自己的优势智能。之后,制订符合自己优势智能的学习计划,开展行之有效的学习,实现学习上的错位超车。

【案例分享】

小帆的苦恼

小帆是个好问的孩子,从小学到初中,无论是课堂上还是课后,只要遇到不懂的问题,他总是不厌其烦地刨根问底,既问老师也问同学,甚至回家后还打电话跟同学讨论个没完没了,慢慢地大家开始怕了他,给他起花名叫"小烦",都躲着他。

小帆很苦闷,学习成绩就是上不去,直到进入职校,在新班级遇到了个"话痨"的同桌。这回小帆终于找到愿意和他一起讨论问题的小伙伴了。小帆的学习悄悄地步入正轨。他还神奇地发现,即使只有一个人,只要把学习内容讲给家里小熊公仔听,效果也比单纯背书要好得多。

启示:在学习中如果能有效地运用自己的优势感觉,往往能取得很好的效果。小帆喜欢通过听和说的方式来学习,他对"听"来的信息更容易理解和记忆,就是典型的听觉型学习倾向。如果听觉受阻,就容易出现学习困难。

5. 掌握必要的学习方法

有效的学习方法也是学习成功的关键因素,所谓"学而不得其法,则反受其蔽"。对高职学生来说,掌握必要的学习方法具有重要的意义,它不仅能帮助学生提高学习效率,培养自主学习能力,还能增强学习动力,促进全面发展,增强竞争力,并培养终身学习的习惯。因此,高职学生应该重视学习方法的掌握和应用,不断提升自己的学习能力。下面介绍几种学习方法。

【案例分享】

小刚的学习方法

小刚以优异的成绩考入北京某重点大学,但在第一学期期中考试中,高等数学竟然不及格。这给他带来很大的打击,也产生了很大的心理压力。他向师兄请教,师兄告诉他,解决问题的好办法就是向别人学习,与那些学习成绩好的同学多探讨学习方法,尽可能借鉴他们的学习方法。但是到了期末,他的学习成绩还是没有起色,考试成绩十分不理想。于是,他来到学校的大学生心理健康指导中心,在与心理咨询教师的交流中,他深受启发,认识到大学的学习与中学的学习有显著的差异,需要充分了解大学的学习特点,转变学习方法,同时认识到单纯地学习别人的方法是不行的,应结合别人有效的方法,找到适合自己的学习方法。

启示:小刚出现的学习问题,是由于他不能掌握适合自己的学习方法,只是简单地复制别人的学习方法或者沿用高中的学习模式造成的,这是不能适应大学学习生活的。所以,掌握良好的学习方法是大学生的必修课程。

三、考试焦虑

考试焦虑是一种比较复杂的消极情绪现象。一般来说,考试焦虑是在一定应试情境的刺激下,受个体认知评价能力、人格倾向及其他身心因素所制约,以担忧为基本特征,以防御和逃避为行为方式,通过不同程度的情绪性反应所表现出来的一种心理状态。

（一）大学生考试焦虑的主要表现

1．心理层面

忧虑、紧张、恐惧、思维紊乱、注意力和稳定性差、记忆力减退、学习效率下降、情绪抑郁、易怒烦躁、缺乏自信心、夸大失败、依赖性强和独立性差等。

2．行为层面

坐立不安，采用躲避方式进行防卫，或胡乱作答，过早离场，或东张西望，无心作答等。

3．生理层面

肌肉紧张、呼吸急促、心跳加快、头昏、多汗、恶心、大小便频率增加、睡眠不良、食欲减退和肠胃不适等。

（二）大学生考试焦虑形成的原因

1．知识经验及能力

学生知识经验储备不足，记忆提取困难，难以应付考试，就会焦躁万分。应试中如有不会做的题时就会十分紧张，焦虑水平逐渐升高。

2．认知评价能力

如果一个人把某次考试与自己终身的前途联系在一起，其焦虑水平必然会高。

3．应试技能

一个缺乏应试技能的人，在考场上极易产生慌乱现象，不能有效地分配时间，抓不住重点，从而增加考试焦虑。

4．身体状况

身患疾病、体质虚弱、疲劳过度、经常失眠的人，容易激起较强的情绪波动，产生过度考试焦虑。另外，神经类型的强弱不同，有些神经类型的人对刺激容易产生紧张反应，易导致考试焦虑。

此外，家庭、学校的期待和社会环境的压力也是造成学生考试焦虑水平过高的外在因素。

（三）大学生考试焦虑的自我调适

1．改变对考试的不合理认知

意识到自我认识和评价是造成考试焦虑的关键，明确考试只是衡量学习好坏的手段之一，考试成绩不能全面反映一个人的学习能力和知识水平，更不能决定一个人的前途和命运,不要把考试成绩看得太重。

2. 调整期望值

大学生会恰当地估计自己的能力,既相信自己的能力水平,又能实事求是地确定合适的期望值;降低过高的学习目标,保持恰当的学习压力,重视学习的过程而不是考试的结果。

3. 认真学习和复习

平时学习做到刻苦勤奋,考试时就会"艺高胆大",充满信心;考前全面复习,尽量熟悉考试题型、时间、地点、要求等,做到心中有数,胸有成竹。

4. 劳逸结合,科学用脑,讲究方法

注意营养,劳逸结合,睡眠充足,维护神经系统的正常机能,保证充沛的精力、清醒的头脑和良好的身心状态,是防止考试焦虑的有效途径。

【案例分享】

考试焦虑及考前不良心态

紧张的复习又来临了,经常听到高职生说自己的头脑"发木",不太灵光,怎么也记不住,为什么会出现这种情况呢? 主要原因有以下几点。

(1) 面临考试会引起情绪紧张、急躁、烦恼。"心烦气躁"怎能去集中精力看书呢? 这样势必要影响自己的接受能力和记忆力,也就出现刚刚说到的发木状态。

(2) 高职生对考试缺乏信心,总感觉这也不知道,那也不了解,于是认为自己什么都不知道。这种心境会影响正常的复习心态。

(3) 用脑不当。许多学生一到考试前就搞突击,开夜车,每天只睡两三个小时,造成大脑供氧不足,头脑晕晕乎乎,这样怎么会有好的学习效果呢?

(4) 学习方法不当。有些学生一上复习课就烦,不理睬教师,只顾埋头做自己的。其实教师的引导作用是很重要的,要依照教师的引导来进行复习。有的学生凭兴趣复习,只复习自己成绩好的一门;有的是从弱点着手,只复习自己的薄弱点。这两种方法都要不得,因为大脑的不同部位功能不同,长期使用同一部位,会使大脑疲劳,就像橡皮筋一样,时间长了就会失去弹性。

(5) 暗示。在高职院校,同学之间的交流往往比较多,因此,其他同学的言语很容易影响到自己。例如,说头脑发木的感觉,当身边有一个人说他头脑发木的时候,你就会去注意这种现象,并关注自己;当有 10 个人这样说的时候,你就可能会加入他们的行列,也觉得自己的头脑开始发木,什么也记不住了,形成一种"传染"效应(其实是自我暗示和从众心理造成的)。

如何防止、克服以上情况呢? 主要可注意以下两点:一是要有正确的考试观,敢于正视考试压力;二是要根据自己的学习时间特点,充分利用高效的记忆时间,采取合理的多样化的复习方法,有效地记忆和巩固所学知识。

启示： 考试焦虑、烦恼、缺乏信心是考前常见的心理状态。对于大多数学生来说,考试是一种压力,而紧张是正常的生理心理反应。有压力才有动力,关键是要保持适度的压力感。如果感觉到过度压力,我们就可能头脑发蒙、心情烦恼;而要形成适度压力感,就需要我们能够正确认识考试压力、日常做好准备、考前正确地评估自己、学会放松自己。即使这次准备不足没考好,我们也可以争取下次努力取得更好的成绩。

【心理活动】

学习方法训练：如何集中注意力

一、活动目的

让学生了解集中注意力的相关知识,并在具体实践中尝试运用,从而提高学习效率。

二、活动时间

10～20分钟。

三、活动内容

(1) 环境设置:创造一个有利于学习的环境。例如,保持学习空间的整洁和安静,避免干扰因素,如手机、计算机等。

(2) 时间管理:针对学习任务,制定时间表,严格按时间表推进。

(3) 分块学习:将学习内容分成若干小块,逐一攻克,避免一次性尝试掌握过多信息。

(4) 深度加工:通过提问、解释和应用所学知识,进行深度学习。

(5) 多感官学习:结合视觉、听觉和动手操作等多种感官进行学习。比如采用边学边读、边学边写等方式。

(6) 自我调节:监控自己的学习状态,适时调整学习策略。

(7) 注意事项:专注于单一任务,避免同时进行多项任务。

四、活动总结

在学习结束后,制作"学习情况记录卡",记录在学习过程中的表现和收获等,并进行反思。通过总结和反思,了解自己在学习过程中哪些方面做得好,哪些方面需要改进,从而在未来的学习中更好地集中注意力。

专题三 学会学习

【案例导入】

李政道谈学习

诺贝尔物理学奖获得者李政道在与中国科技大学少年班的同学座谈时说:"考试,只是考一个人的记忆力,考的是运算技巧。这并不是学习的重点,重点是培养学习能力。"所谓学习能力,就是要有科学的学习方法。怎样才算会学习?标准有四个:把学习当作人生需要——想学;有浓厚的学习兴趣——爱学;有一套科学的学习方法——会学;有良好的学习习惯——恒学。

启示: 许多高职学生不会学习,没有培养出必备的学习能力,对于他们后继的大学阶段乃至未来的人生发展都是极为不利的。因此,他们需要学会如何学习,为未来的人生打下基础。

【心理讲堂】

在当今社会,知识如同浩瀚的海洋,作为高职学生,我们如何才能在学习的海洋中乘风破浪,顺利抵达成功的彼岸呢?答案就在于——学会学习。

一、准确认识自己是有效学习开展的前提

首先要认识到自己已经是一个大学生而不再是高中生了,要自己为自己的行为负责,自己为自己的前途命运负责。其次要清醒地认识到自己是一个高职大学生,需要在三年的大学生活中掌握本专业必备基础理论和专门知识技能,形成从事本专业实际工作需要的全面素质和综合职业能力,成为能够适应生产、建设、管理、服务第一线需要的技术型、应用型专门人才。

(一)了解自己的智力优势,充满自信

每个人都有自己的优势,都有自己独特的才能。成功的关键在于扬长避短。美国的霍华德·加德纳提出"多元智力理论",认为每个人都至少具备语言智力、数理逻辑智力、音乐智力、空间智力、身体智力、人际交往智力和自我认知智力等。只是其组合和发挥程度不同,每个学生都有自己的智力强项,如果考虑学生个人的强项,而不是否定或忽视这些强项,以最大限度的个性化方式来进行教育,那么,教育就会产生最大的功效。

(二)了解自己的学习风格,扬长避短

学习风格是学习者在学习过程中,在可以自由选择的情况下最喜欢采用且效果最好的学习方式。它是个体在一定的生理特性基础上受社会环境和教育的影响,在长时期的活动中逐步形成的。美国纽约圣·约翰大学的邓恩夫妇,将学习风格的要素分为以下五大类。

(1)环境类要素:对环境的偏爱,对光线强弱的偏爱,对温度高低的偏爱,对坐姿的偏爱等。

(2)情绪类要素:包括激发动机、坚持性强弱、责任性强弱、对学习内容组织程度的偏爱等。

(3)社会性要素:喜欢独立学习,喜欢结伴而行,喜欢与成人一起学习,喜欢与不同的

人一起学习。

（4）生理性要素：喜欢听觉刺激，喜欢视觉刺激，喜欢动作刺激。早上学习效果最佳；上午学习效果最佳，下午学习效果最佳，晚上学习效果最佳。

（5）心理性因素：分析与综合，对大脑左右半球的偏爱，沉思与冲动。

职业院校的学生在学习时，要充分了解自己的学习风格，要以最合适的方式开展学习活动。

课堂测验

学习风格测验

下面是按照不同的角度对学习风格进行的分类，请你根据自己的体验，判断一下你属于哪一类学习风格，并说说自己在以后的学习中如何有意识地加以利用。

1. 清晨型／上午型／下午型／夜晚型

每个学习者都有自己的生物节律，表现在学习时间上有不同的偏爱，有的人喜欢在清晨学习（也叫百灵鸟型），有的人喜欢上午学习，有的人喜欢下午学习，有的人喜欢晚上学习（也叫猫头鹰型）。

2. 视觉型／听觉型／动觉型

不同的学习者还对不同的感觉通道有所偏爱，或者有某些知觉优势。视觉型喜欢通过观察图片、图表、实验演示等来学习；听觉型喜欢通过听来学习；动觉型喜欢通过动手操作来学习。

3. 安静型／背景声音型／适度噪声型

学习者对学习时的环境、声音也有不同的要求。有的喜欢非常安静；有的喜欢有背景声音相伴，以避免其他干扰因素；有的在一定的噪声环境下照样能集中注意力学习。

4. 安静型／活动型

学习者在学习中也会表现出一定的活动偏爱和坐姿偏爱。有的同学喜欢在一段时间后活动或休息一下再接着学习，有的喜欢一直安静地学习直到最后完成任务；有的喜欢正襟危坐，有的喜欢随便坐着，有的喜欢坐在桌上，有的喜欢斜靠或躺着。

5. 独立型／依赖型

在学习上，有的同学喜欢独立自觉地学习，靠内在的学习动力支配；有的同学容易受暗示，需要周围的学习氛围感染，学习不太主动，需要外在的学习动力。

6. 左脑型／右脑型

学习者对左右脑使用是不一样的，较多使用左脑的同学，学习积极主动，爱用言语、逻辑方式处理信息，做事有计划性、自控性、责任心强；较多使用右脑的同学，空间概念较强，喜欢接受新东西，以直觉方式处理信息，善于把握整体，灵活，但自律性、计划性不强。当然也有些同学属于左右脑协同型。

二、培养学习兴趣，激发学习动机

（一）培养学习兴趣

学习兴趣可以从以下几个方面着手培养。

（1）寻找学习的乐趣。在学习时心理上要有所准备，坚信学习是件有趣的事。具体的训练办法有：在学习前激励自己，预习喜爱学习的学科；在学习时要更细心，花更多的时间；平时不原谅自己在学习上的粗心失误，尽可能使自己获得成功的愉悦；在不想学习、对学习不感兴趣时，回忆自己学习上的优点，例如"我的运算速度是快的""我的记忆力是好的"等，淡忘自己的缺点，增强自信心。

（2）培养好奇心。平时要留心观察一切事物，多给自己提一些"为什么"，并且经常与同学、教师一起讨论研究学习中的问题，感受知识的魅力。学业上的长进，往往是循着"好奇—质疑—思考—释疑—有所得—产生兴趣"的轨迹发展的。学习兴趣就是在不断地探究之中变得越来越浓厚的。

（3）学会迁移兴趣。学习兴趣要保持有持久的动力和永恒的活力，就需要把兴趣之花深深扎根于理想的土壤之中。一方面，使自己的理想具有明确的近期目标，从而脚踏实地地完成目前的各项学习任务；另一方面，使自己具有远大目标，从而执着地追求人生的未来。

（二）激发学习动机培养

学习动机是激发个体进行和维持学习活动持续性，并使行为朝向一定学习目标的一种内在的心理状态。学习动机的激发既与环境因素有关，也与学生的内部条件有关。对于高职生而言，可以通过自我提升和教师引导这两方面来实现。

1. 学生应努力增强自我效能感

根据美国心理学家阿尔伯特·班杜拉的自我效能理论，提高高职生自我效能感主要有三种方式：一是增加学生的成功经验。不断的成功会使人建立起稳定的自我效能感，这种效能感不会因为一时的挫折而降低，而且还会泛化到类似情境中。二是积极的自我强化。让学生建立合适的目标，使其能在较近的目标达到后看到自己的进步，促进其进行积极的自我强化。三是言语说服。凭借说服性的建议、劝告、解释和自我引导来改变人们的自我效能感。

2. 教师应注意引导并激发学生的学习动机

教师应该引导学生在所学内容的内部寻找乐趣，发现学习本身的意义；允许学生做选择，鼓励学生成为自主的学习者，用热情激发学生的兴趣和好奇心，让他们关注自己能力发展的需要；让学生"投入活动"而非"干完拉倒"，让学生体验到掌握知识或技能后的成功和自身能力的提高。帮助学生形成稳定的内部学习动机是职业教育教学活动的主要目标。

三、制订切实可行的计划

学习不是一蹴而就的,它是一个长期的过程,学习能力的培养也需要全盘规划和长期坚持。制订学习计划前可参照以下几点。

(1) 做好长远计划和短期安排。长远计划是明确学习目标和大致安排,短期安排则是具体的行动计划。如一个学期或一个学年应当有个大致计划。一个星期的学习计划就应该尽量具体,把较大的任务分配到每周、每天去完成,使长远计划中的任务逐步得到落实。

(2) 把握重点集中学习。学习时间是有限的,精力也是有限的,所以学习要有重点。在这里,重点一方面是指你学习中的弱科,另一方面是指知识体系中的重点内容。只有抓住重点,兼顾一般,才能取得更好的学习效果。

(3) 从实际出发来制订计划。计划不能太满,要留出机动时间。要脑力劳动与体力劳动结合,文理交替。不要长时间地从事单一活动,学习和锻炼交替安排,文科和理科交替安排。要科学合理,注重学习效率。早晨或晚上注意力比较集中,可以安排着重记忆的科目,如外语。时间较完整时,可以安排比较枯燥或自己不太喜欢的科目。要注意效果,及时调整。每个计划执行结束或执行到一个阶段,应当回顾效果如何。如果效果不好,就应该找出原因,进行必要的调整。

【案例分享】

如何制订大学的学习目标

(1) 找到你的学习目标。在纸上写下大学期间最想要完成的三件大事。然后,假设由于特殊原因你必须去掉其中一件没法完成的事。如果又有意外发生,你还得去掉其中的一项。剩下的就是你最想为之奋斗的最大目标了。

(2) 细化目标。大目标确定之后,要细分小目标,看看具体从哪些方面入手。如将目标"我要当教师"细化为"我想当什么类型的教师,是大学教师还是中小学教师,是什么学科的教师"。

(3) 把具体目标分解到大学的各个学期,如每个学期、每个月、每周、每天甚至每个小时要做什么,以及达成什么目标。

四、学会时间管理

时间管理并不是要把所有事情做完,而是更有效地利用时间。大学生应学会掌握时间管理的方法与技巧。

(一)学会列清单

把自己要做的每一件事情都写下来,让自己随时都明确自己手头上的任务。不要轻信自己可以用脑子把每件事情都记住。而当你看到自己长长的清单时,也会产生紧迫感。

（二）遵循二八定律

二八定律即帕累托定律，又称80/20效率法则、最省力法则或不平衡原则。二八定律则认为，在任何一组东西中，最重要的只占约20%，其余80%尽管是多数，却是次要的。如果发现自己每天都在处理一些突发困扰和迫不及待要解决的问题，那表示自己的时间管理并不理想。成功者花最多时间在做最重要但不是最紧急的事情上，而一般人都是在做紧急但不重要的事。

（三）捍卫自己的时间

每天至少要有半小时到一小时的"不被干扰"时间。这段时间用来静下心来思考，调整自己的计划和思维方式等，不断地内视自我。假如能有一小时完全不受任何人干扰，自己独立思考或工作，这一小时可能抵过一天的工作效率。

（四）规定完成期限

"你有多少时间完成工作，工作就会自动变成需要那么多时间。"如果有一整天的时间可以做某项工作，我们就会花一天的时间去做它。而如果只有一小时的时间可以做这项工作，我们就会更迅速有效地在一小时内做完它。不是时间不够，而是没规定完成时间。

【案例分享】

四象限法则

每个人的时间是有限的，如何在有限的时间做更多的重要的事情呢？美国管理学大师柯维提出"四象限法则"，如果把要做的事情按照紧急、不紧急、重要、不重要的排列组合分成四个象限，如图4-2所示，那么这四个象限的划分将有利于我们对时间进行深刻的认识及有效的管理。

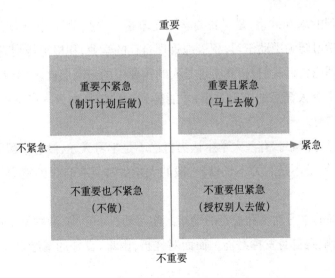

图4-2 时间管理的四象限法则

首先,优先解决第一象限。要有准确的判断能力,确定是既紧急又重要的事情,然后优先处理。

其次,区分第一、二象限。依据重要程度确定解决方法,不重要且紧急的,可以试着交给别人完成,或者用简要的办法完成。

再次,放弃第三象限。第三象限都是既不重要也不紧急的琐事,但它们往往使人们难以脱身。可以放弃或者交给他人完成。

最后,投资第四象限。第四象限的事情不紧急但重要,有充足的时间去准备,可以制订计划,重点完成,它的回报才是最大的。

五、培养必需的学习能力

在竞争激烈的就业市场中,拥有强大学习能力的高职毕业生更受企业青睐。他们能够快速适应新环境、新技术和新要求,展现出更高的工作效率和创新能力,从而在职业发展中占据优势。法国的埃德加·富尔在《学会生存》一书中写道:"未来的文盲不再是不识字的人,而是没有学会学习的人。"因此,培养必需的学习能力是高职阶段的重要学习目标。

(一)自主学习

自主学习是指学习者在确定学习目标、选择学习方法、监控学习过程、评价学习结果等方面进行自我设计、自我管理、自我调节、自我监控、自我判断、自我评价和自我转化的主动学习过程。高职学习阶段的自主学习,不只包括自觉主动,更包含了自己对学习方法的探索和对学习的定位。高职生首先要确定自己的学习目标,制订自己学习的计划,学会合理安排自己的时间,真正成为学习的主人。

1. 要有强大的内心世界

(1)要有强烈的求知欲望,是"我要学"而不是"要我学"。从入学开始,高职生就应从中学时的被动学习转为主动学习,积极地管理自己的学业,积极地规划高职学习生活。马斯洛的需要层次理论告诉我们,自我实现是人的需要中的最高层次,一个人只有当高级需要得到满足才能产生令人满意的主观效果,才能得到一种鼓舞力量。自觉主动地学习就能够满足自己的高级需要。

(2)要对自己有信心。有些大学生认为自己不是学习天才,没有学习信心,其实这是一种误解。实际上,只要不是智力不正常,一般的大学生都具有自学的能力。因此,要克服自卑心理,树立信心。

(3)要有正确的学习动机和稳定的情绪。学习动机不正确,激励不了自己去面对困难,往往会打退堂鼓,阻碍自身发挥潜能。而面对挫折、困难,良好的情绪是大学生培养自学能力所必须具备的。

2．要掌握良好的学习方法

"工欲善其事，必先利其器。"在学习上如果想取得好的成绩，必须要有科学高效的学习方法。高职学习阶段更应该注意学习方法的重要性，尤其是要注意提高学习效率。物理学家钱伟长曾对大学生说过：一个青年人不但要用功学习，而且要有好的科学的学习方法。要勤于思考，多想问题，不要靠死记硬背。学习方法正确，往往能收到事半功倍的成效。在高职学习中要把握住的几个主要环节是：预习、听课、记笔记、复习、总结、做作业、考试。这些环节把握好了，就能为学习打下坚实的基础。

3．要学会自我调节与检验

（1）要学会独立思考。这是培养自学能力的关键所在，不但要学会如何找到问题及分析问题，还要能解决问题。必要时可请教别人，思考得越多，收获也越多。

（2）要学会自我调适。学生根据自己的智力特点、学习材料的特点、学习任务与要求灵活地制订学习计划，并学会对自己的学习情况进行自我监控，如采用自我记录技术、自我记分技术、自我提问技术等对自己的学习进展情况做记录和分析。同时，高职生还要注意学习相应的自我调节和监控手段，如通过反馈等方法来对不适当的学习步骤和学习策略进行调整，使之沿着正确的轨道进行。

（二）记忆能力

记忆能力非常重要，是人类的最基本能力之一。没有记忆就不能积累和保存知识，也难以使认识更加深入和全面。记忆能力可以通过后天的学习和训练得到培养和提高，可以按以下几个步骤来培养记忆力。

（1）态度端正，积极思考，对自己的记忆力抱有信心。只有这样才能充分调动脑细胞，再难的知识也能记得住，记得久。

（2）科学用脑，张弛有度。科学研究表明，人的大脑分为左、右两半球，一般情况下，两半球各司其职，既分工又合作，彼此相互补充。兴奋、抑制是其工作和休息的表现。不注意科学用脑，感兴趣的就抓住不放，而不感兴趣就碰也不碰，长此以往，大脑长期处于兴奋状态或抑制状态，记忆效率肯定会降低，最终导致记忆力消退。

（3）多方面刺激大脑接收外在的信息。心理研究表明，多样化信息的刺激能够促使大脑建立更多的神经连接，形成更复杂的神经网络，从而提高学习速度、记忆力和理解能力。因此，在学习时充分调动身体的各个感官来刺激大脑，把看、读、听、写等结合起来，效果会比单一的看、听、写好得多。

（4）及时重复。遗忘和记忆是相对立的，属于正常的心理现象。德国心理学家艾宾浩斯等的研究表明，遗忘会先快后慢，先多后少，到一定的时间，几乎不会遗忘了。因此为防止遗忘，增强记忆力，就必须重复记忆，及时复习。

【案例分享】

艾宾浩斯遗忘曲线

德国心理学家赫尔曼·艾宾浩斯（Hermann Ebbinghaus）研究发现：遗忘在学习之后立即开始，但遗忘的进程并不是均匀的，最初遗忘速度很快，以后逐渐缓慢，也就是说遗忘的规律是先快后慢。因此，他提出"保持和遗忘是时间的函数"，并根据自己的实验结果绘成描述遗忘进程的曲线，即著名的艾宾浩斯记忆遗忘曲线，如图4-3所示。

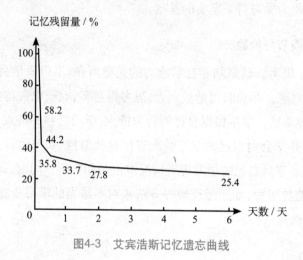

图4-3 艾宾浩斯记忆遗忘曲线

根据遗忘的规律，高职生可以采取多种方式进行复习，尤其是在刚刚学习完的时候要多复习。例如，运用"近因效应"与"首因效应"的知识技巧，不断变换记忆内容的起始位置；将知识总结归类，找出事物的内部规律，既是复习又能加深理解。

记忆是人过去的经验在头脑中的反映。汉语中"记忆"一词就简明地说明，人对过去经验的反映是一个先"记"后"忆"的过程。要提高记忆力，除了明确记忆的目的和任务，善于积极地思维和集中注意力之外，还应掌握一些科学的记忆方法，如善于理解、尝试背诵、综合识记、多种感官、勤于观察、对比联想、制作图表、分门别类等。遵循记忆规律是提高记忆效率的一个非常好的学习方法。

（三）创新能力

没有创新就没有未来。高职教育也需重视学生创造性的培养。有研究者认为，高职生创造性培养涉及六个方面的个人因素：强烈的好奇心和求知欲、联想的独特性和新颖性、个性的独立性、知识的有效性、不怕犯错误、正确的价值观。从个人成长来说，创新可以改变命运，使自己开创更大的事业。创造性的才华能使人更快做出与众不同的成绩，创新是突破事业停滞状态的重要环节。在我们成长的旅途中会遇到各种挫折，使我们陷入人生发展的困顿时期，这时候运用原来的思维、方法和知识往往无法适应新的形势并解决难题，而是需要创造性的思维方法来打破定式乃至传统。为培养创新能力，高职生可以多参加一些社会活动。如在社团活动中锻炼策划能力或在社会实践活动中提高自己的创新能力和创新意识；在专业探索和实践活动中也要注意开拓创新能力的锻炼，增强开拓创新意识，为在今后的工作中有所发明创造奠定良好的基础。

（四）思维能力

思维能力能揭示客观事物的本质特征及内在联系，并主要表现在概念形成和问题解决的活动中。思维能力主要包括使认识过程简化的分析能力，使认识过程深化的综合能力，对具体事物认识理论化的抽象能力，从共性出发探究个体以便更深刻认识共性的归纳能力，从已知事物出发与未知事物进行比较从而揭示未知事物运动规律的类比能力，把不同事物或同一事物的不同部分中的东西联系起来的概括能力等。培养思维能力有助于高职学生理解知识、巩固知识，也有助于更好地运用知识，学会学习。

（五）表达能力

表达能力是人的基本功，也是社会重要能力。语言能力反映人的思维能力、社交能力以及性格、风度。一个人在工作中主持会议、撰写文件、上传下达工作指令、接待来访、参加社交活动、发表演讲和个别交谈……都需要表达能力。如果表达不确切、不清楚，也会直接影响本领的施展。表达能力主要包括口头表达能力和书面表达能力。口头表达能力，就是将自己的思想、观点、意见、建议运用最生动、最有效的表达方式传递给听者，对听者产生有效影响的一种能力；书面表达能力，就是将自己的实践经验和决策思想，运用文字表达方式，使其系统化、科学化、条理化的一种能力。口头表达能力要求的是语言的流畅性、灵活性和艺术性；书面表达能力要求的是文句的逻辑性、艺术性和条理性。对高职生来说，表达能力在将来的工作岗位上是极为重要的，因此在校期间要加强锻炼，不断提高。要多读书，以增强自己表达思想的深刻性、观点的新颖性、内容的丰富性；要多实践，多培养自己思路的敏捷性，表达的条理性、准确性和生动性。

【心理活动】

找出大学生最重要的学习目标

一、活动目的

帮助大学生明确大学里最重要的学习目标。

二、活动时间

15 分钟左右。

三、活动内容

（1）请每人在纸上写出你大学三年所要完成的五件大事。

（2）你发现这些大事与学习相关吗？请满怀信心地体验和分享你对这五件事情的期望与喜悦。

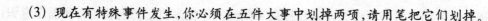

（3）现在有特殊事件发生，你必须在五件大事中划掉两项，请用笔把它们划掉。

划掉就意味着完全地失去了，这两项你永远也不能接触了。体验一下你现在的心情如何。

（4）现在又有特殊事件发生了，请你再划掉一件。这一件也是你永远不可能再接触的，与你永远无关了，这时你的心情如何。

（5）残酷的现实再一次降临，你还要在剩下的两件中划掉一件，永远地失去，这时你的心情又如何。

（6）现在只剩下一件了，看看你剩下的最后一件事情，这就是你四年内最想干的，对你来说也是最重要的一件大事，这就是你当前为之奋斗的目标。

四、活动总结

我们要看到的不是失去的那四件事情，而是剩下的那一件。在大学三年里，集中精力，最重要的目标在于把这一件事情做好！当大学时光结束时，这件事情就是你对自己大学学习生活的一个交代。其他四件事情，你也可以妥善地安排和计划，让它们作为你大学生活的补充。

模块五　情　绪　管　理

【心理箴言】

"怒伤肝、喜伤心、思伤脾、忧伤肺、恐伤肾。"

——《黄帝内经》

【分析解读】

所谓情志，是指人的喜、怒、忧、思、悲、恐、惊七种情绪，又称为七情。中医认为，七情的情志表现无不与脏腑功能息息相关。《黄帝内经》记载："怒伤肝、喜伤心、思伤脾、忧伤肺、恐伤肾。""余知百病生于气也。怒则气上，喜则气缓，悲则气消，恐则气下，惊则气乱，思则气结。"不同的情志变化伤及不同的脏腑。

怒伤肝，指大怒导致肝气上逆，血随气而上溢，故伤肝。常见的症状包括面赤、气逆、头痛、眩晕，严重的可能会吐血或昏厥等。

喜伤心，指喜乐过极而损伤心神。其出自《素问·阴阳应象大论》。前人认为心藏神，正常的喜乐，使精神愉悦，心气舒畅。若狂喜极乐，会使心气弛缓，精神涣散，而产生喜笑不休、心悸、失眠等症。

恐伤肾，大恐则损伤于肾，可出现骨痿、精滑、小便失禁等。因恐的情志为肾所主，恐则气下，耗及肾气之故。

思伤脾，思虑过度，脾气郁结，久则伤正，运化失常，出现食少纳呆、胸脘痞满、腹胀便溏等症。

忧伤肺，指过度忧虑易损伤肺脏。人在悲伤忧愁时，可使肺气抑郁，耗散气阴，出现感冒、咳嗽、哮喘及其他慢性肺系疾病。中医认为肺主皮毛，所以悲忧伤肺，还可表现在某些精神因素所致的皮肤病上。情绪抑郁、忧愁悲伤易导致荨麻疹、斑秃、牛皮癣等。

七情是对情感活动的总结。七情调和，则身心健康；七情太过，乃致病之源。《黄帝内经》中说："恬淡虚无，真气从之；精神内守，病安从来。"只有注重修心养性，淡泊处世，保持情绪稳定、心情愉快，才能身心健康，延年益寿。只有把握自己的情绪，面对困境不急不躁，才能成就更好的人生！

【学习提示】

(1) 认识情绪。通过理论讲授和辅导,使学生深入理解情绪的定义,了解情绪的本质、基本情绪以及情绪的功能,使学生能够及时识别自己的情绪,进而学会接纳自己的情绪。

(2) 识别情绪。通过体验和学习,培养学生观察与分析情绪表现的基本外部特征的能力,掌握常见情绪困扰的知识,并学会分辨和体察他人的情绪,学会共情,理性地与他人进行情绪互动。

(3) 调节情绪。通过理论讲授和体验,了解情绪ABC理论,引导学生掌握调节情绪的有效方法,避免情绪调节误区,鼓励学生找到适合自己的情绪调节方法,学会合理地表达自己的情绪,成为自己情绪的主人。

专题一　正确认识情绪

【案例导入】

野 马 结 局

非洲草原上有一种吸血蝙蝠,常叮在野马的腿上吸血。它们靠吸食动物的血生存,不管野马怎样暴怒、狂奔,就是拿这种蝙蝠没办法,它们可以从容地吸饱再离开,不少野马被活活折磨死。然而,动物学家发现吸血蝙蝠所吸的血量极少,远不足以使野马死去,野马的真正死因是暴怒和狂奔。每次遇到这些蝙蝠,野马们都会变得烦躁,为了甩掉蝙蝠,它们在草原上狂奔,直到力竭而亡。

启示: 这个故事被称为"野马结局",心理学称这种效应叫"野马结局效应"。人们把因芝麻小事大动肝火,以致因别人的过失伤害自己的现象,称为"野马结局"。由此可见,无法掌控自身情绪的人终究会因为情绪波动大而害了自己。反观情绪稳定的人善于解决问题,化干戈为玉帛,更好地抓住机遇利用机会,广交好友,从而有利于自己的长远发展。

【心理讲堂】

情绪这个词语对我们每个人来说都不陌生,从出生到现在,我们都体会着各种各样的情绪,它是我们内心世界的晴雨表,我们无时无刻地处在一定的情绪状态中。认知并了解情绪,随时观察自己的情绪体验的变化,是大学生心理健康的重要组成部分。

一、什么是情绪

情绪是指个体对客观事物是否能满足自己的需要、愿望等倾向的一种心理现象,是个体的主观态度的体验。符合主体的需要和愿望,会引起积极的、肯定的情绪。例如,吃到美味的食物会感到高兴,取得满意的成绩会感到开心,遇到志同道合的朋友会感到幸福。不符合主体的需要和愿望,就会引起消极的、否定的情绪。例如,受到无端的指责会感到愤怒,期望落空会感到失落,与朋友分别会感到低落。

情绪是一种内部的主观体验,但在情绪发生时,又总是通过某些行为特征表现出来。通过观察面部表情、身体语言和语音语调等行为特征能帮助我们识别他人的情绪。

（一）面部表情

面部表情是指通过眼部肌肉、颜面肌肉和口部肌肉的变化来表现各种情绪状态。人的眼睛是最善于传情的,眼神是一种十分重要的非言语交往手段,不同的眼神可以表达人的各种不同的情绪和情感。例如,高兴和兴奋时"眉开眼笑",气愤时"怒目而视",恐惧时"目瞪口呆",悲伤时"两眼无光",惊奇时"双目凝视"等。眼睛不仅能传达感情,而且可以交流思想。人们之间往往有许多事情只能意会,不能或不便言传。在这种情况下,通过观察人的眼神可以了解他(她)的内心思想和愿望,推知他们的态度:赞成还是反对,接受还是拒绝,喜欢还是不喜欢,真诚还是虚假等。艺术家在描写人物特征及刻画人物性格时,都十分重视通过描述眼神来表现人的内心的情绪,栩栩如生地展现人物的精神风貌。口部肌肉的变化也是表现情绪的重要线索。例如,憎恨时"咬牙切齿",紧张时"张口结舌"等,都是通过口部肌肉的变化来表现某种情绪的。

相关实验表明,人脸的不同部位具有不同的表情作用。例如,眼睛对表达忧伤最重要,口部对表达快乐与厌恶最重要,前额能提供惊奇的信号,而眼睛、嘴和前额等对表达愤怒情绪很重要。

（二）身体语言

人在不同的情绪状态下,身体语言会发生变化。点头表示"是",摇头表示"否",高兴时"捧腹大笑",恐惧时"紧缩双肩",紧张时"坐立不安"等。其中手势通常和言语一起使用,表达赞成还是反对、接纳还是拒绝、喜欢还是厌恶等态度和思想。手势也可以单独用来表达情感、思想或做出指示。在无法用言语沟通的条件下,单凭手势就可表达开始或停止、前进或后退、同意或反对等思想感情。"振臂高呼""双手一摊""手舞足蹈"等手势分别表达了个人的激愤、无可奈何、高兴等情绪。心理学家的研究表明,手势表情是通过学习得来的,受到社会文化和传统习惯的影响,它不仅存在个别差异,而且存在民族或团体的差异,同一种手势在不同的社会文化背景下可用来表达不同的情绪。

（三）语音语调

语音、语调也是表达情绪的重要形式。朗朗笑声表达了愉快的情绪,而呻吟表达了痛苦的情绪。言语是人们沟通思想的工具,同时语音的高低、强弱、抑扬顿挫等,也是表达说话者情绪的手段。例如,当播音员转播乒乓球的比赛实况时,他的声音尖锐、急促、声嘶力竭,表达了一种紧张而兴奋的情绪；而当播出某位领导人逝世的讣告时,语调缓慢而深沉,表达了一种悲痛而惋惜的情绪。

总之,面部表情、身体语言和语音语调等,构成了人类的非言语交往形式,心理学家和语言学家称之为"身体语言"。人们除了使用语言沟通达到互相了解之外,还可以通过由面部、身体姿势、手势以及语调等构成的身体语言,来表达个人的思想、感情和态度。在许多场合下,人们无须使用语言,只要看看脸色、手势、动作,听听语调,就能知道对方的意图和情绪。

二、情绪的分类

关于基本情绪的种类,从古至今有不同的说法和观点。我国古代名著《礼记礼运》中提出"七情"说,即喜、怒、哀、惧、爱、恶和懑;《白虎道情性》主张"六情"分类法,即喜、怒、哀、乐、爱和恶。而近代研究中常把快乐、愤怒、悲哀和恐惧列为情绪的基本形式。基本情绪是人和动物共有的,不学而会的,又叫原始情绪,有文化共通性。

快乐是个体所盼望的目的达到后,紧张解除继之而来的情绪体验。快乐的程度取决于愿望满足的意外程度,愿望满足得越出乎意料,个体体验就越快乐。

愤怒是由于目的和愿望不能达到或一再受到挫折,逐渐积累而成的。当挫折是由于不合理的原因或他人恶意所造成时,最容易激起愤怒,对人们强烈愿望的限制或阻止以及不良的人际关系也是愤怒的来源。

悲伤是失去所盼望的、所追求的或有价值的事物而引起的情绪体验,其强度依赖于失去的事物的价值。

恐惧往往是由于缺乏处理或缺乏摆脱可怕的情景（事物）的力量和能力所造成。恐惧比其他任何情绪都具有感染性。

人类最基本的情绪是喜、怒、哀、惧,在此基础上也派生出了众多的复杂情绪,如嫉妒、羞愧、悔恨、同情等。

【案例分享】

体验情绪变化

假设有如下场景,可以体验一下你的情绪是如何变化的。

你正沿着湖边的小径悠闲地散步,湖水在阳光的照耀下闪烁着耀眼的光芒。你的心情如同这宁静的湖面,平静而自在。

突然,一阵比之前更加急促和杂乱的脚步声打破了这份宁静。你抬头望去,只见一群孩子在湖边追逐嬉戏,他们的笑声和尖叫声充满了活力和欢乐。你的心情也随之被这种无忧无虑的气氛所感染,嘴角不自觉地上扬。

就在这时,一声惊叫划破了欢乐的气氛,一个孩子在湖边的石头上滑倒,眼看就要跌入湖中。你的心猛地一紧,一股紧张和担忧的情绪油然而生。你几乎是本能地加快脚步,冲向那个孩子。你及时伸出手,一把抓住了孩子的手臂,用力将他拉回安全的地方。孩子的脸上露出了惊魂未定的表情,而你则是松了一口气,内心充满了庆幸和满足。

孩子的母亲赶到,感激地抱住孩子,泪水在眼眶中打转。你站在一旁,看着这温馨的一幕,心中的紧张逐渐转化为温暖和欣慰。

怎么样?你的情绪是否是从宁静到紧张,再到最终的欣慰和满足。情绪,这个我们每天都在经历的内在体验,它像天气一样多变,有时晴空万里,有时又乌云密布。

三、情绪的状态

情绪状态是指在某种事件或情境的影响下,在一定时间内所产生的某种情绪,其中较典型的情绪状态有心境、激情和应激三种。

(一)心境

心境是指人比较平静而持久的情绪状态。心境具有弥漫性。它不是关于某一事物的特定体验,而是以同样的态度体验对待一切事物。

心境持续时间有很大差别。某些心境可能持续几小时,另一些可能持续几周、几个月或更长的时间。一种心境的持续时间依赖于引起心境的客观刺激的性质,如失去亲人往往使人产生较长时间的郁闷心境。一个人取得了重大的成就(如高考被录取,实验获得成功,作品初次问世等),在一段时期内会使人处于积极、愉快的心境中。人格特征也能影响心境的持续时间,同一事件对某些人的心境影响较小,而对另一些人的影响则较大。性格开朗的人往往事过境迁不再考虑,而性格内向的人则容易耿耿于怀。

心境产生的原因是多方面的。生活中的顺境和逆境、工作中的成功与失败、人际关系是否融洽、个人健康状况、自然环境的变化等,都可能成为引起某种心境的原因。

心境对人的生活、工作、学习、健康有很大的影响。积极向上、乐观的心境可以提高人的活动效率,增强信心,对未来充满希望,有益于健康;消极悲观的心境会降低认知活动效率,使人丧失信心和希望。经常处于焦虑状态,有损于健康。人的世界观、理想和信念决定着心境的基本倾向,对心境有着重要的调节作用。

(二)激情

激情是指一种强烈的、爆发性的、为时短促的情绪状态。这种情绪状态通常是由对个人有重大意义的事件引起的。重大成功之后的狂喜、惨遭失败后的绝望、亲人突然死亡引起的极度悲哀、突如其来的危险所带来的异常恐惧等,都是激情状态。

激情往往伴随生理变化和明显的外部行为表现,例如,盛怒时全身肌肉紧张,双目怒视,怒发冲冠,咬牙切齿,紧握双拳等;狂喜时眉开眼笑,手舞足蹈;极度恐惧、悲痛和愤怒后,

可能导致精神衰竭、晕倒、发呆,甚至出现激情休克现象,表现为过度兴奋、言语紊乱、动作失调。

激情状态下人往往会出现"意识狭窄"现象,即认识活动的范围缩小,理智分析能力受到抑制,自我控制能力减弱,进而使人的行为失去控制,甚至做出一些鲁莽的动作或行为。有人用激情爆发来原谅自己的错误,认为"激情时完全失去理智,自己无法控制",这是有争议的说法,一般认为人能够意识到自己的激情状态,也能够有意识地调节和控制它。因此,个人对在激情状态下的失控行为所造成的不良后果都是要负责任的。

要善于控制自己的激情,做自己情绪的主人。通过培养坚强的意志品质及提高自我控制的能力可以达到这个目的。然而激情并不总是消极的,发射卫星成功时研制人员的兴高采烈,运动员在国际比赛中取得金牌时的欣喜若狂,在这些激情中包含着强烈的爱国主义情感,是激励人上进的强大动力。

(三)应激

应激是指人对某种意外的环境刺激所产生的适应性反应。人们遇到某种意外危险或面临某种突然事变时,必须运用自己的智慧和经验,动员自己的全部力量,迅速做出选择,采取有效行动,此时人的身心处于高度紧张状态,这就是应激状态。例如,飞机在飞行中,发动机突然发生故障,驾驶员紧急与地面联系着陆;正常行驶的汽车意外地遇到故障时,司机紧急刹车;战士排除定时炸弹时的紧张而又小心的行为等。应激状态的产生与人面临的情景及人对自己能力的估计有关。当情景对一个人提出了要求,而他意识到自己无力应对当前情境的过高要求时,就会体验到紧张而处于应激状态。

人在应激状态下,会引起机体的一系列生物性反应,如肌肉紧张度、血压、心率、呼吸以及腺体活动都会出现明显的变化。这些变化有助于适应急剧变化的环境刺激,维护机体功能的完整性。

四、情绪的功能

(一)适应功能

有机体在生存和发展的过程中有多种适应方式。情绪是有机体适应生存和发展的一种重要方式。如动物遇到危险时产生恐惧的呼叫,就是动物求生的一种手段。

情绪是人类早期赖以生存的手段。婴儿出生时,不具备独立的生存能力和言语交际能力,这时主要依赖情绪来传递信息,与成人进行交流,得到成人的抚养。成人也正是通过婴儿的情绪反应,及时为婴儿提供各种生活条件。在成人的生活中,情绪与人的基本适应行为有关,包括攻击行为、躲避行为、寻求舒适、帮助别人和生殖行为等。这些行为有助于人的生存及成功地适应周围环境。

情绪直接反映人的生存状况,是人的心理活动的晴雨表,如通过愉快可以表示处境良好,通过痛苦可以表示面临困难;人还通过情绪进行社会适应,如用微笑表示友好,通过移情维护人际关系,通过察言观色了解对方的情绪状况,进而采取相应的措施或对策等。总之,人通过情绪了解自身或他人的处境,适应社会的需求,得到更好的生存和发展。当然,情绪有时也有负面作用,如一些球迷会因为输球被负性情绪影响在赛场闹事、斗殴,破坏公共财产,甚至造成人身伤亡。

（二）动机功能

　　情绪是动机的源泉之一,是动机系统的一个基本成分。它能激励人的活动,提高人的活动效率。适度的情绪兴奋,可以使身心处于活动的最佳状态,推动人们有效地完成任务。研究表明,适度的紧张和焦虑能促使人积极地思考和解决问题。

　　情绪对于生理内驱力也具有放大信号的作用,成为驱使人的行为的强大动力。如人在缺氧的情况下,产生了补充氧气的生理需要,这种生理驱力可能没有足够的力量去激励行为,但是,这时人的恐慌感和急迫感就会放大和增强内驱力,使之成为行为的强大动力。

（三）组织功能

　　情绪的组织作用是指情绪对其他心理过程的影响。情绪心理学家认为,情绪作为脑内的一个检测系统,对其他心理活动具有组织的作用。这种作用表现为积极情绪的协调作用和消极情绪的破坏、瓦解作用。中等强度的愉快情绪,有利于提高认知活动的效果,而消极情绪如恐惧、痛苦等会对操作产生负面影响。消极情绪的激活水平越高,操作效果越差。

　　情绪的组织功能还表现在人的行为上,当人处在积极、乐观的情绪状态时,易注意事物美好的一方面,其行为比较开放,愿意接纳外界的事物;而当人处在消极的情绪状态时,容易失望、悲观,放弃自己的愿望,或者产生攻击性行为。

（四）社会功能

　　情绪在人际交往中具有传递信息、沟通思想的功能。这种功能是通过情绪的外部表现,即表情来实现的。表情是思想的信号,如用微笑表示赞赏,用点头表示默认等。身体语言也是言语交流的重要补充,如手势、语调（这是否算表情）等能使言语信息表达得更加明显或确定。从信息交流的发生上看,表情交流比言语交流要早得多,如在前言语阶段,婴儿与成人相互交流的唯一手段就是情绪。情绪在人与人之间的社交活动中具有广泛的功能。它可以作为社会的黏合剂,使人们接近某些人;也可以作为一种社会的阻隔剂,使人们远离某些人。如某人暴怒时,你可能会后退或碍于他的身份而压抑自己的消极情绪,不让它表露出来。由此可见,人所体验到的情绪对其社会行为有重大影响。

【案例分享】

部落的传说

从前，在某个小岛上住着两个部落：一个部落叫作情绪部落，另一个部落叫作开心部落。其中开心部落的人只有开心的情绪，无论遇到什么事情都是开心；而情绪部落的人除了开心之外，还有生气、难过和害怕等情绪。

有一天突然一群坏人闯进了小岛，坏人们气势汹汹地先来到开心部落，他们威胁人们把家里值钱的东西都交出来，并且抢走了部落里的很多财物。但是开心部落的人却表现得很开心，他们欢呼道："好开心呀，有人抢走我们的东西啦。"接着坏人们来到了情绪部落，情绪部落里的人看到坏人要抢他们的财物，大家表现得十分愤怒，大人们拿起武器冲着坏人们大喊："不准你们抢我们的东西，赶快离开，不然我们就不客气啦。"坏人们一看情绪部落的人不好惹，于是灰溜溜地逃跑了。

又过了一阵子，有一群凶猛的狼出现闯入了部落里，狼群先来到开心部落，开心部落的人看到狼来了，表现得很开心，大家欢呼道："好开心呀，狼来了。"这群凶猛的狼在开心部落里到处乱窜，导致很多人都因此受伤。接着狼群跑到了情绪部落，情绪部落的人看到狼来了，大家表现得很害怕。大家赶快在外面点起火堆，然后躲在屋子里，关紧房门。狼群转了许久都没有发现人，又有火堆在燃烧，于是它们就离开了情绪部落。

又过了一段时间，天气突然变得很冷，部落里的很多人生了病。开心部落的人表现得很开心，他们欢呼道："好开心呀，有人生病了。"没有人去想办法帮助他们的亲人和朋友，因此大家的病越来越严重。而情绪部落的人看到自己的亲人和朋友生病，他们感到很难过，于是想办法去帮助大家治疗。很快大家的病就好了起来，再次恢复了健康。经历了这么多事情后，开心部落的人感觉到心里怪怪的，但是他们却不知道自己到底怎么了。

启示：通过这个故事我们不难发现：其实情绪并没有所谓的好坏之分，无论是正面情绪还是负面情绪都可以给我们带来正面的意义和负面的意义。但是情绪的表达方式却有好坏之分，合理的情绪表达可以帮助我们及时疏解情绪，而不合理的情绪表达却往往会给自己和他人带来伤害。

【心理活动】

你 比 我 猜

一、活动目的

通过表演生活中常见的描述情绪的成语，帮助同学们认识并了解情绪。

二、活动时间

10 分钟。

三、活动内容

(1) 自由组合,两人一组,一个比画一个猜。

(2) 每组 15 个或 20 个描述情绪的成语,限时 2 分钟,答对题目最多的一组获胜。

(3) 比画的人可以用表情和肢体动作来提示描述,但是不能描述某个字的读音或写法,不能出现"成语"中的同音字及外语翻译。描述情绪的成语有恼羞成怒、哭笑不得、喜极而泣、开怀大笑、手舞足蹈等。

专题二 常见情绪问题

【案例导入】

踢 猫 效 应

某公司的一位董事长,一大早就和妻子吵架,然后负气上班,坐在办公室里还余怒未消。这时,恰好一位业务主管向他汇报工作,这位董事长极不耐烦地说:"这点事自己都解决不了,我要你们干吗?"这位主管撞到了枪口上,悻悻地回到了办公室。正好,主管手下的一位办公室主任有事要请示他。主管也极不耐烦地说:"这种事情还来找我解决?你们自己怎么不多动动脑子?自己想去!"这位办公室主任碰了一鼻子灰,感觉很沮丧。下班后回到家,儿子问他数学题,他气呼呼地说:"就你事儿多,一边儿去!叫我清静会儿!"儿子莫名其妙地被父亲痛斥一顿,很委屈地走开,不料被自己一向很宠爱的小猫绊了一下。儿子正窝着火气没处发,冲着小猫狠狠地踢了一脚。

启示:这就是心理学上著名的"踢猫效应",踢猫效应是指对弱于自己或者等级低于自己的对象发泄不满情绪而产生的连锁反应。"踢猫效应"描绘的是一种典型的负面情绪的传染。人的不满情绪和糟糕心情一般会沿着等级和强弱组成的社会关系链条依次传递。由金字塔尖一直扩散到最底层,无处发泄的最弱小的那一个层级则成为最终的受害者。

【心理讲堂】

高职学生处于人生发展的关键阶段。在这个阶段,生活环境急剧变化,学习环境和学习方式发生改变,既有对未来生活的憧憬和渴望,也有对未来规划的迷茫。与此相伴,有着丰富的情绪体验,同时也带来了多样的情绪困扰,需要具有一定的识别和应对的方法。

一、高职生身心发展特点

我国高职生多数处于 18~23 岁这一年龄段,处于青年早期和青年中期阶段。通常,国际和国内心理学界都是从生理发展、认知发展和社会性发展三个方面的变化来讨论包括大

学生在内的青少年的身心发展特点的。

（一）青年学生的生理发展变化

青春发育期生理上的发展变化最明显的就是身体外形、内脏机能和性成熟的变化,总称"三大变化"。青春期身体外形剧变,对大学生的心理发展作用很大。体内的器官和组织对心理有决定意义的是脑和神经系统。由于性成熟和性激素分泌旺盛,使大脑皮层和皮层下中枢之间出现暂时的不平衡,易产生情绪波动。另外,从人体生物节律来看,人的体力、情绪和智力都有周期性的变化。处在高潮期时,人感到体力充沛、心情愉快、思维敏捷;处在低潮期时则正好相反,人会觉得疲劳乏力、心情沮丧、思维迟钝,也呈波动的特点。

（二）青年学生的认知发展

青年学生的抽象逻辑思维能力获得高度的发展,具有较强的解决和分析问题的能力。青年学生在自我情感体验方面敏感丰富,注重独立感、自尊心、自信心和好胜心;在学习活动中有强烈的求知欲、好奇心、热爱科学和真理,憎恨迷信和谬误;大学生对祖国、社会和集体有着深厚的情感,他们有强烈的民族自豪感和自尊感,有"天下兴亡,匹夫有责"的责任感、义务感,疾恶如仇,喜恶分明,正义感鲜明;大学生对纯洁的友谊和爱情十分向往,还积极地在发现美、欣赏美、创造美的活动中体验美的感受。

另外,由于大学生辩证思维发展不足,会影响他们世界观和人生观的形成。大学生的人生信仰和价值观尚未完全明晰。由于大学生所处特殊的学校环境,与社会现实生活相对脱节,易导致他们实际操作经验缺乏,辨别真伪的能力比较低,使他们面临认知发展上的矛盾,易产生各种心理问题。

（三）青年学生的社会性发展

近20年发展心理学的一个明显趋势是重视主体社会性发展的研究,强调教育可以帮助个体社会化。社会化过程中心理的发展包括追求独立,形成自我意识,适应性成熟,认同性别角色,社会化成熟和性格形成。家庭关系、师生关系和友谊关系是大学生最重要的三大社会关系。发展亲密关系的能力同心理适应能力和社会能力的发展都有很大的关系。而就大学生的道德品质而言,由于他们正处在走向独立生活的时期,因此,他们的伦理道德观比中学生成熟,可以比较自觉地运用一定的道德观念、原则、信念来调节自己的行为。他们的世界观、人生观初步形成,但仍需要继续形成道德行为的观念体系和规则,并促使其发展进取和开拓精神。

二、青年学生常见的情绪困扰

（一）焦虑

焦虑是指人们在面临威胁或预料到某种不良后果时产生的一种紧张、害怕、担忧、焦急混合交织的情绪体验。根据弗洛伊德心理分析理论，本能表达的欲望触发了焦虑，当防御机制不能完全控制本能冲动时，最终表现为焦虑或恐惧。焦虑是十分常见的现象，是一种类似担忧的反应或是自尊心受到潜在威胁时产生担忧的反应倾向，人们在面临威胁或预料到某种不良后果时，都有可能产生这种体验。

焦虑不仅存在于大多数人的生活中，而且也是其他心理障碍共有的因素，如抑郁症与恐惧。焦虑作为一种情绪感受，可以通过身体特征体现出来，如肌肉紧张、出汗、嘴唇干裂和眩晕等。焦虑也伴随认知成分，它由多种成分构成，主要是认为将来会发生不愉快的事情。由于焦虑与恐惧、担心、惊慌等相关，也有人将担心看作焦虑的认知成分。

焦虑是青年学生常见的情绪状态。当他们在学习、工作、生活各方面遭遇挫折或担心需要付出巨大努力的事情来临时，便会产生这种体验。焦虑对大学生的影响是复杂的，既可以成为大学生成才的内驱力，起促进作用，也可以起阻碍作用。实验证明，中等焦虑能使学生维持适度的紧张状态，注意力高度集中，可以促进学习。但过度焦虑则会对学生带来不良的影响。如有的大学生在临考前夜失眠或考试时"怯场"，在竞赛中不能发挥正常水平等，多是高度焦虑所致。被过高的焦虑困扰的大学生常常会感到内心极度紧张不安、惶恐害怕、心神不定、思维混乱、注意力不能集中，甚至记忆力下降，同时还容易产生头痛、失眠、食欲不振、胃肠不适等不良生理反应。焦虑的大学生在内心深处有一种无法解脱、不愿正视的心理问题，焦虑只是矛盾、冲突的外显，借此作为防御机制以避免更深层次的困扰。

青年学生常见的焦虑有外貌焦虑、学习焦虑与情感焦虑。外貌焦虑是担心自己不够漂亮，没有吸引力，体貌过胖或矮小等，也有因为粉刺、学生雀斑等影响自我形象而引起的焦虑。这类焦虑主要与自我认知有关，需要通过调整自我认知重新接纳自我，建立新的自我形象。与学习有关的焦虑有学习焦虑、考试焦虑等，在学生情绪反应中最为强烈，我们在青年学生学习心理中专门谈及考试焦虑，需要引起重视。情感焦虑多数是由于恋爱受挫而引发的自我否定，认为自己不具备爱人与被爱的能力，因过度担心而引起焦虑。

（二）抑郁

抑郁同一般的悲伤不同，它属于更深层次的复合性负性情绪。西方国家把抑郁称为"世纪之病"，也有学者称它为"心灵感冒"。抑郁症状不单指各种感觉，还指情绪、认知与行为特征。抑郁最明显的症状是压抑的心情，表现为仿佛掉入了一个无底洞或黑洞中，正被淹没或窒息。其他感觉包括容易发火，感到愤怒或有负罪感。抑郁常常伴随着焦虑，对所有活动失去信心和兴趣，渴望一个人独居。抑郁也伴随着个体思维方式的转变，这些认知改变可以是一般性的，比如注意力不集中、记忆力衰退或者很难做出决定。在思考中可能有更多的心境转变，消极地看待世界、自我和未来。因此，抑郁的人很难回忆起美好的记忆，不适当地责备自己，认为他人更消极地看待自己，对未来感到悲观。与此同时，还伴随身体症状，如常常乏力，起床变得困难，严重时睡眠方式都将改变，睡得太多或者早晨醒得太早，并且不能再次入睡。也可能出现饮食紊乱,吃得过多或过少,随之而来的变化是体重激增或剧减。抑郁是一种持续时间较长的低落、消沉的情绪体验,它常常与苦闷、不满、烦恼、困惑等情绪交织在一起。

一般来说,抑郁这种情绪多发生在性格内向、孤僻、敏感多疑、依赖性强、不爱交际、生活遭遇挫折或长期努力得不到报偿的大学生身上。不喜欢所学专业或因人际关系处理不当、失恋等问题,也会导致大学生产生抑郁情绪。

(三)愤怒

愤怒是由于客观事物与人的主观愿望相违背,或因愿望无法实现时,人们内心产生的一种激烈的情绪反应。心理学研究表明,当愤怒发生时,可能导致人体心跳加快、心律失常、高血压等躯体性疾病,同时还会使人的自制力减弱甚至丧失,思维受阻、行为冲动,甚或干出一些事后后悔不迭的事或造成不可挽回的损失。

愤怒是大学生常见的一种消极情绪,处于精力充沛、血气方刚的青年时期的大学生,在情绪情感发展上往往容易产生好激动、易动怒的特点。如有的大学生因一句刺耳的话或一件不顺心的小事而暴跳如雷;有的因人际协调受阻而怒不可遏、恶语伤人;有的因别人的观点或意见与自己相左而恼羞成怒;有的因一时的成功、得意而忘乎所以;有的因暂时的挫折或失败而悲观失望、痛不欲生。凡此种种都是遇事缺乏冷静的分析与思考,图一时之快及逞一时之勇的好激动、易动怒的不良情绪特点,在一些大学生身上时有体现。这种情绪对大学生的影响是极其有害的,因而有人说:"愤怒是以愚蠢开始,以后悔结束。"

(四)自卑

心理学家认为,自卑起源于幼年时期,它是由于无能而产生的不胜任和痛苦的感觉,也包括一个人由于生理缺陷或某些心理缺陷(如智力、记忆力、性格等)而产生的轻视自己,认为自己在某些方面不如他人的心理。自卑感的产生来自人内心深处的消极潜意识,因此每个人都会有不同程度的自卑感。个体发现自己所处的地位是希望加以改进的,并且这种希望改进的欲望是无限的,是人类自卑的最终根源。

导致自卑的原因多种多样,除了个体自身的因素,个体所处环境能对一个人产生自卑有极大的影响。若个体常常受到周围人的否定,以及接收不到他人的鼓励与肯定自我评价的情况下,那么个体的自我评价也难以获得提升,进而会产生自卑心理。

高职生的自卑情绪产生的外在因素主要来自两个方面:一方面是家庭因素,另一方面是学校因素。家庭是个体成长的最初环境,家庭中的方方面面都可能会影响自卑情绪的产生。学生自卑感与父母受教育水平密切相关,父母受教育程度高的孩子与父母受教育程度低的孩子相比,父母受教育程度高的孩子自卑感低。消极的父母教养方式会加剧自卑感的形成,在专制下成长的儿童容易形成自卑感。家庭结构的不完整和家庭冲突也会引发自卑问题的发生,如频繁的夫妻冲突造成家庭结构的不稳定性,更容易使孩子产生自卑感,而和谐的家庭氛围会降低子女的自卑感。而经济条件差、父母社会地位较低的个体,则因受到诸多因素的限制而处于不利地位,在与他人交往的过程中自然容易形成低人一等的心态而增加自卑感。

学校因素是自卑感产生的外在原因。一方面,认为学业成绩是自卑感影响最重要的因素,两者相互影响,互为因果。自卑引起学业成绩不理想,反之学业成绩的不理想会促进个体形成自卑心理。另一方面,校园关系内的师生关系或同伴关系都是自卑心理产生的因素。师生关系良好的学生会产生归属感与安全感,心理也会健康发展;如果师生关系紧张,会产生敌对、自卑、焦虑、恐惧情绪。而个体在同伴互动过程中同样如此,如果感受不到来自同伴的支持,这可能会加深他们的自卑与恐惧,即同伴恐惧自卑。自卑是高职生群体中较为常见的一种心理障碍,个体自身的主观因素以及家庭、学校等各种复杂的情况导致自卑心理的产生,而长期过度的自卑会严重阻碍个体的身心健康发展,对高职生的学习、工作和生活等都会产生消极的影响。

【案例分享】

老太太与智者

有位老太太,她的两个女儿长大后,一个嫁给卖伞的,一个嫁给卖鞋的。从此,她整天坐在路口哭,被人称她为"哭婆婆"。一天,一位智者路过,问其缘由。

老太太告诉智者:每当天晴的时候,就想起了卖伞女儿的伞会卖不出去,因此伤心而哭;而每当天下雨的时候,又想起卖鞋女儿的鞋一定不好卖,因此也伤心落泪。

智者说:下雨的时候,你要想卖伞女儿的生意好;天晴的时候,你要想卖鞋的女儿卖得好,这样你就不会哭了。

智者一番话,老太太顿悟。从此,街头便有了一个总是乐呵呵的"笑婆婆"。

启示:对于同一件事,由于思维方式不一样,结局大不相同。其实,一件事情是好是坏,关键在于人们自身如何认识,在于思维的方式和看问题的角度。

【心理活动】

情绪红绿灯

一、活动目的

帮助同学们学会表达和识别自己以及他人的情绪,并了解和掌握生活中不同情绪是由哪些事情引发的。

二、活动时间

10分钟。

三、活动内容

(1) 画出自己的情绪表情,越多越好。

(2) 小组内展示,并相互识别,标注情绪表情。

(3) 头脑风暴,选择其中一种情绪,将生活中产生这种情绪的事情一一列出。

情绪五彩图

一、活动目的

帮助同学们学会觉察和表达自己的情绪,并思考情绪产生的原因,从而学会调节自己的情绪。

二、活动时间

10 分钟。

三、活动内容

(1) 想一想最近一周的情绪如何,有哪些情绪出现。

(2) 确定每种情绪用什么颜色表示。

(3) 将最近一周的情绪在纸上用饼状图来表示。

(4) 小组内分享画中情绪有哪些,为何是这样的分布比重,是否发生了什么特别的事情。

专题三　调节情绪的方法

【案例导入】

酸葡萄心理

森林里住着一只狐狸。

有一天,狐狸来到了一片大草原上,发现了一棵葡萄树。葡萄树上结满了一串串晶莹透亮、香气扑鼻的葡萄。它想:这葡萄一定又甜又好吃! 它看着葡萄,舌头舔着嘴巴,直流口水。

狐狸想吃葡萄,它急忙伸手去抓。可是,树太高了,够不着。于是,狐狸用尽力气,跳了上去用手抓,还是没够着,只抓下了几片叶子。它想:我要是能像猫一样会爬树就好了。狐狸又试了好几次,还是没够着。旁边的小兔、小鹿等动物都笑狐狸是个傻瓜。

狐狸累得汗流浃背,喘着粗气说:"这葡萄还没熟,一定很酸! 一定是不好吃的。"说着它垂头丧气地回家了。它边走边回头看一眼自己心爱的葡萄,心里酸酸的。它边走边安慰自己说:"这葡萄没有熟,肯定是酸的。"

启示: 当人在遇到难以克服的困难和阻力时,内心都自觉或不自觉希望解脱紧张状态,以求得恢复情绪的平衡和适应倾向,卸载掉已显多余的牵挂。就像伊索寓言的那只狐狸,对得不到的东西转身离开,甚至说几句莫名其妙的怪话,借以平衡自己的沮丧情绪。这是天然的自我心理保护机制,心理学称为"酸葡萄心理"。

【心理讲堂】

生活中我们很容易因为对情绪的感受而进行评判：对于那些不愉快的、自己不喜欢的情绪就称为负面情绪，对于愉快的、自己喜欢的情绪就称为正面情绪。但实际上，并没有什么所谓真正的"正面、负面"情绪。每一种情绪都是一种语言，都是带着信息来与我们沟通的。所有情绪都是好情绪，情绪让人类得以生存。但仅仅是活下去还不够，人们想要充实、幸福地活下去。我们应理解并把握情绪，让自己获得更好的能力。无论你当时的情绪是什么样的，你都有办法通过学习，展现更好的生命状态。现在流行的积极心理学则提倡人们要用一种积极的心态去面对生活中遇到的问题。

一、调节情绪的方法

调节情绪，首先要学会体察自己的情绪。也就是时时提醒自己注意：我现在的情绪是什么？例如，当你因为朋友约会迟到而对他冷言冷语时，问问自己："我为什么这么做？我现在有什么感觉？"如果你察觉自己对朋友三番两次的迟到感到生气，你就可以对自己的生气做更好的处理。有许多人认为人不应该有情绪，所以不肯承认自己有负面的情绪。要知道：人一定会有情绪的，压抑情绪反而带来不好的结果。学着体察自己的情绪是情绪管理的第一步。

也许许多人会认为，体察自己的情绪很简单，但实际上我们常常在犯错，有时认为我们在愤怒，实际上是在伤心。例如，吵架的时候不少人喜欢放狠话刺伤他人，这完全有可能是因为没能正确地察觉到自己的情绪。伤心，是一种虚弱的、渴望被安抚的情绪。但在吵架的时候，人们秉着幼稚的不服输的精神，常常会否认自己伤心，而用能使我们充满力量的愤怒取而代之。结果往往是你渴望被安抚，实际却将对方越推越远。

情绪是"送信人"，"每一封信"都来自我们的内心。如果你好好地收下"这封信"，理解"这封信"，"送信人"就会走了。相反，如果你"关上门"不接待这个"送信人"，他就会一次次地不请自来，就像一名快递员：如果你没收到，他就得一趟趟地送；如果你"关着门"，他就得"敲门"甚至"撞门"。白天你不接收，他晚上还会再来——这也就是为什么我们总在梦中梦见一些我们并不愿意看见和接受的画面的原因。越大的情绪，包含越多、越重要的信息，如果你不接受、不解读，它就会反复出现来提醒我们看见。因为"这封信"里，包含着我们内心的重要需求。如果你处于巨大的情绪中，感觉自己很情绪化，先不要自我批判和自我谴责，这绝对不是什么坏事。我们可以通过以下几种方法来管理情绪。

（一）积极暗示法

心理暗示，就是个人通过语言、形象、想象等方式对自身施加影响的心理过程，可分为积极自我暗示和消极自我暗示。积极自我暗示能使人保持好心情、乐观的情绪和自信心，能调动内在因素,发挥主观能动性。而消极自我暗示会强化我们的弱点,唤醒自卑、怯懦、嫉妒等负面情绪。我们可利用语言的指导和暗示作用来调适和放松情绪,使不良情绪得到缓解。心理学上说的"皮革马利翁效应"也称罗森塔尔效应、期望效应,就是讲的积极自我暗示能够令我们保持好心情、乐观的情绪、自信心,从而调动人的内在因素,发挥主观能动性。

【案例分享】

罗森塔尔效应

罗森塔尔带着助理在橡树小学开展了一个实验,橡树小学有 6 个年级,他们从每个年级中各选了 3 个班,宣称对这 18 个班的学生进行了一次"预测未来发展"的测验,但实际上该测验并没有考查学生的知识水平与智力水平。接着,他们随机挑选出一些学生,给每个班的教师发了一份班上"最具备发展潜力学生"的名单。随后,罗森塔尔又叮嘱教师,不要把名单外传,只准他们自己知道,否则就会影响实验结果的可靠性。

8 个月后,罗森塔尔和助理又来到这所学校。他们惊奇地发现,在这 18 个班中凡是被列入名单的学生,考试成绩都有了显著的提高,而且性格变得更加外向,自信心和求知欲都增强了。罗森塔尔认为,可能是研究者的"谎言"对教师产生了暗示,影响了教师对名单上学生的能力评价。当教师发自内心地相信这些孩子未来不凡,孩子们也会强烈地感受到来自教师的喜爱和期望,变得更加自信,从而在各方面有了异乎寻常的进步。

(二)放松呼吸法

当你情绪激动时,别忘了做个深呼吸。人们在情绪激动时,容易出现胸闷、呼吸困难的现象,或在心情不愉快时大脑紊乱,想法较多,此时体内的血液运输系统处于呆滞状态,身体极度缺氧,所以通过加深呼吸即深呼吸,可以增加外界氧气的供给量,提高肌体的运输功能,有效地解除胸闷,达到调节心情的功效,此种方法简单易行,可运用于我们日常繁杂工作的每一个角落。通常情况下,呼吸是通过口腔和胸腔完成的,但呼吸放松调节法中提倡腹式呼吸,它是一种以腹部作为呼吸器官的方法。首先,找一个合适的位置站好或坐好,身体自然放松;其次,慢慢地吸气,吸气的过程中感到腹部慢慢地鼓起,到最大的限度的时候开始呼气;呼气的时候感觉到气流经过鼻腔呼出,直到感觉前后腹部贴到一起为止。

在情绪低落的时候,你可以给自己一点时间,做一些让自己感到快乐的合法的事情。情绪调节就像是在哄一个受了伤的孩子,你不能把他扔在一边不理不睬,也不能把他装进麻袋封存起来,而是应该让他高兴起来渐渐痊愈。需要花一些时间陪他玩,想办法愉悦他的各个感官,比如在心情非常糟糕的时候,我们暂时可以放下手中的工作,听听音乐,散散步,洗个澡,练个瑜伽或者做点手工园艺等,甚至可以什么都不做,只是发一下呆。这些都能够让我们内心感到平静和愉快,感受放松和舒缓所带来的治愈的力量。

（三）适度宣泄法

当你受到刺激，遭遇打击，受到不公平的待遇，心情十分不好时，千万不要把这些负面情绪压抑在心头，要想方设法把它发泄出来。如果闷在心里而不发泄出来，这种消极情绪就会慢慢吞噬你的心灵，你就有可能成了消极情绪的牺牲品。过分压抑会使情绪困扰加重，而适度宣泄则可以把不良情绪释放出来，从而使紧张情绪得以缓解。合理宣泄调节就是把自己压抑的情绪向合适的对象释放出来，使情绪恢复平静。消极的情绪产生，人们觉得痛苦难忍，对这样的情绪如果过分强制和压抑会引起意识障碍，影响正常的心理活动，甚至会使人突然发病。

你可以找个合适的场合，以合适的方法发泄一通，以达到排解消极情绪的目的。比如，当你的心情压抑时，你可以去踢足球……将"火"发在它们身上；也可以向自己的亲朋好友把自己有意见的、不公平的事情坦率地说出来，倾诉自己的痛苦和不幸，甚至痛哭一场，或者向远方的知己写封信或发送电子邮件诉说苦衷，运动、唱歌、逛街、换个环境、洗热水澡、听音乐等都可使情绪平复。当然，这些宣泄应当是良性的，以不损害他人及不危害社会为原则。情绪宣泄要合理，要注意对象、场合和方式，不可超越法规纪律的范围，如果给自己带来二次伤害就得不偿失了。纾解情绪的目的在于给自己一个厘清想法的机会，让自己好过一点，也让自己更有"能量"去面对未来。宣泄也是为了让自己积压的情绪得到释放，从而避免出现过激行为。但如果纾解情绪的方式只是暂时逃避痛苦，尔后需承受更多的痛苦，这便是一种不合宜和不经济的方式。

（四）认知调整法

在生活中，有的时候我们只看到事物的一面，而对这种模糊而不足的信息的解读常常取决于自己的经验，它完全有可能是不合理甚至是错误的，因此，在某些压力事件为我们带来负面情绪的时候，我们需要检查一下自己对事件的看法是不是有偏见，获得的信息是不是充分，能否换一个角度，或者能否获取更多的信息。

【案例分享】

小伙子和盲人

有这样一个故事：一个小伙子失恋了，心情非常糟糕，沮丧地坐在公园里的长椅上。这个时候，身边突然来了一个人，丝毫没有顾忌地一屁股就坐在他最心爱的书上，小伙子立即暴跳如雷。

可正当小伙子想要责骂这个人时，这个人戴着的墨镜引起了他的注意。盲人似乎意识到自己坐在什么物体上，问："对不起，我看不见，请问我是不是坐在你的东西上面？"而当小伙子发现这是一位盲人后，同情心顿起，他没有再想着责怪盲人，甚至还庆幸盲人不是坐在尖锐物体上。

同样是心爱的书被人坐在上面，小伙子在得知对方是盲人的前后反应截然不同，这就是心理学上的"情绪ABC理论"。在情绪ABC理论模式中，A是指诱发性事件；B是指个体在遇到诱发事件之后相应而生的信念，即他对这一事件的看法、解释和评价；C是指特定情景下，个体的情绪及行为的结果。通常人们会认为，人的情绪的行为反应是直接由诱发性事件A引起的，即A引起了C。情绪ABC理论指出，诱发性事件A只是引起情绪及行为反应的间接原因，而人们对诱发性事件所持的信念、看法、解释，即B才是引起人的情绪及行为反应的更直接的原因。

诱发事情A是小伙子的心爱的书被坐着了，最终表达情绪C是愤怒还是同情，取决于我们是怎么看待这件事情的。B就是我们对这件事情的看法。

小伙子的书被坐着了，小伙子觉得这是对方的鲁莽，于是感到愤怒；

又或者是书被坐着了，小伙子认为是自己没把书放好，对自己的粗心感到内疚；

还可能是书被坐着了，小伙子发现对方是位盲人，对他感到同情，庆幸对方没坐到尖锐物体上而受到伤害。

启示：我们的心情是由诱发事件引导自己观念，再作出情绪反应的。所以说导致情绪波动的并不是事件本身，而是我们的观念造成的。现实生活中，我们也常常会被自带的"观念"而影响了对客观事物的看法。

一些不合理信念的特征如下。

1．绝对化的要求

绝对化的要求是指人们常常以自己的意愿为出发点，认为某事物必定发生或不发生的想法。它常常表现为将"希望""想要"等绝对化为"必须""应该"或"一定要"等。例如，"我必须成功""别人必须对我好"等。这种绝对化的要求之所以不合理，是因为每一客观事物都有其自身的发展规律，不可能依个人的意志为转移。对于某个人来说，他不可能在每一件事上都获得成功，他周围的人或事物的表现及发展也不会依他的意愿来改变。因此，当某些事物的发展与其对事物的绝对化要求相悖时，他就会感到难以接受和适应，从而极易陷入情绪困扰中。

2．过分概括化

这是一种以偏概全的不合理思维方式的表现，它常常把"有时""某些"过分概括化为"总是""所有"等。用埃利斯的话来说，这就好像凭一本书的封面来判定它的好坏一样。它具体体现于人们对自己或他人的不合理评价上，典型特征是以某一件或某几件事来评价自身或他人的整体价值。例如，有些人遭受一些失败后，就会认为自己"一无是处、毫无价值"，这种片面的自我否定往往导致自卑自弃、自罪自责等不良情绪。而这种评价一旦指向他人，就会一味地指责别人,产生怨愤、敌意等消极情绪。我们应该认识到,"金无足赤,人无完人",每个人都有犯错误的可能性。

3. 糟糕至极

这是一种认为如果一件不好的事发生将会非常可怕、非常糟糕乃至堪比灾难的想法。例如,"我没考上大学,一切都完了""我没当上班长,不会有前途了"等。非常不好的事情确实有可能发生,尽管有很多原因使我们希望不要发生这种事情,但没有任何理由说这些事情绝对不该发生。我们将努力去接受现实,在可能的情况下去改变这种状况,在不可能时学会在这种状况下生活下去。

(五)注意力转移法

有人问一位高僧应如何处理愤怒,他答复说:"不要压抑,但也不要冲动行事。"换句话说,一个人遇事就立刻发泄怒气,将会使愤怒的情绪更加延长,倒不如先冷却一段时间,使心情平静下来后,再采取较建设性的方法解决问题。可见平息怒火其中一个方式是走入一个怒火不会再激起的场地,使激昂的生理状态渐渐冷却。注意力转移法,就是把注意力从不良情绪中转移到其他事物上去,或者从事其他活动。这种方法可以中止不良刺激源,防止不良情绪的蔓延。另外,通过参与新的活动能够增进积极的情绪体验。

当感到工作压力大时,你可以通过外出散步、看电影、读书、打球、下棋、聊天等来缓解不良情绪;当心情非常气愤或沮丧时,可以考虑与家人一起到外面吃饭,或独自一人到公园散步,暂时将烦恼抛诸脑后,待情绪好转时可重新再出发;当出现情绪不佳的情况时,要把注意力转移到使自己感兴趣的事情上,或暂时避开令人伤心的地方,千万别一个人躺在床上或呆坐在屋内,你可以让外面幽美的风光陶冶你的性情,让开阔的视野排除心头抑郁。事实证明,改变或脱离不利环境,可以使你从不良的情绪中及时地解脱出来。如外出散步,看电影,听听笑话,看看幽默小说,打球,下棋,找朋友聊天,换换环境等,每个人都会有一些比较感兴趣的事。当情绪不好时,做自己感兴趣的事可以转移注意力,从而起到平复情绪的作用。这些活动有助于使情绪平静下来,在活动中寻找到新的快乐。这种方法一方面中止了不良刺激源的作用,防止不良情绪的泛化、蔓延;另一方面,通过参与新的活动,特别是自己感兴趣的活动,进而达到增进积极情绪的目的。俗话说:"风平而后流静,流静而后心清,心清而后鱼可数。"待到消极情绪有了一定的缓解后,再仔细想一想,心平气和地解决矛盾,往往会收到满意的效果。

(六)自我安慰法

这种情绪调节方法主要是当一个人追求某个事物而不能实现时,为了减少内心失望,找一个借口或理由,以缓解矛盾冲突,消除焦虑、抑郁、烦恼和失望情绪。人不可能处处顺心、事事顺利,学习、就业、人际交往中遇到了困难和挫折,在经过最大努力仍不能改变状况时,可适当地进行自我安慰,要说服自己适当让步,将不成功归因于客观条件和客观现实,同时要勇于承认并接受现实。这种方法对于帮助人们在大的挫折面前接受现实并保护自己,以及避免精神崩溃是很有益处的。经常用"胜败乃兵家常事""塞翁失马,焉知非福""坏事变好事"等词语来进行自我安慰,可以摆脱烦恼,缓解矛盾冲突,消除焦虑、抑郁和失望,达到自我激励、总结经验、汲取教训的目的,有助于保持情绪的安宁和稳定。

自我安慰是改变个人不良情绪的重要方法之一。它是以一种未能够成立或实现的假设来安慰自己,从而求得心理平衡的良方,类似于我们通常所讲的"阿Q精神胜利法"。比如,你被别人误解错怪,如果你想到"人无完人""或许过两天他会知道事情真相的",这样你的心胸必定能够"豁然开朗"。再如,一个朋友对你做了亏心事,你觉得很生气,这时你若想到"生气是拿别人的过错来惩罚自己",你也一定会很快气消怨散;在生活中遇到困难和挫折,你应该想到"人生不可能没有曲折",从而正视事实,直面人生。无数经验表明,学会在生活中适当地对自己来一点"阿Q精神胜利法",可以有效地实现心理平衡的自我调节,从而保持身心的健康发展。

(七)适度表达愤怒

荀子有言:"怒不过夺,喜不过予。"你可以表达愤怒,但不能愤怒地表达。表达情绪是一种本能,控制情绪则是一种本领。真正的情绪稳定来自内心的宁静,不以物喜,不以己悲。

当负面情绪被你忽略或压抑时,它们实际上并没有消失,而是寻求别的出口,在潜意识层面反复折磨你。如果不把它们识别出来并加以处理,它们就会演变成不良情绪,甚至到最后你已经分不清自己为什么不高兴了。就好比面具戴久了就会忘记自己到底长什么样子了。从朋友约会迟到的例子来看,朋友迟到让你等了半天,你生气的原因之一是因为他让你担心,在这种情况下,你可以婉转地告诉他:"你过了约定的时间还没到,我好担心你在路上发生意外。"试着把"我好担心"的感受传达给他,让他了解他的迟到会带给你什么感受。什么是不适当的表达呢?例如,你指责他:"每次约会都迟到,你为什么不考虑我的感受?"当你指责对方时,也会引起他负面的情绪,他会变成一只刺猬,忙着防御外来的攻击,没有办法站在你的立场为你着想,他的反应可能是:"路上塞车嘛!有什么办法,你以为我不想准时吗?"如此一来,两人开始吵架,别提什么愉快的约会了。如何适当表达情绪是一门艺术,需要用心地体会、揣摩,更重要的是,要确实用在生活中。

情感平淡,生命将枯燥而无味,太极端又会变成一种病态,如抑郁到了无兴趣、过度焦虑、怒不可遏、坐立不安都是病态。所以我们要如亚里士多德所强调"适时适所表达情绪"。一旦非常气愤时,也不要过度压抑,而应该以较不伤人的方式适度表达内心的气愤,要有如柏拉图所说的"自制力",即适当控制自己的情绪。这并不是情感压抑,而是避免任何过度的情绪反应。其次再以较不伤人或较合理的方式来适度表达内心的愤怒,如找个知心好友倾诉内心的怒气,或将内心不快乐的感觉写在日记上等方法,皆有助避免与人直接冲突,而且也是另一种宣泄情绪的方法。

（八）交往调节法

不良情绪常常是由人际关系矛盾和人际交往障碍引起的。通过交往能增强自己战胜不良情绪的信心和勇气，并更加理智地去对待不良情绪。你可以找朋友交往、谈心。良好的个人社会支持系统可以很快帮助你摆脱困境的束缚，可以很快帮助你从痛苦的深渊中走出来。建立一个良好的社会支持系统首先要建立社会支持理念。每个人在社会上都离不开与他人的相互配合，共同发展。人与人之间的亲密互动、相互支持是社会支持的本质，在帮助他人的过程中产生。帮助行为包括物质、体力、信息以及情感支持等方面。

科学研究发现：社会支持与个人遇到较大压力（或应激事件）从而影响身体健康有紧密联系。良好的社会支持系统可以帮助我们缓解不良情绪，从而提高身心健康指数。想到社会支持系统，家庭在其中占据很重要的位置，父母和兄弟姐妹之间的血脉情是任何人都取代不了的，无论身在何处，只要听到来自他们的声音，心中就有了安全感。他们可以在第一时间分享我们的喜悦，甚至一些烦恼的小事也可以和他们说说，必要时在经济上也可以向他们求助。另外，朋友和同学的支持也是非常重要的支撑力量，在你失落或者遇到挫折时充当了后备军的角色，他们会心甘情愿地听你诉说，同情、理解你。每个人一生中如果能结交几个能和你同甘共苦的好伙伴才不失遗憾。

情绪管理是相当重要的。在运用时还要注意以下几点：第一，避免进一步地增加压力。无论何种方式，都不能过度使用。比如，吃东西及购物等确实有减压的效果，但若不能适可而止，就会带来新的问题。同时，不恰当的方式绝对不能使用，为了缓解一时情绪而搭上一辈子的代价绝对是不划算的做法。第二，和自己的兴趣相结合。在生活中培养自己的兴趣，这样我们情绪受挫时就可以找到一个适合自己的调节方式，有的人喜欢茶道，有的人喜欢运动，有的人喜欢瑜伽，有的人喜欢看书，有的人喜欢动漫，这些都可以。第三，发展多种调节方式。使用多种调节方式可以体现一个人应对压力的灵活程度。因为他可以根据情境的需要来改变或者组合使用。若每次都只有一种，并且是疯狂地使用，就会僵化，就会成瘾，这也表现出了他自身资源的匮乏。

二、调节情绪的误区

当你的情绪出现问题的时候，很多事情都是突然被中止的，效率也都慢慢地开始变差，注意力更是无法集中，而类似的困扰，我相信你肯定也经历过，这些都是情绪在作祟。那么如何走出误区，正确地认识和平衡自己的情绪呢？

（一）发泄让我的情绪得以释放

许多人都会告诉你：如果负面情绪累积，要想办法发泄出去。但研究发现，结果并非如

此，当你通过激烈、错误的行为发泄情绪，或者对所有人说你的遭遇有多不堪时，只会让你更加激动，更难从情绪中走出来。

应对策略：采取正确的发泄方式，如运动、跑步等。

（二）只有机器人才能控制自己的情绪

有人认为，控制情绪就是要表现得如没有情绪一样。事实并非如此，现实主义的观点是我们会有诸多情绪体验，但我们大可不必受制于它们。

应对策略：做自己感兴趣的事，让自己好起来，而不是在这坏情绪里走不出来，这样也会损害健康。

（三）他人快把我逼疯了

很多时候，我们习惯于把自己的某种情绪归结于别人行为的影响，于是身边多出了"不顾你死活的老板"和"不理解你的亲人"。

应对策略：实际上没人能影响你的感觉，他人可能会左右你的想法，但不会决定你的情绪，只有你自己才是情绪的主人。

（四）不良情绪最好回避

有些时候，你觉得你的负面情绪已经达到了忍耐的极限，于是转而回避问题，这种逃避问题的天性能让矛盾与冲突不那么让自己感到不适，似乎是很轻松的方式。

应对策略：在这种逃避之中也失去了直面矛盾及解决问题的机会，进而影响了提升自己能力的机会。面对问题，正面处理不良情绪，有助于建立自信，同时你会发现，你的能力远远超过你的想象。

（五）消极情绪都是不好的

情绪的积极与消极很容易区分，但是不同的处理方式则会带来不同的结果。比如，对困惑视而不见，不去思考，就可能失去一次自我丰富的机会。事实证明，几乎所有科学界的伟大成就都是在对困惑苦苦探求之后得到的成果。

（六）情绪外露是软弱的表现

在负面情绪中，保持冷静平和的心态是一种很深的修养，但适时放下心理防线并不是弱点。很多情绪管理高手都会选择在最合适的时机，用自己的情绪表达来感染别人，与通常的认知相反，这恰恰是对情绪管理十分有效的一种表现。

觉察并理解自己的情绪，对情绪正确认知与管理控制，是"大脑使用"的一种非常高深的技巧，需要像生活中很多技能一样，不断练习。随着对于情绪的自我意识增强，个人生活与职业生涯也必将因此而受益。

【心理活动】

情绪智力量表（EIS）

一、活动目的

帮助同学们进一步了解自我的情绪管理能力。

二、活动时间

5 分钟。

三、活动内容

请回答以下问卷内容。

亲爱的同学：

你好，这是一份了解你情绪的问卷，按照自己平时的情绪状况填写，答案没有对错之分，如实填写即可。

注：请认真阅读和思考每一句话，按照自己的第一感觉，选择最符合自己的情况（1～5 分）。其中，1 分代表非常不符合，2 分代表不符合，3 分代表不确定，4 分代表符合，5 分代表非常符合。

(1) 我知道什么时候该和别人谈论我的私人问题。

(2) 当我面对某种困难时，我能够回忆起面对同样困难并克服它们的时候。

(3) 我期望能够做好自己想做的大多数的事情。

(4) 别人很容易信任我。

(5) 我觉得自己很难理解别人的身体语言。

(6) 我生命中的一些重大事件让自己重新评估了什么是重要的，什么是不重要的。

(7) 心境好的时候我就能看到新的希望。

(8) 我的生活是否有意义，情绪就是影响因素之一。

(9) 我能够清楚意识到自己体验的情绪。

(10) 我希望能够有好的事情发生。

(11) 我喜欢和别人分享自己的情感。

(12) 我尽量做得好一些，以给别人留下好的印象。

(13) 当我心情好的时候，解决问题对我来说很容易。

(14) 通过观察面部表情，我可以辨别别人的情绪。

(15) 我知道自己情绪变化的原因。

(16) 心情好的时候，新奇的想法就会多一些。

(17) 我能够控制自己的情绪。

(18) 我很清楚自己在某一刻的情绪。

(19) 学习时我会想象自己即将取得好成绩，以激励自己。

（20）当别人在某个方面做得很好时，我会称赞他们。

（21）我能够了解别人传递给我的非语言信息。

（22）当别人告诉我他人生中的某件重大事件时，我几乎感觉到好像发生在自己身上一样。

（23）当我感到情绪变化时，就会涌现一些新颖的想法。

（24）遇到困难时，想到可能会失败，我就会退缩。

（25）只要看一眼，我就知道别人的情绪怎么样。

（26）当别人消沉时，我能够帮助他们，使他感觉好一点。

（27）在挫折面前，我让自己保持良好的情绪以应对挑战。

（28）我能够通过别人讲话的语调判断他当时的情绪。

（29）我很难理解别人的想法和感受。

四、评价标准及解读

情绪智力量表由斯科特等人根据 Mayer 和 Salovey 的理论开发，国内学者王才康翻译，并检验了它的效度（$a=0.83$）。该量表共 33 道题目，从情绪的知觉、表达、运用、控制、理解 5 个维度出发，测量个体的情绪管理能力，采用五级评分制，从非常不符合、不符合、不确定、符合、非常符合，分别计 1～5 分，其中有 3 道题为反向计分。量表得分在 73 分以上表示情绪管理能力良好，50～72 分表示情绪管理能力一般，50 分以下为情绪管理能力较差。

模块六　人际关系

【心理箴言】

海内存知己，天涯若比邻。

——《送杜少府之任蜀州》

【分析解读】

这首诗表达了作者对友情的珍视和向往，即使身处世界的两端，相隔千山万水，只要心与心相连，情感便能跨越重重阻碍，仿佛近在咫尺，亲密无间。这种超越物理距离的亲密感，正是友情最为珍贵和动人的地方。

在广阔的人生旅途中，应珍惜那些能够心灵相通、相互扶持的知己，无论距离多远，都要保持那份纯真的情谊，让友情成为我们人生旅途中最温暖的光芒。

【学习提示】

(1) 了解人际关系的内涵及意义，掌握人际交往的基本原则。

(2) 正确看待人际关系，认识人际关系的特性特点和人际关系中常见的不良心理，并分析探讨其背后的原因和调适方法。

(3) 了解人际交往中实用的心理效应，掌握建立良好人际关系的技巧，学会通过非暴力沟通去巧妙处理人际冲突。

专题一　把握人际关系的原则

【案例导入】

管 鲍 之 交
——《列子·力命》

管仲与鲍叔牙自幼相识，友谊纯真且深厚。年少时，他们共历风雨，鲍叔牙深知管仲才高志远，家境虽贫却心怀天下。两人合伙经商时，尽管管仲常常多分利，鲍叔牙却不怪，认为这是管仲因家庭所需做出的无奈之举。随着时间的推移，管仲在仕途上屡遭罢免，甚至战场脱逃,外界非议四起。鲍叔牙始终力挺,坚信管仲背后有苦衷,或为抱负蓄力,或为家责所困。这份无条件的信任成为管仲逆境中的光。

后齐国内乱,两人分属不同公子麾下。公子小白胜,即齐桓公,欲惩管仲。鲍叔牙力荐管仲为相,称其才胜己百倍,能兴齐国。齐桓公虽疑,终纳其言。管仲上任后不负众望,以非凡才智引领齐国强盛,成为春秋霸主。这一切辉煌,皆离不开鲍叔牙对管仲那份深沉而真挚的情谊与信任。

启示:"管鲍之交"之所以被千古传颂,不仅仅是因为两位主人公的才华与成就,更在于他们之间那份超越世俗、患难与共的情谊。"生我者父母,知我者鲍子也"这句话,既包含着管仲对鲍叔牙的感激之情,也洋溢着对真挚友情的礼赞。

常言道:"人生得一知己足矣。"朋友需要选择,更需要惺惺相惜。友谊之花需要细心呵护,用心浇灌。友谊是以诚相待、肝胆相照,更是相互包容、荣辱与共,是得意时的相互鼓励与欢欣,更是失意时的不离不弃。

【心理讲堂】

人际关系（interpersonal relation）也叫人际交往或者人际沟通,是人们通过一定的语言、文字或肢体动作、表情等表达方式在相互往来的过程中形成的心理关系。人际关系的好坏直接影响着一个人的心理健康和成长发展。

本专题将探究人际关系的奥秘,洞悉其丰富内涵,认识到人际交往的重要意义,专题聚焦于学习并掌握人际交往的原则。这些原则就像浩瀚的人际海洋中的罗盘,能指引方向,让我们在每一次互动中都能秉持真诚,尊重差异,追求合作共赢的理念,共同营造一个温馨和谐、相互成就的人际环境。

一、人际交往的意义

人类是社会性动物,无法脱离群体而独自生存。亚里士多德曾指出:"能够独自生存的人,要么是野兽,要么是上帝。"心理学研究表明,除了睡眠时间外,一个人正常情况下超过70%的时间用于与他人直接或间接交往。人际互动是社会支持的重要来源之一,通过人际互动,能够更好地了解自己,他人的反馈能帮助个人认清自身的优点和不足。

人际交往构成了个人生活的主要内容,事业的成功和生活的幸福也在很大程度上依赖于良好的人际互动能力。此外,人际互动促进了社会的和谐与团结,使不同个体团结一致,为共同的目标而努力。一个人的成长和发展离不开人际互动。谁能处理好人际关系,谁就能更容易地获得快乐和成功。

1．人际交往是人的心理需要

美国人本主义心理学家亚伯拉罕·哈罗德·马斯洛（Abraham Harold Maslow）根据重要性将人类需求划分为不同层次，形成了需要层次理论。根据这一理论，马斯洛将人的需求分为生理的需要、安全的需要、社交的需要（爱与归属的需要）、尊重的需要和自我实现的需要五类，如图 6-1 所示。

图6-1 马斯洛需要层次理论

爱与归属的需要也称为社交的需要，主要涵盖对亲情、爱情和友情的渴望。心理学研究表明，人类对于爱、关心和尊重等社交活动的需要，其重要性不亚于对食物和性的需要。

德国教育学家、哲学家斯普兰格说："在人的一生中，再也没有像青年时期那样强烈地渴望被理解的时期了。没有任何人会像青年那样沉陷于孤独之中，渴望被人接近与理解；没有任何人会像青年那样站在遥远的地方呼唤。"若社交的需要得不到满足，个体就会产生强烈的孤独感、异化感、疏离感，产生极其痛苦的体验。

特别是对于大学新生来说，远离家乡，进入新的环境，更容易感到孤独。积极地进行人际交往不仅有助于交流思想，排解内心的烦恼，还能增进同学和师生之间的情感融洽，并从人与人之间的亲密感和安全感中获得力量。和谐的人际交往对个体的身心健康具有显著的益处。

【案例分享】

感觉剥夺实验

1954 年，加拿大麦克吉尔大学的心理学家贝克斯顿等人进行了感觉剥夺实验。实验中，他们向被试者提供每天 20 美元的报酬后，要求被试者戴上半透明的护目镜以限制视觉，通过空气调节器发出单调声音以限制听觉，还用纸筒套袖和手套限制手臂和手指的触觉，并用夹板固定腿部，最后将被试者置于安静的实验室中，躺在舒适的帆布床上，如图 6-2 所示。

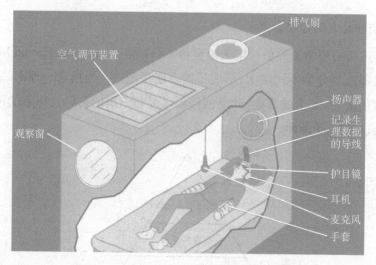

图6-2　感觉剥夺实验

在实验的早期阶段，被试者能够在床上安静入睡，然而经过 8 小时后，他们开始渴望外界刺激。他们尝试唱歌、吹口哨，甚至自言自语，用手套相互敲击或探索周围的环境。被试者变得不安和焦躁，且感到极度的不适，即便有丰厚的报酬，大多数被试者也难以坚持超过 2～3 天。在实验的后期，被试者显示出了注意力不能集中的表现：思维迟缓，智力测验的表现明显下降，同时出现了幻听、幻视等精神异常现象，实验结束数日后才恢复正常。这个实验揭示了以下道理：如果长时间缺乏外界的正常刺激和社交互动，会严重损害个体身心健康。

2．人际交往有助于高职学生的成长和发展

人际交往是个体社会化的起点和必经之路。社会化指个体通过学习社会知识，掌握生存技能和文化背景，从而融入社会生活并发展自我的过程。个体无法独自完成社会化，必须依赖其他人的合作与交往。无论个人是否自觉，只要活着，都离不开与他人的交往。通过人际交往，个体可以获取信息、机会和支持。特别是随着现代科技的高速发展，人们更加需要群体的力量，通过人际交往，信息交换，彼此学习，可产生"1+1>2"的效果，促进工作效率和创新能力的提升。

在大学阶段，学生不仅需要深入学习科学文化知识和技术技能，还需积极掌握社会规范，以成为对社会有益的一员。这些目标的实现都离不开与社会及他人的交往互动。

3．人际交往有助于高职学生正确地认识自我

人类是理性动物，从个体产生自我意识起，就开始用自我价值来评估自己。当自我价值感得到确认时，会在主观上感到自信、自尊和稳定。这种自我价值感使生活充满意义和热情。相反，如果个体的自我价值感未能得到确认，可能会导致自卑、自贬、自我厌恶甚至自暴自弃。完全失去自我价值感时，人生将失去意义，个体可能走向自我毁灭的道路。

对于初涉社会的高职学生来说，正确认识自我并合理评价自我并不容易。经验表明，个

体需要通过与他人的交往和比较来认识自己，即以人为镜。在交往过程中，如果他人的反馈是尊重、喜欢并愿意与个体交往，说明个体具有令人愉悦的优点；反之，如果他人厌恶或疏远个体，个体则需反思自己的言行，看看是否需要改进。与人交往的过程就像一把人生的尺子，能量出自身的长短，促进个体正确认识自我，合理评价自我。

4. 良好的人际交往是事业成功的关键素质

要在事业中取得成功，良好的人际交往能力是不可或缺的素质。美国成人教育之父卡耐基指出：个人事业的成功仅有 15% 取决于其专业技能，而另外的 85% 则取决于人际关系。卡耐基理工学院对 10000 个案例进行了分析，结果显示，成功者中有 15% 的人因为技术娴熟、智力出众和工作能力强而获得成功；而 85% 的成功者则因为他们具备了良好的个人品质，特别是处理人际关系的能力。相反，在遭遇失败的人中，有 90% 是因为他们在处理人际关系时表现不佳而导致的。良好的人际交往是事业成功的关键素质，能够帮助个体积累必要的人脉资源，推动职业生涯的发展。

二、人际交往的原则

大多数人都怀有与他人交往的动机和愿望，然而，有些人能在人际交往中游刃有余，而另一些人则感到不知所措。这表明，在良好的交往意愿前提下，还需要学习并掌握人际交往的原则、方法和技巧，从而提升自身的交往能力，促进人际关系的和谐。

（一）平等原则

平等是建立良好人际关系的基础。每个人都希望别人能认可自己的价值，支持、接纳和喜欢自己。正如古人言："敬人者，人恒敬之。"只有尊重他人，保护他人的自尊感，才能赢得他人的尊重。人际关系的核心在于相互支持和重视。人们也更愿意与那些真心接纳并喜欢自己的人交往，建立并维护关系。

高职学生虽然在家庭背景、经济状况、价值观念、知识和能力等方面存在差异，但在人际交往中应当平等待人，无论学习成绩、家庭背景如何，都应该做到既不狂妄自大、目中无人，也不应妄自菲薄、自卑贬低。

（二）互利互助原则

心理学家霍姆斯提出，人与人之间的交往本质上是一种社会交换过程。古人云："来而不往非礼也。"所有的交往行为和人际关系的建立与维护，都是根据特定价值观选择的结果。本着趋利避害的原则，人们倾向于建立和保持那些更有价值的社交活动。交往双方的互利性越高，关系就会越稳固亲密；互利性越低，则关系会越疏远。人际互动的互利性不仅涉及物质方面，还包括精神层面。对于"低价值"关系，或者失去大于得到的关系，人们则倾向于避免、疏远甚至中断交往。

（三）真诚原则

真诚是指待人的态度，是发自内心，而不是虚情假意的表现。真诚是人与人之间沟通的桥梁，只有真诚才能赢得别人的信任，得到别人的接纳，从而使交往得以良好发展。一位美国心理学家曾列出五百多个形容人品的词语，让高职学生说出他们最喜欢和最不喜欢的词语，结果显示，"真诚"是学生们最赞赏的特质之一。在8个评价较高的形容词中，有6个与真诚相关，包括真挚、诚实、忠诚、真实、信赖和可靠。相比之下，"虚伪"则是评价最低的词语之一。

古人云："以诚感人者，人亦以诚应。"在人际交往中，真诚是至关重要的，只有以诚待人，才能获得他人的信赖和友谊。

（四）包容原则

包容是指对非原则性问题不斤斤计较，能够包容他人，求同存异。包容有助于扩展交往的空间，润滑人际关系，消除紧张和矛盾。每个人都有自己的个性，在人际交往中难免会出现一些不愉快的情况，导致矛盾和冲突。因此，应有一种"化干戈为玉帛"的品质，接受人与人之间的差异，允许存在不同的观点和方式，尊重他人的兴趣爱好。子曰："三人行，必有我师焉。择其善者而从之，其不善者而改之。"胸怀宽广，不应事事强求他人，应求同存异，开放包容，互相学习。拥有这样的心态，将在交往中获得更愉悦的体验，才能促进自身不断进步。

（五）理解原则

理解是指能够设身处地地理解他人的处境，理解对方的情绪和感受，进入对方的精神世界；能够进行换位思考，代入对方的角度和感受，使沟通过程更加顺畅。

相互理解是促进沟通及增进交往的基础。不仅要细心地关注他人的处境、心情、性格、偏好和需求，还要根据彼此的情况主动调整自己的行为，给予他人关心和帮助。自己不愿意听的话、反感的事情也不应施加于人，这便是古人"己所不欲，勿施于人"的智慧总结。

（六）诚信原则

诚信是指一个人言行一致，说到做到。如果一个人口是心非，满口空话，那么最终他的真话都难以让人信服。如果一个人言而无信，到处许诺却不实践，必然会失信于人，招致他人的反感。中华民族把诚信视为"立身进业之本"，要求人们"内诚于心，外信于人"。"人无信不立"，信用是个人声誉和事业成功的重要保证，不守信用的人很难在他人心中建立起信任和友谊，也难以维系良好的人际关系。

以上的人际交往原则不仅适用于高职学生，也适用于各个年龄段和社会群体。通过遵循平等、互利互助、真诚、包容、理解和诚信等原则,可以有效提升自身的交往能力,促进人与人之间的良好互动,使生活更加充实和美好。

【案例分享】

小明应该怎么办

小明是一名大一新生,由于在高中时期全身心投入学习,导致交友圈子相对狭窄,朋友不多。又因高考成绩未达预期,他复读了一年,进入大学后,小明渴望与寝室同学和睦相处,并主动担任了寝室长的角色。然而,随着时间的推移,小明逐渐感受到自己与室友之间的差异和隔阂。他习惯于早睡,而室友们却常常聊至深夜,严重影响了他的睡眠质量;他注重个人卫生和整洁,但室友们却习惯性地乱扔乱放,让寝室显得杂乱无章。面对这些问题,小明尝试以寝室长的身份给室友们提出一些建议和要求。但遗憾的是,他们不但不听,反而恶语相加。这些琐事逐渐累积,导致小明与室友们之间的争执日益增多,原本期待的和谐氛围被紧张与尴尬所取代。如今,小明发现自己似乎陷入了孤立无援的境地,与室友们的关系变得微妙而复杂。

启示: 小明由于在高中时期全身心投入学习,在人际交往方面的锻炼相对较少。这种内向的性格和有限的社交经验使得他在集体生活中难以快速适应,同时,小明与室友们在作息时间和个人卫生习惯上的差异,导致生活节奏难以协调一致。小明作为寝室长,在和室友沟通过程中,可能没有较好地遵循人际交往的"平等""尊重"以及"宽容"等原则,使他在与室友沟通时显得过于强硬或不够包容,从而加剧了矛盾和冲突。为了改善与室友的关系,小明可以尝试以平和、开放的态度与室友们进行沟通,寻找双方都能接受的解决方案;生活中尊重彼此的差异和习惯;在课余时间阅读相关书籍,参加社交活动,学习更好地与人相处。

【心理活动】

高职学生人际关系行为困扰诊断量表

一、活动目的

认识到自己在人际关系方面的真实状况。

二、活动时间

15 分钟。

三、活动内容

(1) 请根据自己的实际情况回答以下问题,对每道题目做出"是"与"否"的判断。回答"是"计 1 分,回答"否"计 0 分,将 28 道题的选择计分求和,如表 6-1 所示。

表 6-1　高职学生人际关系综合诊断量表

序号	题　目	是	否
1	关于自己的烦恼有口难言		
2	与生人见面感觉不自然		
3	过分地羡慕和妒忌别人		
4	与异性交往太少		
5	对连续不断的会谈感到困难		
6	在社会交往时感到紧张		
7	时常伤害别人		
8	与异性交往不自然		
9	与一群人在一起,常常感到孤寂或者失落		
10	极易感到窘迫		
11	与别人不能和睦相处		
12	不知道与异性朋友相处的边界在哪里		
13	当不熟悉的人向自己倾诉时,常常感到不自在		
14	担心别人对自己有坏印象		
15	总是尽力使别人赏识自己		
16	暗自思慕异性		
17	时常避免表达自己的感受		
18	对自己的外貌缺乏信心		
19	讨厌某人或者被某人讨厌		
20	瞧不起异性		
21	不能专注地倾听		
22	自己的烦恼无人可以倾诉		
23	受别人排斥		
24	被他人瞧不起		
25	不能广泛地听取各种意见		
26	常常因为受伤而暗自伤心		
27	常常被别人谈论、愚弄		
28	与异性交往不知道如何更好地相处		

资料来源：关阳昌.大学生心理诊断 [M].济南：山东教育出版社，1996：339-340.

最后总得分：＿＿＿。

（2）结果分析。

① 0 ~ 8 分：你在和朋友的相处中困扰较少。你善于交谈，性格开朗，你喜欢朋友，朋友也喜欢你，你与异性朋友也相处很好。而且，你能够从与朋友相处中得到乐趣，生活是比较充实和丰富多彩的，与异性朋友也相处得比较好。不存在或较少存在交友方面的困扰，善于与朋友相处，人缘很好，能够获得好感与赞同。

② 9 ~ 14 分：你在和朋友的相处中存在一定程度的困扰。你的人缘一般，你和朋友的关系时好时坏，处于不稳定状态中。

③ 15 ~ 28 分：你的人际关系的困扰较多。如果超过 20 分，说明你和朋友相处的困扰程度很严重，而且心理上可能存在较为明显的困扰。你可能不善于交际，不会交流，或者不开朗，自高自大，或过度自卑，也可能是一个性格孤僻的人。

绘制自己的人际财富图

一、活动目的

帮助个人更清晰地了解和管理自己的人际关系网络。

二、活动时间

15 分钟。

三、活动内容

选择足够大的纸张以便绘制复杂的图表；准备彩色笔或铅笔以便区分不同类型的关系；根据下面的提示绘制自己的人际财富图。

（1）明确中心人物。在纸张中央写下或画出自己的名字，代表人际财富图的中心。

（2）列出主要领域。围绕中心人物，画出几个主要的生活或工作领域（如家庭、朋友、社团、老师、同学等），用不同颜色或形状区分。

（3）绘制关系网络。在每个领域内绘制代表不同人物的小图标或文字，用线条将这些人物与中心人物（即自己）连接起来，表示关系存在。根据关系的紧密程度、重要性或互动频率，使用不同粗细的线条、颜色或标记来区分。

（4）标注关系特点。在每条关系线上或旁边简要标注该关系的性质（如亲密、合作、支持、指导等）和重要性（如非常重要、重要、一般）。如果有必要，可以在人物图标旁添加更多信息，如职业、兴趣、特长等，以便更好地理解这些关系。

（5）识别关键人脉。回顾整个图表，识别出对自己最为关键的人脉。这些可能是能够提供重要资源、支持或机会的人。用特殊标记（如星号、圆圈等）突出显示这些关键人脉，以便在后续行动中给予更多关注。

（6）分析与优化。分析图表中的人际关系网络，找出可能存在的空白点或需要加强的领域。思考如何改进或加强这些领域的关系，制订具体的行动计划。

(7) 反思与总结。回顾整个绘制过程,思考这次活动对自己的启示和收获。写下自己的感受和计划,为未来的社交活动提供指导。

(8) 活动后续。将绘制好的人际财富图保存在一个容易找到的地方,定期回顾并更新。根据行动计划,主动采取行动,加强或建立新的关系。还可以与信任的朋友或老师分享自己的图表和计划,寻求他们的反馈和建议。

专题二 人际关系调适

【案例导入】

怨恨演变为致命报复

林森浩和黄洋是2010级复旦大学上海医学院的学生,分别就读于不同的医学专业。2010年8月,林森浩搬进了该校某宿舍楼的421号房间,一年后,黄洋也转到了同一间寝室。林森浩和黄洋两人性格不同,林森浩孤僻偏执,沉默寡言。黄洋个性张扬,说话不会特别在意他人的感受。在平时聊天中,黄洋时常会开林森浩的玩笑,说林森浩抠门小气,慢慢地,林森浩逐渐对黄洋心存怨恨。

2013年3月29日,在大学宿舍听到黄洋和其他同学讨论即将到来的愚人节,林森浩看到黄洋得意洋洋的笑容,回想起其他学校中有人用毒整人的事件,决定用类似手段"治理"黄洋。于是,在愚人节当天,林森浩携带有毒物质返回421寝室,在无人察觉时,将试剂瓶和注射器内的二甲基亚硝胺原液倒入宿舍楼的饮水机中。黄洋喝了饮水机里的水后出现呕吐等症状,当日中午前往中山医院就医,不久后去世。法医鉴定结果显示,黄洋死于二甲基亚硝胺中毒引起的多器官功能衰竭。2015年12月11日,林森浩因故意杀人罪被判处死刑。

启示: 小矛盾的积累往往引发大冲突。林森浩和黄洋之间的冲突源于个性差异和日常生活中的摩擦,逐渐加深的怨恨最终演变成为致命报复。在面对类似矛盾冲突时,要知道暴力行为从来不是解决问题的方式,而是通过理性和成熟的方式处理,避免怨恨积累,酿成悲剧。

【心理讲堂】

一个人是否能够自然、和谐地与人交往,体现了个人的人际交往能力和人际关系调适能力。本专题将剖析在日常交往中常见的不良交往表现,分析不良心理产生的原因,并提供有针对性的调适方法。

一、青年学生人际交往中常见的不良交往表现

根据高职学生的人际交往情况,可以将不良交往表现总结为不敢交往、不利交往、不善交往、不易交往、不愿交往五种类型。

(1)不敢交往。不敢交往是指在与他人交往时会表现得特别紧张,心跳加快、呼吸急促,面色通红,眼神躲闪,在与他人交谈时会变得支支吾吾,难以表达清楚。特别是在人多的场合中会感到极度恐惧。

(2)不利交往。不利交往通常源于缺乏对交往基本原则的把握,比如在说笑时不顾场合,轻视他人尊严,言语粗鲁伤害他人自尊心;不尊重他人的文化习俗;装作自己精通各种领域,夸夸其谈等。

(3)不善交往。不善交往是指缺乏交往技巧和知识,在人际交往中表现僵硬,在劝说、批评或拒绝他人时缺乏处理方式上的技巧。

(4)不易交往。不易交往是指对所有人都保持着疏远的态度,不轻易信任他人,难以表露真实想法,缺乏真诚坦率的交流,心存戒备,很难结交知心朋友。

(5)不愿交往。不愿交往是指部分人认为自身不够优秀,担心被别人看不起,在面对问题时倾向回避退缩,时常情绪低落,缺乏社交欲望与兴趣,自我欣赏,或者有一些古怪的表现。同时,他们异常敏感,心理承受能力薄弱,难以承受刺激,更倾向独来独往。

二、青年学生人际交往中的不良心理产生原因及调适方法

不良交往表现的背后存在各种原因,有些是由于外部条件的限制,有些是因为缺乏合适的交往技巧和方式。了解这些不良交往表现产生的原因,并对其进行调适,将有助于改善人际关系。

(一)偏执自负

1. 偏执自负及其主要表现

偏执自负的人往往难以正确评估自己与他人,过度自信,忽视他人的意见,难以与他人友好相处。他们固执己见,不顾他人感受,好争辩,推卸责任,心胸狭窄,易于嫉妒和报复。因此,他们往往难以建立亲密关系,易遭他人疏远。

2. 偏执自负的调适

(1)正确评价自我。准确了解自己意味着需要客观看待自己的优点和缺点,拥有自知之明。可以通过他人,比如同学、教师、家人对自己的反馈和提醒,以及自身行为的结果来认识自己,做出客观评价。总是高估自己能力,过分自负,就容易轻视他人,认为他人不值得交往,从而陷入"自命不凡""自我陶醉"的状态。

（2）正确看待他人。以客观、谦虚、欣赏的态度对待他人，会发现他人身上也有许多优点和长处，而且这些可能是自身所不具备的。需要抛弃个人偏见，与他人多交流，全面看待对方，肯定并尊重他人。

（二）自卑心理

1．自卑心理及其主要表现

在心理学上，自卑属于性格上的缺点。自卑情绪往往源于与他人的比较或竞争过程中的落差感。例如，有些大学生因在学习、家庭、相貌等方面不如别人，有失落感，遇到事情常往坏处想，对自己没有足够的信心，对身边同学和老师的话过于敏感。因此总觉得自己不如他人，常感到羞耻、胆怯、忧郁、悲观等。

2．自卑心理的调适

自卑的浅层感受是他人对自己不屑或轻视，更深层次是对自我的不信任，即缺少自信。因此，要调整自卑情绪，可从以下几个方面入手。

（1）正面迎接挫折和失败。自卑主要源于多次经历挫折和失败后不敢直面挑战。因此，要摆脱和消解自卑心态，首先需要学会正视失败和挫折。在人生道路上，遭遇失败和挫折不可避免，关键在于如何看待这些挫折。中国著名导演张艺谋也曾经遭遇多次票房失败和影片批评，但他坚持创作，不断学习和探索，最终，他以《红高粱》《英雄》等作品获得国际认可，成为享誉世界的导演。

人生不如意之事十有八九，几次挫败并不等于自身能力不如他人。考试失败涉及许多因素，如付出的努力不够或外部条件缺乏等。只要认真总结经验，避免类似错误，不断改进，最终将走向成功。随着成功经验的积累，个体也会更加自信，最终战胜自卑情绪。

（2）正视自我，提高自我评价。一些大学生可能因为生理和心理方面的不足产生自卑感。比如，有些学生可能由于身材矮小或外貌不佳，因出身贫寒而经济拮据，或缺乏特长等原因，感到自卑，逃避社交。这些学生之所以感到自卑，主要是因为他们对自己的自我评价过低。想要克服自卑，就需要改变对自己的认知，要善于发现自己的优点，找到自身长处，正确认识自己的价值。需要意识到，虽然自己在某些方面不如别人，但自己也一定具有别人没有的长处。只有肯定自己，提高自我评价，才能增强自信心，战胜自卑心理。

（3）进行积极的自我暗示。积极的自我暗示能够帮助个体建立自信，克服挑战，提升情绪状态，并在日常生活中做出更积极的选择。通过反复对自己说正面、鼓励性的话语，可以逐渐改变自我认知，增强信心。例如，当感到担心时，可以对自己说："这并不难，我能够应对一切挑战。"这种积极的自我暗示可以避免过早体验消极情绪，减轻紧张和恐惧，从而逐渐增强自信心，积累成功经验。

自卑的大学生常常回避社交，独自一人生活。然而，一旦鼓起勇气，积极参与社交，将逐渐积累交往经验,使社交更加顺畅。通过社交,能更好地理解他人和被他人理解,更准确地认识自己和他人。社交可以开阔心胸,使性格开朗、乐观,有助于克服自卑心理。

(三)嫉妒心理

1．嫉妒心理及其主要表现

嫉妒是一种在人际交往中常见的情感体验,指对于比自己强或有可能超过自己的人产生的一种不满、失落、仇视、担忧、恐惧、愤怒的心态。当看到他人取得比自己更好的成就或地位时,嫉妒之情便产生;当他人遭遇困境时,会感到幸灾乐祸,甚至通过诽谤、中伤、刁难等手段来诋毁对方以安抚自己;而当自己无法获得心理平衡时,往往会怨天尤人、自怨自艾或忧心忡忡。

嫉妒通常出现在那些在职业、地位、年龄等方面与自己相近又超越自己的人身上。许多嫉妒情绪都潜伏深藏,行为表现较为隐秘。当嫉妒对象的优势转为劣势时,嫉妒心理也可能发生改变,可能演变为幸灾乐祸或怜悯的情绪。大学生中,嫉妒情感尤为显著,主要体现于三个方面,即学业成绩、奖项荣誉及外表着装。学业成绩方面,无论成绩优劣,部分同学可能相互嫉妒;奖项荣誉方面,部分优秀同学可能因奖项分配不均而心生嫉妒;外表着装方面,部分女同学常因同伴的华丽装扮或出众容貌而感嫉妒。

2．嫉妒心理的调适

(1)正确理解嫉妒心理。嫉妒情绪不仅会阻碍人际关系的发展,同时也会给嫉妒者自己带来内心的困扰和痛苦。高职学生对嫉妒心理应有全面而辩证的认识。尽管嫉妒是一种不健康的情感,容易导致消极情绪和有害行为,但它也可能激发积极作用。在某些情况下,嫉妒可能激发个体的上进心,激励其努力向前。例如,学习成绩落后者对成绩优异的同学产生的嫉妒情绪若能得到理智的处理和调节,就能激发动力,促进个人在学习上的拼搏和进步。

(2)确立正确的世界观和人生观。嫉妒并不是一个孤立的感受,它深受个人价值观和世界观的影响。这种情绪通常源于自尊心的变形,反映了一种扭曲的自我意识。当人们过分强调自己的长处,不愿见到他人超越自己时,便落入了以自我为中心的陷阱。

(3)积极调整注意力。当羡慕他人时,往往只关注对方的优势和自己的弱点。让他人的长处变成了自己心中的刺,忽视了自己的优势,这正是嫉妒的起源。如果能够转变这种关注点,从关注他人的优势和自己的缺点,转移到他人的短处和自己的长处上,就能在心理上寻找到平衡,这有助于稳定情绪,减少嫉妒。

(4)培养包容乐观的心态。培养包容乐观的心态是消除嫉妒情绪的有效方法。如果我们能够对小事不斤斤计较,以开放的心态面对挫折,怀抱一颗包罗万象的心,用一种冷静和客观的态度去生活,不以物喜,不以己悲,你会发现嫉妒之情正逐渐远离你。

（四）猜疑心理

1．猜疑心理及其表现

猜疑心理指的是人们在社交互动中，基于个人的主观臆断对他人持有的不信任感。抱有这种心态的人往往认为自己是众人关注的焦点，感觉到他人不断地对自己指指点点，背后说自己坏话，故意找茬，甚至针对自己。在与不熟悉的人初次接触时，保持一定警觉是正常的。但猜疑心若过重，对周围人的每句话、每个动作都充满怀疑，常用狭隘的心态去揣测别人的善意，这易导致不必要的人际纠纷。比如，熟悉的同学路过时没有打招呼，可能会感到不安，心想："他怎么不理我？一定是看不起我吧！"这类猜疑的人倾向于对社交活动持悲观态度，仿佛认为世上无人可信，从而感到满心忧虑。

2．猜疑心理的调适

（1）深化人际互动，培养信赖感。深化与人的互动有助于驱散猜疑的阴霾。许多大学生的猜疑源于对彼此的不理解。可以通过更多的接触了解他人的性格和处事方式，从而增强相互之间的信任。当看到他人正直诚实的品质后，猜疑的情绪自然就会减少。在人际交流中，应该真诚地表达自己的思想，与他人分享观点，这样的开放交流有利于建立信任，消除猜疑。

（2）提升情感管理技巧。猜疑一旦萌生，随之而来的怀疑、不信任和对抗情绪便成为心理的底色，使得一切都被这种情绪所染色，导致偏见。"越看越像"是没有事实依据的自我欺骗。要想摆脱这种心态，需要加强理性思考，学习如何管理自己的情绪。在猜疑情绪出现时，应该努力寻找客观证据，让事实来支撑判断。如果证据显示怀疑是错误的，那么猜疑自然会烟消云散。绝不能在缺乏证据的情况下任由情绪主宰，凭借主观臆断去推断。

（3）提升个人修养。那些容易陷入猜疑的人通常心胸较窄，限制了自己的视野。应向那些胸怀宽广、心态开放的人学习，提高自己的个人修养，拓宽视野。《增广贤文》中有云："谁人背后无人说，谁人背后不说人。"无论我们做得再好，总会有人对我们不满意，这是不可避免的。如果对此过于敏感、过于在意，就会让自己陷入无休止的烦恼和焦虑中。采取"有则改之、无则加勉"的态度，有助于我们消除猜疑，保持内心的平和与从容。

（五）孤僻封闭心理

1．孤僻封闭心理及其主要表现

避世与内心封闭反映了那些不愿意与外界沟通、宁愿独自一人生活的心理倾向，同时伴随孤独和虚无的情感体验。拥有这类心理特质的人通常缺少亲近的伙伴，对周围的人抱有怀疑，保持警惕，不愿意展示自己的真实感受。在日常生活中，他们倾向于处在一个不被打扰的私人空间；不喜欢他人触碰自己的物品；对他人的友好交流显露出厌烦；不愿意向他人敞开心扉；不主动与人建立联系。

避世与内心封闭的形成与家庭背景、家庭氛围和父母的教育方式密切相关。例如,在一个充满紧张和纷争的家庭环境中长大的孩子,往往会变得孤僻、冷漠、情绪不稳定;父母若是教育方式严格、粗暴,孩子也可能变得胆小、畏缩、自卑、孤独、不信任他人,最终导致在人际交往中形成避世与内心封闭的心理。另一个导致这种心理的原因是在社交中反复遭受挫折。俗话说:"一朝被蛇咬,十年怕井绳。"有的人在经历了社交挫折之后可能会在心理上留下了阴影。

2. 孤僻封闭心理的调适

(1)深刻认识孤僻封闭心态的负面影响。首先需要深刻认识到孤僻封闭心态的负面影响,并在内心深处培养出摆脱这种心态的强烈愿望和信念。孤僻封闭心态阻碍了个体与他人的互动需求,导致缺乏友情和支持,使人感到痛苦、抑郁、空虚和失落,进而陷入消极和颓废的状态,这对个人的心理和身体健康都极其有害。在意识到这些危害的同时,还需要正确评价自己和他人,避免将自己的短处与他人的优点相比较,也不应将自己的优势与他人的弱点相比较,以防自卑或自大,妨碍社交活动。

(2)积极参与团体活动,勇敢建立联系。抱有孤僻封闭心态的人不应为自己的回避行为找借口,而应该积极鼓起勇气,参与各类团体活动,例如体育赛事、文艺表演、班级远足等。通过逐渐扩大社交圈,加深与同伴之间的友谊,可以帮助消除孤独感,克服这种孤僻封闭的心理。在交往过程中,应以慷慨给予而非索取为原则,这有助于增进同学间的团结,赢得友谊,摆脱内心的空虚,让身心愉悦,逐步培养出对社交的喜爱。

(六)恐惧心理

1. 恐惧心理及其主要表现

社交恐惧心理是一种伴随紧张、拘束乃至恐惧的情绪体验,常体现为脸红、言语不畅、过度出汗或身体颤抖等生理反应。当社交恐惧程度严重时,将显著干扰人际交往,阻碍个性发展,限制潜能释放,并可能诱发沮丧、抑郁及社交逃避行为,极端时演变为社交焦虑症。

2. 恐惧心理的调适

(1)探究恐惧的根源。在社交中感到恐惧的原因各异,因此在寻找解决策略之前,首要任务是探究恐惧的根源。找到了恐惧的根源,就能够采取相应的措施来应对。这一步骤常被忽视,许多人难以直面导致恐惧的深层原因,只觉自己被莫名的恐惧所困扰。往往当我们明白了恐惧的真正原因,就会发现那些看似可怕的事物实际上并不具备威胁性,例如对他人的嘲笑或失礼的担忧,这些都是人际交往中常见的小问题。

(2)正确看待自我,提升自信。调整社交中的恐惧心理的关键在于正确看待自己,建立自信,消除自卑感。大学生应该认识到,在这个世界上,没有人能够做到完美无缺。因此,没有必要苛求自己在每个场合都表现得无懈可击,赢得所有人的赞许。在社交过程中犯错、被拒绝,甚至遭受嘲笑或讽刺,都是人与人交往时的常见现象。

（3）优化性格中的负面特质。不必对自己过分严格,也不必追求完美无缺,但仍应努力改进那些阻碍社交的性格特质。尤其是那些倾向于抑郁的人,他们天生较为胆怯和敏感,害怕被人嘲笑,在社交场合感到紧张,这种状态会加剧他们的恐惧感。为此,可以进行一些适应性训练,比如在社交活动前,预先设想自己应该说些什么,如何行动,预测他人可能的反应以及如何应对这些反应;还可以尝试一些放松练习,例如通过肌肉放松来缓解情绪紧张。

（4）积极的自我暗示。在社交过程中,如果感到恐惧,可以尝试对自己进行积极的自我暗示。例如,告诉自己:"我只是众多同学中的一员,没有人会一直特别关注我。"通过这样的自我暗示,不断提醒自己,可以逐渐克服过分在意他人看法的习惯。

（5）主动参与社交活动。那些有社交恐惧的大学生通常会避免与人交往。实际上,越是逃避,恐惧感就越难以克服。只有勇敢地参与社交,主动与人建立联系,才能学会必要的社交技巧,积累处理复杂社交情境的经验,从而增强社会适应力。一旦掌握了熟练的社交技能,内心自然会充满信心,不再害怕社交。

【案例分享】

小东到底怎么了

小东是大一新生,英语老师要求下周每个同学在讲台上做英文自我介绍,一想到要在讲台上发言,小东就感到心跳加速,全身冒汗、呼吸困难,手脚发抖,有一种强烈的窒息感,害怕得要发疯。

小东心里想:我是多么希望可以顺畅地跟人交谈并参加集体活动呀,可是每每想到又觉得好紧张,到底是哪里出错了?

启示:小东希望表现自我,但因为害怕自己讲得不好,有太多的顾虑,所以感到过分焦虑。这是一种常见的心理困惑——社交恐惧。造成社交恐惧心理的原因多种多样。有人天生内向,对交流本能畏惧;有人因过往社交的失败经历而心生畏惧,形成挫折性恐惧;有人为保护自我,避免暴露弱点;有人在与优于自己的人交往时会深感自卑。此外,与异性交往时恐惧也十分常见,表现为面对异性时的极度不自在与紧张,甚至回避目光接触。

针对小东的情况,可采用以下这些具体且实用的建议来缓解其社交中的恐惧感。首先,小东需舍弃一些不合理认知,如"我讲得一定不好""别人会嘲笑我"。而用更积极、现实的想法替代消极认知,如"我可以准备充分,尽力而为""即使出错也是成长的一部分"。其次,在行动上,可以采用逐步暴露疗法。从低焦虑情境开始练习,先在家人或亲密朋友面前做自我介绍,逐渐增加听众数量和陌生度。不断练习,并为用英文进行自我介绍做好充分准备。最后,学习深呼吸、渐进性肌肉松弛等放松技巧,在感到紧张时运用这些技巧,帮助身体放松,减轻焦虑感。

【心理活动】

我最喜欢的同学

一、活动目的

觉察自己喜欢的人际特质,了解他人欣赏的人际特质,进而反省自己与人交往时的方式和态度。

二、活动时间

15 分钟。

三、活动内容

(1) 活动前教师先请学生将桌椅挪至两旁,将教室中间空出来。

(2) 请填写表 6-2 中的问题。

表6-2　我最喜欢的同学

序号	同学姓名	原因
1	班级同学中,待人最真诚的是_____	
2	班级同学中,最仗义的是_____	
3	班级同学中,最有责任感的是_____	
4	班级同学中,最热心的是_____	
5	班级同学中,人缘最好的是_____	
6	班级同学中,我最喜欢的是_____	
7	要过生日,我首先邀请的是_____	
8	我觉得班上最有魅力的人是_____	
9	要去旅游,我首先邀约的是_____	
10	要请教作业,我会找_____	
11	如果我突然急需一笔钱,我会找_____	
12	如果我心情不好,我会找_____	
13	我最想对_____说	

(3) 请学生起立至教室中间进行"搭肩"活动。

① 教师宣读第一个题目,学生则至其答案中学生的身旁,将手搭在他(她)的肩上。

② 待所有学生都站定后,教师再宣读下一个题目。

③ 当所有题目皆宣读过后,学生可分组分享其在此活动中的感受。

(4) 请所有学生回到原来的座位,教师公布学生所填答的理由,带领讨论以下问题:

① 当你填问卷时:

a.有无任何困难?如果有,原因是什么?

b.你有没有想过将你自己填在答案栏上？如果有,你有没有这样做？

c.当你搭在别人肩上时,或被别人搭肩时,是什么感觉？当时你在想什么？

② 对你而言,什么样特质的人更容易相处？

a.这样的特质与你自己的特质相似还是互补？

b.有哪些特质,你的看法和其他人一样？而哪些是不一样的？

（5）完成下面"你会怎么做"自我训练。讨论回答表格中的问题（见表6-3）,并将你的答案写在表格右侧。

表6-3　你会怎么做

序　号	问　题	回　答
1	朋友过生日该怎么问候	
2	朋友生病该如何问候	
3	朋友困难时该怎么做	
4	如何理解他人的需求	

专题三　构建和谐的人际关系

【案例导入】

专升本宿舍：携手并进,友谊长存

在2024年的研究生考试中,有一个特殊的"宿舍"。这个宿舍住着6位同学,他们都顶着"专升本"的身份,经过两年的共同学习和生活,携手上岸研究生。这个宿舍的6位同学来自河南不同的角落,个性各异,习惯不同。初来乍到,难免会有些磕磕绊绊。他们在磨合的过程中逐渐明白,只有相互尊重、相互支持,才能共同前行。他们常常在自习室学习完并回到宿舍后,互相抽题提问,互相检查背诵效果,互相借阅笔记,并互相分享资料等。回顾过去两年,宿舍长罗凯感慨万千："我们不仅是室友,更是战友。为了共同的目标,我们一起努力。那些一起早起晚睡、一起泡图书馆的日子,成了难以磨灭的记忆。我们在磨合中成长,在困难中前行,最终都实现了自己的梦想。"

启示：宿舍的6位同学个性、习惯不同,身处在同一个环境,难免产生摩擦。然而,他们与之前案例中的林森浩和黄洋因差异而产生怨恨不同,这6位同学在相处过程中学会了理解与包容,并在这个过程中认识到：大家一起创造的良好寝室环境不仅能加深彼此之间的友谊,还能够提升学习效率,促进彼此的成长和发展。在追求梦想的道路上,难免会感到孤独和疲惫,但有了好友的陪伴与支持,所有的困难都将化为前行的动力。

【心理讲堂】

人际交往在人的一生中占据重要地位。良好的人际关系不仅是人们心理健康水平、社会适应能力的重要指标，也是今后事业发展与人生幸福的基石。

一、掌握人际交往的技巧

人际关系的质量对我们的幸福和成功至关重要。必备的人际交往的沟通技巧、冲突解决策略及非暴力沟通的方法，可帮助我们建立更加和谐的人际关系，让生活更加丰富多彩。

（一）建立良好的第一印象

第一印象往往在随后的相处中起着不可忽视的作用。如果某人初次见面时展现出真诚、热心和慷慨的特质，他们自然会受到欢迎，别人也更愿意与其深入交流；反之，如果给人留下不真实、冷漠或虚伪的印象，那么他人自然会选择保持距离。

要想留下良好的第一印象，需要注意以下几个方面：首先，要注意穿着打扮。在公众场合，人们倾向于接近那些外形整洁、衣着得体、举止优雅的人。因为人们通常会将一个人的外表与其身份、教养和品格联系起来。外表迷人的人往往能给人留下更好的印象，受到更高的评价和更多的关注。其次，要注意言辞和表达。文雅而有趣的谈吐总是能留下积极的印象，浮夸和平庸的言语则会引起反感。最后，要注意行为举止。优雅得体的行为能够反映一个人的内在素质和教养，增强人际魅力，而过于拘束、轻佻或粗鲁的行为则会让人疏远。

（二）学会倾听

在人际交流中，聆听是基础且至关重要的技能。有效的聆听涉及两个层面：一是"身体层面"，通过身体语言来展示你在认真聆听，比如身体轻微前倾，目光与对方相接，适时点头等；二是"心灵层面"，即全神贯注地理解对方所表达的内容，并给予恰当的反馈。例如，当一个朋友在倾诉因受到室友的排斥而感到难过时，我们可以及时地表示"我能感同身受"。同时也要避免不停地自说自话，喋喋不休。

（三）真诚地赞美他人

每个人都有被赞美、被欣赏的需要。真诚地赞美他人是一种艺术，它不仅能够提升他人的心情，还能拉近人与人之间的关系。日常生活中，要有一双发现美的眼睛，发现他人闪光点并真诚表达自己的欣赏。

在赞美时要尽量具体。比如，"我真的很欣赏你今天的演讲，你对主题的理解和表达方式都非常出色"，比简单的"你做得好"更有分量。赞美要发自内心，夸张的言辞、一味地阿谀奉承会起到适得其反的作用。

（四）换位思考

换位思考意味着将自己放在他人的位置上，努力去理解对方的立场和感受。在人与人的相处中，理解和宽容是不可或缺的。每个人都可能会遇到被误解或冒犯的情况，如果我们对这些情况耿耿于怀，就会在心中留下难以解开的结。但如果我们能够深入了解对方的感受，就有可能实现相互之间的谅解。只要不是原则性的问题，大部分情况都是可以被谅解的。谅解本身是一种关怀、一种体贴、一种宽容。

（五）讲究语言艺术

俗话说："良言一句三冬暖，恶语伤人六月寒。"在社交场合，恰当、礼貌的言辞对于人际互动和关系的建立有着显著的影响。掌握社交中的语言技巧包括以下几个方面。

（1）表达清晰且富有幽默感。

（2）保持亲切、真诚、热心及慷慨的态度。

（3）在对话中与对方进行眼神交流，做到积极地聆听。

（4）运用积极的语言，传递出你的友善。中国的积极心理学学者陈虹对积极语言进行了分类，并概括出五个层面的积极语言，分别为：禁说恶语，不说禁语，少说"不"，多说"是"，总说敬语。

① 禁说恶语：避免使用带有恶意、侮辱性或诋毁他人的言语。

② 不说禁语：避免使用"愚蠢""无聊""让人反感"等批判性、否定性表达。

③ 少说"不"：尽量少用那些表现出对他人不信任和否定的词汇，如"无望""不顺从""无可救药""缺乏进取心"等。

④ 多说"是"：多使用积极、肯定的语言，这些话语能传递出肯定和尊重，为双方注入活力。例如，"优秀""可行""问题不大""尝试一下""定能成功""真棒"等。

⑤ 总说敬语：敬语不仅表达了积极的确认，还包含了鼓励、指导和赞扬的意味，有助于推动双方实现自我价值。例如，"我信任""我同意""我领会""引人入胜""令人欣慰"等。

在朋友遇到困难时，可以用积极的语言来鼓励他们，比如，"我知道这个挑战看起来很艰巨，但我相信你有克服它的能力。""你以前也面对过类似的情况，并且处理得很好。""如果你需要帮助，我会在这里支持你。"这样的话语不仅传达了信任和支持，还能激发对方的自信和决心。这就是积极语言的力量，它能够在困难时刻为人们提供动力和希望。

（六）掌握非语言沟通

美国传播学家艾伯特·梅拉比安曾经提出一个人际沟通的公式：信息的全部表达 = 语调（7%）+ 声音（38%）+ 肢体语言（55%）。我们把声音和肢体语言都归为非语言交往的符号，那么人际交往中的信息沟通就只有 7% 是由言语进行的。卡耐基指出非语言信息所传达出的信息比语言本身更富有内涵。一个人的体态，包括表情、身体姿势和手势所传达出的信息构成其肢体语言。这种信息更具有丰富的意义和说服效果。在与人交往过程中,保持面带微笑、目光真挚、积极倾听、穿着得体,恰当的肢体语言比语言本身甚至更为重要。

1．微笑是走向成功的通行证

在人际交往中,真诚的微笑往往能给人留下美好且深刻的印象,这种不经意的微笑具有强大的感染力。心理学家曾在英国爱丁堡的街道上随机丢下了 240 个钱包,这些钱包里除了装有照片外并无其他特殊之处。结果显示,装有微笑照片的钱包最容易激发失主的诚实行为,归还率高达 88% ；而装有宠物狗照片、全家福照片、老夫妇照片或慈善卡的钱包的归还率依次为 53%、48%、28% 和 20%。

微笑的含义就是"我喜欢你,你使我快乐,见到你我很高兴"。我们不能使外面阴雨连绵的天气变得晴朗,但微笑能冲破云层给人带来阳光。多一些真诚快乐的微笑,一切都会变得美好。

2．面部表情与眼神

人们常说,眼睛是心灵的窗户,眉目传情、暗送秋波等成语形象说明了目光在人们情感交流中的重要作用。一个人的双眸会体现出他的内心动向,比如清澈明亮的双眼可以体现干净正直的内在。眼睛能够传递多种信息,比如与人目光交流通常象征着联系,而目光的移开则可能意味着回避。

面部就像是心灵的外观。眉毛、额头、嘴唇等都能够形成各种表情组合,可以展示不同的情绪。研究显示,人脸能够呈现出超过一万种表情,这些表情涵盖了快乐、悲伤、愤怒、恐惧等多样情绪。对于一个"喜怒形于色"的人来说,他的情绪都写在脸上。梅拉比安指出,当话语与面部表情不匹配时,人们倾向于相信他们看到的表情,而不是他人所说的话。

3．身体姿势

暂停片刻,关注一下自己此刻的体态。你能从自己的姿态中感受到什么？身边是否有其他人？他们的体态又向你传达了哪些信息？就像自我观察一样,通过周围人的姿势,可以洞察他们的情绪和感受。比如,双臂交叉的姿势通常被解读为防御性或封闭性的信号,可能表明一个人不愿意开放或是在保护自己。而身体前倾则表明他们对谈话内容感兴趣并且在积极倾听。

（七）爱人者,人恒爱之

俗话说:"敬人者,人恒敬之；爱人者,人恒爱之。"尊敬别人,别人也会尊敬你；爱护别人,别人也会爱护你。积极地关怀和援助周围的人,展现无私的关爱和真挚的心意,是建立深厚友谊和获得他人敬爱的基石。慷慨的爱心与坦诚的品质,是世间最珍贵的道德和财富。主动去结交朋友,在与人相处时,应以真诚待人,充满热忱。正如古语所云:"真诚能打

动人心,别人也会以诚相报。"恪守这样的原则,就能够营造一个和谐的社交环境。

威廉·赫兹里特说:"如果对方愉快,那么我也就愉快。"如果你想和别人交友,那么你对他说的话,要能给他传达一个基本的信息,那就是你真诚地渴望他成为你的朋友。在人际交往中,真诚和爱心不仅能够拉近彼此的距离,还能够激发人们内心的善意和正能量。当以开放的心态去接纳他人,用真心去感受他人的情感和需求时,我们就能够更好地理解他人,从而建立起坚实的信任和尊重。在这种互相尊重和理解的基础上,友谊和爱将茁壮成长。

二、学会巧妙地处理人际冲突

冲突是一种对立状态,涉及两个或更多相互关联的主体之间的紧张、不和谐、敌对等情况。这种情况在人际关系中普遍存在,如影随形。在人际关系中,冲突既是挑战也是机遇。冲突可能导致负面影响:由于情感上的不满,双方交流受阻,可能产生隔阂甚至互相诋毁,最终导致关系破裂。

然而,冲突也有积极作用:首先,双方通过直接表达内心的不满,可以澄清想法、促进理解、化解分歧,从而消除隔阂;其次,人们通过处理人际冲突,更清楚地认识到自己在交往中的不足,进而调整行为,提升人际交往能力。在大学生活中,同学之间的冲突是难以避免的,处理不当可能会破坏人际关系的和谐,通常可以采取以下步骤来化解冲突。

(一)明确问题

化解冲突的第一步是"明确问题"。在解决冲突之前,首先要清晰地识别出冲突的具体内容、性质以及可能的原因。换句话说,就是要弄清楚是什么导致了冲突,是目标不一致、价值观冲突、信念差异、情感问题、行为冲突还是个性不合等。只有明确了问题,才能更准确地找到解决问题的切入点,采取合适的措施来化解冲突。

(二)分析彼此的需求和期望

有时双方未能很好地化解冲突,是因为彼此并不清楚对方的真实需求或期望。建立合作观念,坦诚地表达自己的需求和期望,有助于更顺利地解决冲突,避免冲突持续存在。

(三)寻找可行的解决方案

了解彼此需求后,冲突双方可以共同寻找解决方案,并讨论其可行性及双方的接受度,以一种"化解冲突,建立良好关系是双赢"的态度共同寻找解决方案。例如,在宿舍中,针对休息时间不一致的冲突,可以通过妥协。如一个室友推迟入睡时间,另一个在看视频时保持安静,或者调整各自的活动时间,以找到解决方案。

(四)达成共识

冲突双方列出所有可能的解决方案后,需要仔细评估各种方案的优缺点,选择双方都能接受的解决方案,并付诸实施。达成共识不意味着一切顺利解决,冲突还有可能反复出现,双方需根据情况调整处理方式,不断总结经验教训,避免陷入恶性循环。

虽然人际冲突在大学生活中比较常见,但只要双方愿意合作,理性、耐心、冷静地面对冲突,并通过真诚的交流解决分歧,通常能够有效化解,增进彼此的理解,促进人际关系的进一步发展。

三、学会非暴力沟通

在日常交流中,自己或许不会意识到自己的言辞可能带有"暴力"的成分,但实际上,不恰当的语言常常会引发自己和他人的痛苦。马歇尔·卢森堡(Marshall Rosenberg)博士提出了"非暴力沟通"(nonviolent communication,NVC),旨在改变个人的对话方式,使之不再是条件反射式的回应,而是能够明确表达自己观察、感受和愿望的方式,同时尊重并倾听他人。NVC 包含四个要素:观察、感受、需要和请求(见图6-3)。

图6-3 非暴力沟通的四要素

(一)观察

非暴力沟通的第一个要素是观察。即仔细观察正在发生的事情,并且用客观的语言描述。需要注意避免将观察与评价混为一谈。评价往往带有批评的成分,容易引发对方的抵触。因此,在进行非暴力沟通时,应该明确区分这两者。比如,"我看到你今天迟到了十分钟"是观察,而"你总是迟到"属于评价。

(二)感受

非暴力沟通的第二个要素是感受。感受是个人的内心体验,比如开心、难过、生气等。首先,在沟通中要勇于表达自己的感受,让对方知道自己的情绪状态。比如,"我等你这么久,感到有点失落"。其次,在日常生活中应该积累更多有关感受的词汇,以更准确地表达自己的情绪和感受。

(三)需要

非暴力沟通的第三个要素是需要。这里的"需要"并非指物质上的需求,而是指内心深处的渴望和期待。比如,"我希望你能尊重我的时间。"直接表达自己的需求,而不是通过指责、批评、评论或分析的方式进行交流。这种方式有助于他人准确理解你的需求,同时也为他们提供了恰当回应的机会。

(四)请求

非暴力沟通的第四个要素是请求。当观察、感受和需要都表达清楚之后,就可以向对方提出具体的请求了。这个请求一定要具体、可行,并且要注意语气和方式,避免让对方感到被强迫或指责。比如,"你下次能尽量提前告诉我你会迟到吗?"

在沟通中如何有效地提出请求呢?以下几点值得注意:第一,提出具体而非抽象的请求。第二,提出我需要对方做什么,而不是不要做什么。第三,在提出请求时,同时表达自己的感受和需求,让对方理解我们的内心状态。第四,寻求反馈,以确保对方理解我的请求。例如,当我询问对方的建议时,可以这样表达:"我想请您谈谈我的建议是否可行,如果不太可行,您认为应该如何改进?"这样更能促进积极的回应。第五,请求不应该带有批评或指责的成分,也不应该利用对方的内疚来达到目的。非暴力沟通的目标是在诚实和倾听的基础上与人沟通,而不是改变他人以迎合自己。

【案例分享】

沟通案例

李明是一名高职大学生,最近与室友小张之间因为生活习惯的差异产生了不少摩擦。小张喜欢晚上熬夜学习或玩游戏,而李明则习惯早睡以保证第二天的精神状态。由于两人作息时间不同,导致李明经常受到小张夜间活动的干扰,影响了他的休息。李明对此感到不满,但几次尝试与小张沟通都未能有效解决问题,反而让关系变得更加紧张。

一天晚上,小张又在李明准备入睡时开始大声说话和敲击键盘,李明终于忍不住,生气地说:"你能不能安静点?我每天都要早起上课,你这样让我怎么休息!"小张听后,也感到委屈,反驳道:"我白天也有课啊,晚上是我唯一的学习时间,你就不能理解一下吗?"

启示:李明的直接指责非但无效,还加剧了冲突。改用非暴力沟通,他可以先客观描述观察到的情况:"小张,我注意到你最近晚上经常很晚还在学习或玩游戏,而且声音比较大。"接着,表达自己的感受:"这让我感到很困扰,因为我需要早点休息,以保证第二天的精神状态。"然后明确自己的需要:"我希望能有一个安静的睡眠环境,这样我才能精力充沛地面对第二天的学习。"最后,李明可以提出一个具体的、非指责性的请求:"我希望你在晚上学习或娱乐时,能尽量降低音量,或者使用耳机,这样就不会影响我了。同时,如果你需要熬夜,我们也可以商量一个合适的时间段,确保双方作息得到尊重。"

通过这样的沟通方式,小张可能会感受到李明的真诚和尊重,而不是被指责和攻击。他更有可能以开放的心态回应,理解并尊重李明的需要,共同寻找解决方案。通过观察、表达感受、说出需要和提出具体请求,可以建立更加真诚、理解和尊重的沟通方式,有效解决矛盾和问题,促进和谐共处。

【心理活动】

相亲相爱一家人

一、活动目的

了解引发大学寝室矛盾的因素,并思考如何解决寝室矛盾,以此提高处理人际冲突的能力。

二、活动时间

15 分钟。

三、活动内容

1. 以下内容如果符合你的宿舍情况,请在括号里打"√"

(1) 宿舍里经常发生联手排挤某个人的现象。　　　　　　　　　　　(　　)

(2) 即使室友们都在,宿舍也经常处于鸦雀无声的状态。　　　　　　(　　)

(3) 经常有作息时间的争论战,比如何时关灯等。　　　　　　　　　(　　)

(4) 有的室友的行为经常引起大家的不满。　　　　　　　　　　　　(　　)

(5) 为了明哲保身,大家通常都不会指出室友的错误做法。　　　　　(　　)

(6) 宿舍分为两三个小团体,团体之间互相不理睬甚至有较大冲突。　(　　)

(7) 有恃强凌弱现象,而且比较严重。　　　　　　　　　　　　　　　(　　)

(8) 通常大家的做法都是"各家自扫门前雪"。　　　　　　　　　　　(　　)

如果您在列表中标记了超过三个"√",这可能意味着您内心深处对某个或某些室友抱有一定程度的不满。不和谐的人际关系可能会对所有人的心理和身体健康产生负面影响,因此寻找解决之道至关重要。

2. 宿舍讨论

(1) 以宿舍为单位分组。

(2) 教师与室长进行沟通,使其了解活动流程,各寝室在室长的带领下按照以下步骤展开讨论。

① 室长提出讨论主题——宿舍中有哪些因素引发了寝室矛盾? 要求小组讨论,时间为5 分钟。

② 每个小组选出代表,介绍其小组讨论中最常提到的宿舍矛盾。

③ 室长提出新的讨论问题:如何改善各小组提出的寝室矛盾? 讨论时间为5 分钟。

④ 讨论结束后,室长做出总结:寝室内的矛盾是难以避免的,每个人都有自己的性格和习惯,大家应该彼此尊重包容,齐心协力,一起解决宿舍矛盾。最后,在室长的带领下,寝室成员一起制订一份宿舍公约,宿舍每个人保证一起遵守。

模块七　亲密关系

【心理箴言】

关　雎

关关雎鸠，在河之洲。窈窕淑女，君子好逑。

参差荇菜，左右流之。窈窕淑女，寤寐求之。

求之不得，寤寐思服。悠哉悠哉，辗转反侧。

参差荇菜，左右采之。窈窕淑女，琴瑟友之。

参差荇菜，左右芼之。窈窕淑女，钟鼓之乐。

——（先秦）《诗经》

【分析解读】

爱情，是人类永恒的旋律，是岁月赋予人类的美妙乐章。历代文人亦挥毫泼墨，竞相颂扬，将这份世间美好的情感描绘得美轮美奂，散发出千种风情，它们或浅吟低唱，或优雅从容，或凄婉忧伤。《关雎》是《诗经》中的开篇，歌咏一位青年对理想心上人的苦苦追求，深情而文雅。可以说是家喻户晓的作品，在中国文学史上占据特殊的位置。

【学习提示】

(1) 了解爱情的特征与生理机制。

(2) 能解决恋爱中遇到的各种困扰。

(3) 树立正确的性心理健康观念。

专题一　异性交往及爱情

【案例导入】

爱情还是友情？

我和他是同班同学，也是同乡。第一次开班会，我和他分在一组，从此就熟悉了。因为是老乡，感觉比别的同学更亲近一些，我有什么事都愿意找他帮忙。后来，也不知道从什么时候开始,我们开始像男女朋友一样交往了。也许因为开始得太糊涂,我们注定不会有结果。在交往了大概两个月后,我们闹别扭多了,争吵也多了,彼此发现不太适合对方。再想回到起初那种单纯的关系中已是不可能了,我觉得很可惜。

启示:一段感情是爱情还是友情,或是两者的交织? 友情要不要过渡为爱情,抑或听之任之,顺其自然? 相信这是令很多大学生困扰的话题。友情可以发展为爱情,但并不是每一段友情都可以,也不是越深厚的友情越可以。案例中两位主角的错误在于把一段本不该转化的友情变成了爱情,结局也只能是草草结束,在失去恋人的同时失去了好朋友。因此,在开始一段感情之前,我们最好先培养好自己爱的能力。

校园是一个容易产生童话的地方,几乎每个人都有着罗曼蒂克的想法,也各自试图想要拥有属于自己的浪漫的爱情故事。然而爱情不是单纯的"头脑发热",更不是只凭着"一腔热血",爱情是需要学习与经营,接下来让我们来看看如何才能拥有健康完整的爱情。

【心理讲堂】

亲密关系是人际关系的一种,指一种主体体验到的情感或身体上的亲近。在个人化的现代社会里,注重情感的坦白和沟通,相互间的深知和了解是亲密关系的核心,同时也反映了人类对自由和安全的矛盾需求。广义的亲密关系包括双方感情上的亲近和依赖程度,这种关系可以延伸至朋友关系、家庭关系等,而狭义的亲密关系则主要指伴侣关系,即两性之间的婚姻关系和恋爱关系。本模块中的亲密关系指的是狭义的两性间的恋爱关系。处理好恋爱中的问题,提升爱的能力,树立正确的恋爱、婚姻、家庭观念是青年学生必须面对的必修课程。全面性教育着眼于安全的性,帮助年轻人认真对待有关亲密关系的决策。

一、爱情的内涵及特征

(一)什么是爱情

爱情是人际吸引最强烈的形式,是身心成熟到一定程度的个体对异性个体产生的有浪漫色彩的高级情感。马克思主义认为:"爱情是男女双方之间基于共同的生活理想,在各自内心形成的相互倾慕,并渴望对方成为自己终身伴侣的一种强烈的、纯真的、专一的感情。"

【案例分享】

杨绛与钱锺书令人羡慕的爱情故事

杨绛和钱锺书是中国文坛上的爱情典范,两个人从一见钟情到相伴终生的故事曾经羡煞世人。门当户对,举案齐眉,相濡以沫,白头偕老,所有美好的词对于他们夫妻来说都适用。他们两个人的爱情故事读起来是一种美好的享受,也会让我们体会到什么是幸福的婚姻。他们向世人诠释了爱情的浪漫与温馨,以及婚姻的相濡以沫。

杨绛与钱锺书一生相伴60余年,从学生时代一直携手走向生命的终点。钱锺书离世时留给杨绛的最后一句话是:"好好活。"这句话支撑了杨绛往后的18年。

对于现代婚姻,杨绛曾给出这样的建议:"我是一位老人,净说些老话。对于时代,我是落伍者,没有什么良言贡献给现代婚姻。只是在物质至上的时代潮流下,想提醒年轻的朋友,男女结合最重要的是感情,双方互相理解的程度。理解深才能互相欣赏、吸引、支持和鼓励,两情相悦。门当户对及其他,并不重要。"

钱锺书曾形容杨绛是"绝无仅有地结合了各不相容的三者:妻子、情人、朋友"。而杨绛在钱锺书去世后也写道:"我们仨失散了,留下我独自打扫现场,我一个人思念我们仨。"就是这样一份从相识、相爱到相守的感情,惊艳了时光,温柔了岁月。

钱锺书曾写给杨绛一句这样的话:"没遇到你之前,我没想过结婚;遇见你,结婚这事我没想过和别人。"

人生不可能一直快乐,有欢乐就有痛苦。他们也经历过一段痛苦的岁月,就像杨绛在《五七干校》中写的那样:"相互扶持着走过来了,一直过着平淡而温馨的生活。他们一起读书,一起写文章,一起品茶散步,直到'我们俩'都老了。"

启示: 在如今这样一个什么都追求速度的快节奏的社会中,就连爱情也追求快,就像一阵龙卷风来得快,来得猛烈,退却后只剩下一片狼藉的萧条,这样的世界似乎越来越不懂爱。反而更加让人开始怀念从前那种日色消退的慢节奏,车、马、邮件都很慢,一生只够爱一个人的浪漫。希望大家都能遇到一份像钱锺书和杨绛一样的持久绵长的爱情、幸福而温馨的婚姻。

（二）爱情的特征

1. 专一性

爱情具有排他性,排他性是爱情最大的特点,它源于爱情的自然属性,即基于性爱基础之上的一种自发的心理倾向。排他性往往表现为对恋人与其他异性亲密关系的排斥。它强调恋爱双方要建立专一的情感,彼此忠诚,不能朝三暮四、三心二意,否则容易引起猜疑与不信任感,对恋情造成破坏。

2. 持久性

爱情不是交往双方因一时冲动而产生的,而是两人经过相互了解和深入思考,在产生激情的基础上形成的真挚的情感。爱情所包含的认知成分与情绪成分存在于整个恋爱的过程当中,爱情会随着时间不断深化。真正的爱情不会因为时间和环境的改变而轻易改变,它会随着岁月的流淌不断升华。

3．互爱性

爱情是男女双方在思想品德、性格爱好、仪表风度和文化素养等方面相互倾慕,是经过较长时间的接触,在彼此相互了解、相互尊重的基础上自愿建立的情感关系。恋爱双方既是爱者,又是被爱者,彼此之间相互关怀、相互理解、相互包容,具有共同的理想、共同的价值观、共同的思想和感情。

4．平等性

真正的爱情是建立在男女之间自愿基础上的互爱,是对对方的倾慕与无私付出,同时得到对方爱的回馈,而不是依靠外在因素的干预。在爱情中,两人应是平等的、互相尊重的,没有一方能凌驾于另一方之上。

二、关于爱情的心理学理论

关于爱情,心理学家们有着不同的见解,进而提出了不同的理论。其中最著名的是斯滕伯格的爱情三角形理论。这个理论是由美国著名心理学家罗伯特·斯滕伯格运用定量分析与定性分析相结合的研究方法,在进行大量文献综述和实证研究的基础上提出的。斯滕伯格认为,爱情是由亲密(重视彼此的喜欢、理解与期待)、激情(魅力与性吸引)以及承诺(决定发展稳定的关系)三个因素组成的三角形,如图7-1所示。

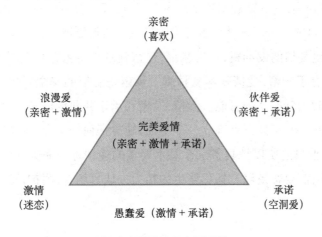

图7-1 爱情的三角形理论

(1)亲密。亲密是指伴侣间心灵接近、相互契合、相互归属的感觉,属于爱情的情感成分。

(2)激情。激情是指强烈地渴望与伴侣结合,促使关系产生浪漫和外在吸引力的驱动力,是与性相关的动机驱动力,属于爱情的动机成分。

(3)承诺。承诺包括短期和长期两个部分,短期的部分是指个体决定去爱一个人,长期的部分是指为维持亲密关系所做的持久性承诺,属于爱情的认知成分。

罗伯特·斯滕伯格这里所用的"成分"一词并非指代心理过程,而是说人类的爱情可以从上述三个方面来加以描述和区分,或者干脆称之为三个维度似乎更为恰当。根据这三个成分在爱情中的多寡情况,可以把人类的爱情关系区分为 8 种类型（如表 7-1 所示,其中正号代表成分的存在,负号代表成分的缺失）。

表 7-1　罗伯特·斯滕伯格爱情三元理论的爱情组合

爱 的 种 类	亲 密	激 情	承 诺
非爱	无	无	无
喜欢	有	无	无
迷恋的爱	无	有	无
空爱	无	无	有
浪漫的爱	有	有	无
友爱	有	无	有
愚蠢而不自知的爱	无	有	有
完美的爱	有	有	有

不同的爱情可以用不同形状、不同大小的三角形来描述,即三角形的面积表示爱情的多少,三角形的形状表示爱情的三种成分之间的相对关系。等边三角形表示平衡的爱情,因为代表各个成分的顶点到三角形重心的距离相等。不等边三角形代表不平衡的爱情,哪个顶点到三角形重心的距离最长,就表明哪个是主导成分;哪个顶点到三角形重心的距离最短,就表明该成分的不足或缺少。这就是该理论的基本三角形原理。

有人说,激情是爱情的发动机,没有激情,爱情就缺少了生存和发展的原动力;亲密是爱情的加油站,没有了亲密,爱情就容易枯竭;承诺是爱情的安全气囊,没有了承诺,爱情就多了几分危险,时刻有崩溃的可能。激情、亲密和承诺共同构成了爱情,缺少其中任何一个要素都不能称为爱情,正如三点确立一个平面,缺少任何一个点,这个唯一的平面就不存在。罗伯特·斯滕伯格之所以把具备三个基本要素的爱情称为完美式爱情,是因为建立一段稳定、持续的爱情需要恋爱双方耗尽毕生的精力去认真培育、呵护,那将是一项贯穿人生的浩大工程。

三、青年学生爱情的特点

青年学生处于 18 ～ 25 岁的成年早期,具有建立亲密感的强烈需求,而和异性之间萌生爱情,是这一阶段生命力苏醒的呼唤。可以说,大学阶段萌发爱情已经不再是青春期的青涩,如果能够精心维护,爱情就成了在大学生心底响起的一种最甜蜜、最温柔的音乐。但是,大学生恋爱也是一把双刃剑,因为大学的时间是一个常量,你精力的分配将决定你未来的发展。因而是否可以恋爱并非一个绝对的规定,它与个体的身心成熟与社会性成熟有关。比如你对恋爱的心理预期与失恋的心理承受力是需要提前考虑的。

（一）青年学生爱情的独特性

青年学生爱情有着其独特性,主要表现在以下五个方面。

1. 恋爱的单纯性

多数学生恋爱如同琼瑶笔下的男女主人公,没有现实生活的压力,男女的第一要务就是认认真真地恋爱。爱情暂时没有受到现实生活的冲击,更重视精神层面的相互认同。

2. 恋爱的冲突性

青年学生面临自身发展的压力,如考研、就业、经济、学业、人际关系,恋爱是需要大量心理能量的,学业压力、成长压力特别是性压力,对恋爱的双方都是巨大的心理与意志考验。

3. 恋爱表达的自然与随缘性

今天的青年学生更多地相信缘分,当面对无法解释的情感纠葛时,大多学生会以缘来缘去解释情感的变化。

4. 恋爱理性与感性并存

青年学生在选择自己的恋人时,既有感性的冲动,更有理性的思考。更加考虑双方是否合适,将两人在一起非常快乐的感觉列在重要位置。而对未来生活的规划显得心理准备不足,当面临职业选择等人生重大课题时,恋人常因不能长相守而劳燕分飞。

5. 爱情的多元化

传统的爱情理念在今天的大学校园受到空前的挑战,部分大学生更重视爱情的即刻性,将恋爱作为一项独立的人生任务而非与婚姻等长久的人生目标相连。爱情的多元化随着网络的发展,使大学生恋爱不再如此严肃而神圣。

（二）大学生爱情的异化

爱情的季节里,对爱情的渴望往往会令大学生迷失自我。大学生首先需要澄清的是什么是爱情,避免出现以下异化的爱情。

1. 偶像化的爱情

偶像化的爱情倾向于把自己所爱的人"神化",进而产生疯狂地迷恋,在这一过程中,容易在被爱者身上失去了自己,而不是找到自己。从长远观点看,没有一个人能符合崇拜者心愿,当然不可避免地会出现失望,而解决这一问题的方法是寻找新偶像——这种偶像式的爱情在最初的体验具有强烈性与突发性。而这种爱常常被误以为是真正伟大的爱情。

2. 完美的爱情

这种爱情的本质只能存在于想象中,而不是存在于同另一个人实实在在的结合中。我们常常将恋爱的对方想象得极其完美,特别是校园爱情被称为"真空爱情"或"玻璃爱情",就是因为大学生扩大了爱情的完美性而忽视了其现实性。当真实的生活摆在面前时,大学生的爱情显得脆弱不堪。

3．爱的投射

当恋爱失败或受挫后,自己将注意力放到"所爱者"的错误和缺点上,对他人的细微错误的反应十分灵敏,而对自己的问题与弱点却不闻不问。他们考虑更多的是如何指责对方或者教育对方。那么,二者之间的爱情关系就成为相互投射。事实上,当恋爱受挫后,当事人需要认真反思自我,而非投射。

4．爱情的非理性观念

爱情的非理性观念主要有以下十类:

(1) 没有爱情的大学生活是失败的;

(2) 爱情是靠努力可以争取到,即付出总有回报;

(3) 爱不需要理由;

(4) 因为相爱而发生的性关系无可非议;

(5) 恋人是完美的,爱情是至高无上的;

(6) 爱是缘分也是感觉;

(7) 不在乎天长地久,只在乎曾经拥有;

(8) 爱情重在过程不在结果;

(9) 爱情能够改变对方;

(10) 失恋是人生重大的失败。

由于受非理性观念的影响,部分大学生将恋爱置于其他重要人生任务比如学业之上,甚至因为爱而荒废了学业。有的学生坚信爱情中付出总有回报,做爱情的守望者,耐心地等待,有的甚至采取极端举措。"我一直在努力,为什么得不到她的爱?""我只是默默地爱他,我不在乎他是否在乎我""为什么随着交往的深入,我发现他不是我生命中等候的人"等,都是受到自己头脑中非理性观念的影响。

5．产生于孤独无助时的爱恋

爱情产生于何时我们无法精确计算,但很多悲剧产生于开始,因为开始本身就意味着错误。特别是大学新生,来到陌生的城市,面对陌生的环境,显得无助与孤独,此时,可能一声问候、一束鲜花都会令孤独无助中的你感动之极。要记住:在孤独无助时,更需要广泛的社会支持,如友情,而不一定是爱情。"英雄救美"的悲剧就始于此。

四、做好迎接爱情的准备

校园里的大学生,很多都有自己的爱情,但是在恋爱动机上不一而足。可以说,相当多的大学生在还没有真正领悟到爱的真谛之前,就盲目地闯入了爱情花园,上演着一幕幕爱情悲喜剧。但是,也有一部分大学生相对理性,为了让自己拥有一份真挚持久的爱情,他们会认真地思考一个问题:我可以恋爱了吗?

大学生尽管生理成熟,但因为还承担着繁重的学业任务与未来发展的任务,因此需要更多的时间发展自我。当爱情的脚步靠近时,他们可能无法逃避,但他们拥有选择的权利。对于爱情,你准备好了吗? 你可以从以下几个方面做出基本的考量。

(一)心理发展相对成熟是大学生恋爱的必备条件

情绪不够稳定,自我评价不够客观,挫折承受能力弱等,都是大学生心理发展不够成熟的表现。大学生在心理发展不成熟的情况下谈恋爱,容易将爱情简单化、片面化、理想化和浪漫化,并造成许多令人担忧的问题,如精力投入过多,影响学业;恋爱受挫时不能自拔,进退两难;恋爱中情绪波动太大,影响正常生活等。因此,心理发展相对成熟是当代大学生恋爱的必备条件。

(二)人生观相对稳定是大学生恋爱时机成熟的标志之一

人生观是人生目的、人生价值和人生态度的统一,是一个人对自己的人生目的和意义的根本看法和态度。人生观决定恋爱观,不稳定的人生观将导致不正确的恋爱观,容易使大学生在恋爱时对爱情与事业、爱情与集体、爱情与道德的关系等问题缺乏科学的认识,对恋爱行为要承担的社会责任、家庭义务及恋爱的道德要求等缺乏充分的思想准备和心理承受能力。

(三)相对牢固的学识基础是大学生恋爱的前提条件

在大学里,爱情固然重要,但与学业相比,它只能居于次要位置,因为学业才是大学里的首要任务。在当代大学生中存在一种现象:很多大学生认为爱情和学业一样重要,认为自己可以两者兼顾,结果却在恋爱上投入了太多的时间和精力,最终将学业、生活搞得一塌糊涂。因此,何时可以恋爱,就要问问自己是否已经具备了相对牢固的学识基础,自己能否处理好爱情和学业的关系问题。

(四)相对丰富的社会阅历是大学生恋爱的社会基础

一些大学生社会阅历少,挫折承受力弱,抵御社会不良文化影响的能力弱,对爱情的分析和判断容易出现偏差,对恋爱对象和爱情结局抱有过高的期待,常常充满理想主义和浪漫主义色彩。有的大学生在恋爱交往中感情用事,容易上当受骗,在被不怀好意的人玩弄感情后产生报复心理甚至开始游戏人生。这些都与大学生社会阅历欠缺有关。因此,相对丰富的社会阅历是大学生恋爱的社会基础。

（五）相对独立的经济条件是大学生恋爱的经济基础

很多人认为，恋爱谈钱很俗，爱情与钱没有关系。这种想法并不正确。因为大学生一旦开始恋爱，不仅要付出大量的时间和精力，同时也必然要花费一定的财力和物力。恋爱中的大学生日常开销往往会明显提高，穿衣打扮、交往、通信、吃饭和娱乐等活动都需要以经济为基础。所以有人说，如果你是拿着一天三餐吃饭的钱在谈恋爱，还是尽快放手吧，给自己、给对方、给家人以解脱。的确，恋爱是精神享受，但也需要物质基础，不考虑物质基础的恋爱，是柏拉图式的精神恋爱，这种心灵上的"迷狂"如同空中楼阁一样缥缈不定。

五、做好正常异性交往

异性同学间的正常交往，有利于破除对异性的无知和好奇，增进对异性的了解；有利于丰富情感体验；有利于社交能力的培养，可以使性能量在合适的人际渠道中以升华的方式得以合理宣泄。

（一）异性交往的原则

1．健康、文明的原则

异性同学之间说话要文明，切忌说粗话、脏话；举止要大方，对待异性不可拍拍肩膀、打打闹闹、随便轻浮；尊重对方，不可拿对方开心取乐，甚至不尊重异性感情。

2．选择场所与时间适当的原则

与异性同学交往，不可在阴暗、偏僻的场所，而应在公共场所；不可在晚上单独交往，以防止各种性意向的想法或行为发生；到异性宿舍，应得到准许，且不应停留过长时间。

3．保持一定距离的原则

男女异性交往本身有一种自然吸引力。因此，若男女同学交往距离太近，且身体接触，人的性器官会感受到刺激而产生条件反射，出现性冲动甚至越轨行为。因此，男女学生接触，应注意保持一定距离，这也是一种礼貌。遵循这些原则就能使男女同学之间的交往保持文明、积极的氛围，并能避免一些不当行为的出现。

（二）异性正常交往的艺术

（1）在异性交往中，不能带有实用主义和功利主义的目的，也不能带有性攻击的动机和强制性。

（2）异性之间交往要保持一定的距离，因为距离产生美。

（3）异性之间交往还应具有自己独特的风度，这是自己在与异性交往中保持永恒魅力的法宝。

（4）异性之间交往还应自信而坦诚，坦诚是异性交往的最佳艺术。

（5）要克服异性交往的心理障碍。

（6）异性之间交往要讲究礼仪和注意小节。

【知识链接】

如何与异性同学交往

大学生在与异性交往的过程中，双方都得到友谊和教益，但也容易遭到误解，以致出现不愉快。那么，大学生怎样才能避免在与异性同学交往时出现麻烦呢？

一要注意保持一定的人际距离。过密的交往容易弱化双方的理智，导致对这份情感想入非非，有时候即使你不想，对方也可能这么想。所以，和异性交往时，不要刻意追求那种同性朋友之间的亲密感。

二要相互信任，相互尊重。由于男女之间在气质、性格、身体、爱好等方面都有着较大的差异，因而异性间的交往是非常敏感的，这就需要异性同学在交往过程中相互信任，相互尊重，这样男女同学之间的真诚友谊才有保障。

三要举止大方，不能过于随便（包括衣着、谈吐、举止）。我们既要反对男女之间"授受不亲"的传统观念，又要注意"男女有别"的客观事实。男女同学之间只要是正当的、纯正的友情，完全可以堂堂正正地来往，但一举一动都要大方得体，不能过于随便；交往不要局限于生活琐事，应多一些学业上的互帮互助和思想上的沟通；语言上不能流于轻浮；行为上不能总是打打闹闹，要举止文雅、落落大方。

四要从思想和行为上分清友谊与爱情的界限。因为人总是有感情的，友谊和爱情之间并没有一条不可逾越的鸿沟。超过一定的限度，兴许你自己也分不清是友谊还是爱情了。

五要多在集体活动中交往，若是单独相处，一定要注意选择好环境和场所，尽量不要在偏僻、昏暗处长谈。如果在房间里单独相处，不要插门或锁门，以免引起他人的猜测或误解。

六要相处中的女同学要自尊、自重，男同学要有自制力。人际交往的两性道德原则是必要的。女生在与异性相处时，一定要保持自尊、自爱的美德，善于自我保护。男生应更加谨慎，善于克制，避免意外情况发生。

七要选择共同感兴趣的话题，创造和利用协调、随和的气氛。比如，对于不太熟悉的人，面对面的交谈就不如侧面交谈自然。

八要避免异性交往的认知偏差或主观求证，以避免误会。比如，不要把对方礼节性的一笑理解为深情一笑；不要把大家在一起无意闲聊当成有意搭讪；不要把无意的四目相会理解为眉目传情；也不要把工作上发表赞同意见当作心有灵犀等。

【心理活动】

爱的类型判断

一、活动目的

能够运用罗伯特·斯滕伯格爱情三元理论判断情感类型。

二、活动时间

20分钟。

三、活动内容

在表7-2的第一列写下自己喜欢的人的名字（可用代号表示），然后对照罗伯特·斯滕伯格提出的三个要素打"√"，判断自己与他人之间的情感类型并画出你们的爱情三角形。自己可以选择是否与他人讨论这个表格的结果。

表7-2 罗伯特·斯滕伯格情感类型判断表

姓名	亲密	激情	承诺	情感类型

专题二　建立良好的亲密关系

【案例导入】

以爱之名，治爱之殇

女大学生李某，21岁，从小父母在外地打工，每年仅回家一次，平时与父母沟通联系较少，她由爷爷奶奶在老家抚养长大。高中同学王某很关心李某，而李某也很依恋他，于是两人确立恋爱关系。在两人进入同一所大学后，李某对男友更是言听计从。远离家人，男友提出同居，李某开始不同意，但男友以分手相威胁，李某妥协了。为了男友，她曾做过两次人工流产，学习成绩也受到很大影响，迟到、早退、旷课现象增多，造成多门课不及格。李某很担心男友如果哪一天离开自己，自己就没有活路了，她感觉小时候父母不够关心自己，爷爷、奶奶已经年迈，而男友才是自己唯一的倾诉对象。大学二年级下学期，男友和另一名女生来往密切，对李某逐渐冷淡，尽管李某委曲求全，但男友还是提出了分手。李某曾给男友写过十几封信、打过无数电话，承诺自己可以为男友做一切事情，但男友还是没有回头。李某失眠、健忘，学习无兴趣，曾一度想过自杀。

启示： 李某没有很好地鉴别什么是真正的爱情，而且作为女性也没有学会在恋爱中保护自己，并不懂得如何面对男友提出的不合理要求。

【心理讲堂】

爱情本来是美好而又纯洁的情感，每个人都渴望自己能得到美好、幸福的爱情。费洛姆说："爱是一种能力，也是一种艺术，更是一个人的终身任务。"恋爱的过程是培养爱的能力的过程。具备了爱的能力，才能使自己真正体验到爱给人带来的快乐和幸福。

一、培养爱的能力

培养爱的能力，包括发展爱、鉴别爱、接受爱、表达爱、拒绝爱、保持爱情长久、解决爱的冲突以及提高恋爱挫折承受八个方面的能力。

（一）发展爱的能力

埃里希·弗罗姆在《爱的艺术》中说："所有领域里都能保持创造性和移动性，倘若在其他领域消极无能，他在爱的领域也必将重蹈覆辙。"培养爱的责任，发展爱的能力，不仅把阳光放在爱的领域，也放在其他非性爱的领域。"发展爱的能力，并不是非要具体到对某一异性的爱，可以是更广泛意义上的爱。我们的亲人、同学、朋友、祖国和人民，都值得我们去热爱。"发展爱的能力，就是要培养无私的品格和奉献精神，有效地化解消除恋爱和生活中的矛盾纠纷，为恋人负责，为自己负责，为社会负责，才能创造出幸福美满的婚恋。

（二）鉴别爱的能力

鉴别爱是指当事人能较好地分清什么是好感、喜欢和爱情。有鉴别爱的能力的人，是个自信且懂得尊重别人的人。有鉴别爱的能力的人会自然地与别人交往，主动扩展交往的范围，珍惜友谊，会尽量多地体验他人的感受。过于自我孤立，则大多会站在自我的角度考虑问题，往往会对他人和自我感受的认识发生偏离。

（三）接受爱的能力

一个人面对别人的示爱，能及时准确地对爱做出判断，并做出接受、谢绝或再观察的选择，这也是一种爱的能力。大学生要具备迎接爱的能力，就应懂得爱是什么，有健康的恋爱价值观，知道自己喜欢什么，需要什么，适合什么。就应对自己、对他人、对万事保持敏感和热情，就应主动关心他人，热爱他人。当别人向你表达爱时，能及时准确地对爱的信息做出判断，坦然地做出自己的选择。

（四）表达爱的能力

表达爱需要勇气，需要信心。不同的人会喜好不同的爱的表达方式。除了要学会表达爱，也需要学会辨识对方的表达方式。每个人偏好的表达方式都不同，但不要刻意地表达爱意。研究发现，当一个人刻意地对他人做出维持关系的举动时，对方能察觉到这种刻意。而一旦人们认为某种行为别有目的，便会保持警惕和距离。此外，爱的表达也需要不断地练习。如果不开始试着展现爱意，人们始终会对爱的表达感到陌生和焦虑。

（五）拒绝爱的能力

有爱的能力的人不是对爱来者不拒，或者将认为不是自己的爱就简单地拒之门外。拒绝爱的能力，一是表现为对他人的尊重，要感谢对方对自己的欣赏和感情；二是要态度明确，表达清楚，即和对方只能是什么样的关系，同学还是一般朋友，或者什么都不是；三是行动与语言要一致，可能有些同学怕对方受伤害，虽然语言上拒绝了对方，但是行动上还与对方有较亲密的接触，如一块儿去看电影或吃饭等，这就容易使对方误解，对方会认为还有机会，还纠缠在与自己的情感中。

（六）保持爱情长久的能力

保持爱情长久的能力，需要上面多种能力的综合。爱需要两个人真正地关心对方，走进对方的内心世界，以对方的快乐为自己的快乐。要保持爱情的常新，需要智慧、耐力、持之以恒及付出心血。

（七）解决爱的冲突的能力

爱的冲突一方面来自日常生活中的不一致，或不协调；另一方面可能来自性格的差异。相爱的人不是寻求两人的一致而是看如何协调、合作。爱需要包容、理解、体谅，并且要学会用建设性的方式去解决冲突。沟通是一种非常有效的方式，恋人间需要有效的沟通，以表达清楚自己的思想、感受。伤害性的争吵或者冷战都不利于问题的解决。

（八）提高恋爱挫折承受能力

恋爱受多种因素的制约，因而在追求爱情的过程中遇到各种波折是在所难免的。恋爱心理挫折对心理承受能力就是一种考验。如果承受能力较强，就能较好地应对挫折，否则就有可能造成严重后果。因此，大学生提高恋爱挫折承受能力对心理健康是非常重要的。

二、树立正确的恋爱观

恋爱观是指人们对恋爱问题所持有的基本观点和态度，是一定社会条件下的经济关系和道德关系的产物。健康的恋爱观是理想、道德、义务、事业和性爱的有机结合，包括建立正确的认知和择偶标准，摆正恋爱、爱情与事业、发展友谊的关系，提倡志同道合式的爱情，选择健康的恋爱行为方式等。不正确的恋爱观会给双方带来一系列交往问题,乃至会为将来的婚姻生活埋下隐患。

(一)摆正爱情的位置

对于青年学生而言,大学阶段是人生的黄金时代,一生的事业在这里奠基,成才的希望在这里起步,大学生应以学业为主,爱情次之。大学生应树立崇高的理想,不应只有"儿女情长"而没了胸怀大志。大学生正确认识、对待和处理爱情与学业的关系,主要表现在如何正确认识、处理恋爱和学习的关系,正确处理恋爱与集体活动、社会工作的关系,正确处理恋爱与其他同学的团结关系等方面。

(二)真诚的态度,平等的相爱

爱情是建立在恋爱双方相互理解与尊重的基础上的,因此双方应以诚相待,绝不能伪善与欺骗,更不能持有不良目的。恋爱的双方要尊重对方的情感和人格,不能把恋人当作自己的私有物,侵犯恋人的个人自由,诋毁恋人的人格尊严。爱情的双方不仅要自尊自爱,还要相互尊重与体谅,这样才能成为并肩作战的亲密战友。

(三)严肃认真,忠贞专一

恋爱是涉及双方终身幸福的事情,因而当事人都要秉持严肃认真的态度,不能朝三暮四,见异思迁。恋爱关系一经确定,就要忠实于伴侣,爱情要专一,这是恋爱道德的基本要求。爱情的专一,要求男女双方都要承担一定的道德义务和道德责任,不能变化无常,轻率转移爱的对象,爱情不能同时献给两个人。只有专一,两人的爱情才能长久。

(四)爱与责任相统一

爱不仅仅是一种权利,更是一种责任和义务。爱的权利与义务不可分割,不能只享受爱的权利,而不履行爱的责任与义务。爱是一种给予,包含对对方强烈的责任感,恋爱的双方所作所为须向对方负责,这也是恋爱道德的基本要求。

(五)积极参加社会实践,提高自己的人际交往能力

爱情体现着人与人之间一种特殊的人际关系,良好的人际交往能力是健康恋爱心理形成的必要条件。积极参加各种社会实践活动,有助于锻炼大学生的社会适应能力,丰富自己的社会阅历,提高自我认识水平和自我控制能力,从而塑造良好心理素质,提高人际交往能力,形成健康的恋爱心理。另外,人际交往能力的提高,使大学生在遇到困难时能够获得更多的社会支持,降低由于恋爱挫折造成的消极影响。

作为当代大学生来说,为了自己的爱情之花盛开不败,要建立正确的爱情观,选择合适的恋爱动机和适合的恋爱对象,培养正确的行为方式,塑造自身良好的人格,这样才能酿造出甜蜜的爱情美酒。

三、恋爱中的相处模式与冲突处置

（一）恋爱中的相处模式

（1）相互依赖、相互影响，双方的思想、情感、行为会产生交互作用。

（2）双方联系交往频繁，喜欢经常待在一起。

（3）双方有很深的情感卷入，对方成为自己心理自我的一部分。

（4）交往过程中更不介意共享与付出。

（5）亲密感增强，表现为广泛的自我暴露，相互理解，相互关心，相互接纳。

（6）双方更愿意对关系投入和承担，更多表现自己是可靠的、负责的和可以信任的。

（二）正确处理恋爱中的冲突

在亲密关系中，冲突是在所难免的。但是冲突的形式却不尽相同，有些直接表现出愤怒和敌意，有些则是隐性的，从未公开表达的。比起没有被表达的冲突，直接发生的争吵对关系有更多积极的作用，它能满足人们在关系中自我表达的需求。

人们应对冲突会做出种种反应。有些反应具有破坏性，会不利于亲密关系；而有些反应则具有建设性，有利于维持和提升亲密关系。有些应对方式是主动、公开地面对争端；而有些应对方式则是被动的，试图绕过问题。

按照"破坏性、建设性""主动、被动"两类维度，心理学家卡瑞尔·鲁斯布尔特将亲密关系中应对冲突的方式分成退出、忽视、忠诚和协商四类，如图7-2所示。

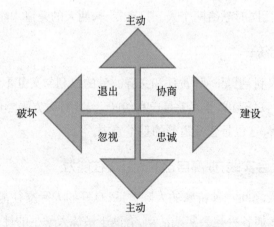

图7-2 亲密关系中应对冲突的方式

退出是以主动的，但却是破坏性的方式来应对冲突，强硬地要求伴侣服从自己，为自己妥协。例如，威胁结束关系，提出对抗性的问题，或是做出粗暴、恶意的反应，如大喊大叫或对伴侣大打出手。它被称为退出，是因为这种关系中，以这种方式应对冲突的人，一旦冲突发生，就直接退出关系，没有做出任何努力来解决冲突。

忽视是以消极的方式应对冲突，眼睁睁地看着情况恶化下去却坐视不管。例如，避免和伴侣讨论关键性的问题，自顾自地与伴侣拉开距离；或是不直接和伴侣起冲突，改为因为和冲突无关的事指责伴侣。回避冲突的人，甚至会用其他不利于亲密关系的方式来缓解焦虑，如出轨。

忠诚是一种被动但有利于亲密关系的反应，忠诚者并不会主动交流，只是乐观地等待境况的改善。忠诚与忽视的区别是，在面对伴侣的沟通要求时，忽视者会回避交流，打断对方的话，或者就是不肯谈论与冲突有关的问题，而忠诚者并不回避交流。当伴侣发起讨论或批评时，忠诚者会温和地进行反驳，或者坦率地说出自己的想法。

协商是积极应对冲突的方式，试图通过沟通来恢复或改善亲密关系。协商者会与伴侣共同讨论问题，而当协商者觉得两个人不足以解决问题时，他们也会积极寻求第三方的帮助，如朋友或婚姻咨询师等。进行协商的伴侣们，更容易达到积极结果，如达成一致、双方折中，或是一起找出更好的方法。

无论是忠诚还是协商，建设性的应对之所以有利于亲密关系，关键在于它们会开启沟通的正面循环。人们做出建设性回应，加强了伴侣的信任，提升了伴侣做出同样回应的意愿，于是又反过来鼓励人们更多地做出正面回应，如此不断循环下去。

【案例分享】

了解自己与对方表达爱的方式

北美著名的婚姻辅导专家盖瑞·查普曼博士指出，了解与沟通双方爱的表达方式是很重要的。不同的人会喜欢不同的爱的表达方式，这就像不同地区的人会使用不同的语言。我们都有自己最先习得的爱的表达方式，就像每个人都有母语一样。而双方爱的表达偏好不同，会使得一方觉得自己已经努力表达爱意了，另一方却总觉得不够，从而产生不满与冲突。像两个语言不通的人彼此无法沟通，感情就在沟通不畅中破裂。所以，很多时候不是你表达得不够或是做得不好，而是因为你们没有了解和学习彼此的爱的表达方式，没有做出有效的爱的沟通。盖瑞·查普曼博士还认为，要改善这点，关键是我们得站在对方的角度上，了解对方喜欢什么，而不只是拘泥于我们自己偏爱的爱的表达。也许对方给你的关怀不是你最喜欢的，却是对方心目中最美好的东西。人们需要就此进行沟通和交流，确保双方没有误会彼此的付出，并根据双方的喜好调整爱的表达。我们除了要学会表达爱，也需要学会辨识对方的表达方式。每个人偏好的表达方式都不同。比起强迫对方按照自己偏好的方式去表达，不如接受和享受对方的表达方式。当然你也可以提出你的期望，对方如果爱你，也会愿意做出一些调整，但必须是双方共同做出一定程度的妥协，而不是一方无穷尽地刻意逢迎对方。应把爱的表达变成一种日常习惯。

启示：爱的表达也需要不断地练习。越表达，越会表达。如果不试着展现爱意，人们始终会对爱的表达感到陌生和焦虑。就像当你第一次说"我爱你"时可能会感到别扭，但第100次说"我爱你"时会自然很多。不妨从今天开始，试着对你在乎的人表达爱意吧。

【心理活动】

恋爱观测试

一、活动目的

恋爱观就是对恋爱问题的看法。它表现为青年人对美的认知尺度、择偶的标准、恋爱的目的、使用的方式及对幸福伴侣的理解,等等。根据下面的测验题,看看自己的恋爱观是否正确。

二、活动时间

20 分钟。

三、活动内容

做选择题,每题只选一个答案,对照表 7-3 计算各小题的得分。

(1) 你认为恋爱作为人生一个极其重要的环节,其最终所达到的目的应当是 (　　)。

  A. 找到一个情投意合的爱侣   B. 成家过日子,抚育儿女

  C. 满足性渴望   D. 只是觉得新鲜有趣儿,没有明确的想法

(2) 男女单独做。

① 你是个小伙子,你对未来妻子的要求最主要的是 (　　)。

  A. 善于操持家务,利落能干   B. 面貌漂亮,风度翩翩

  C. 人品不错,能体贴帮助自己   D. 只要爱,其他一切都无所谓

② 你如果是个姑娘,你在选择丈夫时首先考虑的是 (　　)。

  A. 潇洒大方,有男子风度

  B. 有钱有势,社会活动能力强

  C. 为人诚实正直,有进取心,待人和蔼可亲

  D. 只要他爱我,其他都不考虑

(3) 你决定和对方确定恋爱关系时,所依据的心理根据是 (　　)。

  A. 彼此各有千秋,但大体相当   B. 我比对方优越

  C. 对方比我优越   D. 没想过

(4) 对最佳恋爱时间的考虑是 (　　)。

  A. 自己已经成熟,懂得了人生的意义和爱情的内涵,并且确定了事业上的主攻方向

  B. 随着年龄增长,自有贤妻与佳婿光临,"月老"不会忘记每个人的

  C. 先下手为强,越早越主动

  D. 还没想过

(5) 你希望自己是怎样结识恋人的? (　　)

  A. 青梅竹马,情深谊长   B. 一见钟情,难舍难分

  C. 在工作和学习中逐渐产生恋情 D. 经熟人介绍

(6) 你认为推进爱情的良策是 (　　)。

A. 极力讨好取悦对方　　　　　　B. 尽力使自己变得更完美

C. 百依百顺，言听计从　　　　　　D. 无计可施

（7）人们通常认为：恋爱过程是个相互了解、相互适应和培养感情的过程。既如此，了解、适应就需要花时间。那么，你希望恋爱的时间是（　　　）。

A. 越短越好，最好是"闪电式"　　B. 时间依进展而定

C. 时间要拖长些　　　　　　　　D. 自己无主张，全听对方的

（8）谁都希望完整全面地了解对方，你觉得了解他（她）的最佳途径是（　　　）。

A. 精心布置特殊场面，对恋人进行考验　　　B. 坦诚恳切地交谈，细心观察

C. 通过朋友打听　　　　　　　　　　　　D. 没想过

（9）你十分倾心的恋人，随着时间的推移，暴露出一些缺点和不足，这时你（　　　）。

A. 采用婉转的方式告诉并帮助对方　　B. 因出乎意料而伤脑筋

C. 嫌弃对方，犹豫动摇　　　　　　　D. 不知如何是好

（10）当你已初涉爱河之中，一位条件更好的异性对你表示爱慕时，你于是（　　　）。

A. 说明实情，挚情于恋人　　　　　B. 对其冷淡，但维持友谊

C. 瞒着恋人与其来往　　　　　　　D. 感到茫然无措

（11）当你久已倾慕一异性并发出爱的信息时，你忽然发现她（他）另有所爱，你怎么办？（　　　）

A. 静观待变，进退自如　　　　　　B. 参与角逐，继续穷追

C. 抽身止步，成人之美　　　　　　D. 不知道

（12）恋爱进程很少会一帆风顺，而你对恋爱中出现的矛盾、波折怎么看呢？（　　　）

A. 正确对待。既然已经出现，也是件好事，双方正好借此机会考验和了解对方

B. 感到伤心难过，认为这是不幸

C. 疑虑顿生，就此提出分手

D. 束手无策

（13）由于性情不和或其他原因，你们的恋爱搁浅了，对方提出分手，这时你（　　　）。

A. 千方百计缠着对方　　　　　　　B. 到处诋毁对方名誉

C. 说声再见，各奔前程　　　　　　D. 不知所措

（14）当你十分信赖的恋人背信弃义，喜新厌旧，甩掉你以后，你怎么办？（　　　）

A. 权当自己眼下认错了人　　　　　B. 你不仁，我不义

C. 吸取教训，重新开始　　　　　　D. 痛苦难以自拔

（15）你爱情坎坷，多次恋爱均告失败，随着年龄增长进入"老大难"的行列，你会选择（　　　）。

A. 一如从前，宁缺毋滥　　　　　　B. 厌弃追求，随便凑合一个

C. 检查一下择偶标准是否实际　　　D. 叹息命运不佳，从此绝望

四、评分标准

请通过评分表7-3得到各小题的得分，然后综合累加各小题的分值，得到本问卷的总得分。

表7-3 评分表

问 题	答 案			
	A	B	C	D
(1)	3	2	1	1
(2)	2	1	3	1
(3)	3	2	1	0
(4)	3	2	1	0
(5)	2	1	3	1
(6)	1	3	2	0
(7)	1	3	2	0
(8)	1	3	2	0
(9)	3	2	1	0
(10)	3	2	1	0
(11)	2	1	3	0
(12)	3	2	1	0
(13)	2	1	3	0
(14)	2	1	3	0
(15)	2	1	3	0

五、结果分析

(1) 35～45分：恋爱观科学正确。你是一个成熟的青年，你懂得爱什么和为什么爱，这是你进入情场的最佳入场券。不要怕挫折和失败，它们是考验你的纸老虎，终将在你的高尚和热忱面前逃遁。尽管大胆地走向你梦中的恋人吧，你的婚姻注定美满幸福。

(2) 25～34分：恋爱观尚可。你向往真挚而美好的爱情，然而屡屡失误，一时难以如愿。你不妨多看看成功的朋友，将恋爱作为圣洁无比的追求，不断校正爱情之舟的航线，这样你与幸福的爱情就相隔不远了。

(3) 15～24分：恋爱观需要认真端正。与那些情场上的佼佼者相比，你的恋爱观存在不少问题，甚至有不健康之处。它们使你辛勤播撒的爱情种子难以萌发，更难结甜蜜的果实。如果你已经贸然地进入恋爱，劝你及早退出。

(4) 答案出现7个以上0分：恋爱观还未形成。你或许年龄太小，不谙世事；或许虽已年龄不小，却天真幼稚。爱情对于你是一个迷惘可怖的世界，你须防备圈套和袭击。建议你读几本婚恋指导书籍，等心智稍许成熟些，再涉爱河不迟。

专题三　亲密关系问题及调适

【案例导入】

小林的恋爱遭遇

小林来自苏北的一个小城镇，家境虽不富裕，但也颇得父母的宠爱。高一的时候小林开始恋爱了，恋爱带来的甜蜜成了她和男朋友学习的动力，两人相互鼓励，希望都能考上省城的同一所本科院校。高考分数出来后，小林的男朋友如愿以偿，而小林只考上了本地的一所大学院校。看着录取通知书，小林很是伤心，自己觉得和男朋友的距离一下子拉远了，但此时，小林的男朋友却给了她很多的安慰和鼓励，这让小林的心情渐渐地好起来。男朋友要去省城的前一天，小林去男朋友家送别，恰巧男朋友的父母都不在家，男朋友说，这一别要好几个月呢，遂向她提出了性的要求。当时小林想，既然我们是相爱的，就不应当拒绝他，也没有太多的考虑就答应了。

最近一段时间，小林一直没有什么胃口，本该按时来的月经也没来，但她并不知道是怀孕了，直到听了女性生理讲座后，小林才觉得天要塌下来了。她给男朋友打了电话，男朋友也很紧张，建议她国庆放假去省城，男朋友陪她去找一家医院做人工流产。小林听了既担心又害怕，心里特别难受，觉得自己对不起父母，也害怕去医院做手术。小林开始睡不着觉，夜深人静的时候，常常望着窗外落泪。

启示： 由于学校、家长都不愿意和子女谈论有关性的话题，让小林和部分学生对性知识知道得很少。导致了部分学生在懵懵懂懂的爱情的驱使下，毫无保护地和异性发生关系。得知怀孕后，往往又会因为惧怕家人的责备、同学的歧视，而造成较大的心理压力和情绪波动。这个案例告诉我们：掌握性知识对于大学生来说是非常有必要的。女性都应该学会在与异性交往中保护自己，男性也应该知道如何在与女友的交往中尊重和爱护她。如果像小林那样发生了不想发生的事情，最佳选择应该是告知双方父母，并在父母的陪同下去正规医院做手术。

【心理讲堂】

识别恋爱中常见的心理问题，有助于培养健康的恋爱心理。同时，要树立健康的性心理。

一、青年学生恋爱常见的心理问题

青年学生在恋爱中可能会遇到单恋、爱情错觉、多角恋、网恋、失恋、婚前性行为等问题。

（一）单恋

单恋又称单相思，是指在异性关系中一方对另一方产生倾慕之情，但又不能告知对方或不被对方接受的一厢情愿的恋爱渴望。一些大学生遇到自己喜欢的异性,便会产生爱慕之情,但却不清楚对方的情感态度,因而会感到迷茫困惑,羞于表白,使自己陷入单相思的煎熬中。还有一些大学生坦率地向倾慕的对象表达自己的情感之后,却遭到对方的拒绝,挫折心理在短时间内难以调节,心理需求得不到满足,情绪无法释放,致使自己陷入矛盾与痛苦。

(二)爱情错觉

爱情错觉是单相思的一种形式,是对爱情的错误感觉。一些大学生在十分强烈地渴望得到倾慕者爱情的时候,就会过分地敏感,产生过多的幻想。他们常常会把对方的言行态度纳入自己主观需求的轨道上去理解,会把对方的亲切和蔼与热情大方误认为是爱的表达。对方的一个表情、一个微笑或是一句话语都会被单恋者看作是某种暗示或爱的回应。在这种爱情错觉的影响下,单恋者会感到自我满足,因此越陷越深、难以自拔,一旦发现幻想破灭,就会受到严重的打击。因此,大学生应该理智、客观地认识自己与他人的情感,避免沉浸在爱情错觉当中自欺欺人。

(三)多角恋

多角恋是指一个人同时与两个或两个以上的异性建立恋爱关系。在大学校园中多角恋现象不可忽视。大学生多角恋通常有以下几种情况。

(1)一些大学生由于心理发展还未完全成熟,生活经验不足,择偶标准不明确,不能确定与自己关系密切的异性中到底哪一位更适合自己,因此就会广泛培养,以求选择最佳对象,由此出现了选择性的多角恋。

(2)一些大学生的择偶动机不良,心态浮躁,追求形式,抱着游戏人生的想法,感情态度不专一,渴望占有所有美好的事物,因此就在不同的恋爱角色中周旋,寻求刺激,获得满足感。

(3)一些大学生的虚荣心较强,他们会以自己追求者众多而感到荣耀,通过建立多角恋爱关系来显示自己的魅力,满足强烈的虚荣心。

(4)还有一些大学生过分地以自我为中心,任性固执,嫉妒好强,对于自己喜欢的对象具有强烈占有欲,因此会在他人的恋爱关系中充当第三者的角色,导致发生复杂的多角恋。

多角恋是一种极为不健康的恋爱观念,是对他人不尊重和不负责的表现,是违背社会道德规范的行为。多角恋还潜伏着极大的危险性,处理不当容易激化矛盾,产生严重的不良后果。

(四)网恋

随着电子信息技术的普及,网络已经渗透社会生活的每个角落,同时也成为大学生交往的普遍方式。一些大学生在感到学习和生活压力过大或孤独、空虚时,便会通过网络宣泄情绪,寻求进一步的情感寄托,遇到情投意合的对象便会发展成为网恋。

由于网络虚拟性的特点,使网恋多为思想、情感、意识和观念等精神世界的沟通和交流,缺乏现实的生活基础。恋爱双方不可能全方位地认识和了解对方,仅仅是通过对方的自我陈述和表达来实现恋爱的过程,因此具有一定的主观性、片面性和虚假性,一旦双方相互接触,就会因现实的差距而导致恋爱的失败。我们不否认网恋的成功实例,但是大学生在对待网恋问题上应保持冷静和慎重的态度,避免受到伤害或欺骗而酿成不可挽回的后果。

(五)失恋

大学生的恋爱心理不成熟、不稳定,择偶标准不明确,在恋爱过程中缺乏责任感,淡化恋爱结果等观念和态度,会使得恋爱中的某一方因双方的性格不合、见异思迁、不愿承担压力或恋爱动机不纯而主动放弃恋爱关系,导致另一方受到极大的伤害。

失恋会引起一系列不良的心理反应,如挫折、失落、悲伤、孤独、抑郁、冷漠、绝望甚至报复等。失恋的学生往往会有愁眉苦脸、精神不振、压抑颓废、沉默寡言等表现,他们在短时间内难以平复自己的情绪,容易产生自卑心理,对爱情失去信心,对生活失去兴趣。心理承受能力差的学生甚至会由于心理严重失衡而走向极端。

(六)婚前性行为

热恋中的大学生,往往因性爱的激情而产生一种难以抑制的性冲动,使情感突破理智的防线,容易发生性交行为。这除了与大学生性心理发育的成熟及角色的特殊性相关外,一方面是受西方"性自由、性解放"的影响,另一方面也与我国在学校性知识教育上的薄弱、大众媒体宣传的不适当有关。婚前性行为一旦发生,会给当事人双方造成心理压力和身心痛苦,如果出现未婚先孕,更会产生更加严重的后果。

二、培养健康的恋爱心理

大学生恋爱是身心发展的需要,对其心理健康有积极的促进作用,但必须是建立在真正的、健康的爱情基础之上的。反之,不仅不利于心理健康,还可能对其身心健康造成很大的危害。爱情就像玫瑰花,虽美丽却带刺,它给大学生带来馨香的同时,也会刺伤某些脆弱的心灵。大学生要培养正确的爱情观,培养健康的恋爱心理,才能避免被爱情的玫瑰花刺伤。

1. 发展健全的理智感

(1)理智的爱情首先意味着将学业和爱情分开。爱情不是生活的全部,还需要学习、工作及承担责任。如果陷入爱情而荒废学业,毕业后无立足社会的一技之长,则爱情将由于失去"面包"而褪色、夭折。

（2）理智的爱情还要避免狂热。大学生要学会审视自己的感情，避免陷入狂热。一时的狂热迷恋会使双方毫无信任感，当一方不在身边时，就会猜疑他是否变心，而且挖空心思去证实自己的推测；真正的爱情是以相互信任为基础的，它可以使人平静，让人放心。

（3）理智的爱情也意味着平等和尊重。一味地付出或一味地索取，都难以使爱情保持久远。所以，双方都要坦诚相待，相互尊重，任何一方都不能强迫或诱骗另一方接受自己的爱，不能强求对方违心地接受。特别值得注意的是，恋爱中产生性冲动时，男性要尊重女性，要保护和爱护女性。

2．培养恋爱道德意识

加强大学生的道德情操和意志力的修炼。当爱情受挫后，用理智来驾驭感情，通过增强理智感，分析原因，总结经验教训，寻找解决问题的方法和途径，在新的追求中确认和实现自己的价值，从而提高自己的心理承受能力和思想水平。一个人如果能够理智地从恋爱挫折中解脱出来，就往往会使自己变得更加成熟。

3．保持健康的恋爱行为

大学生恋爱言谈要文雅，讲究语言美。交谈中要诚恳、坦率、自然，不要为了显示自己而装腔作势、矫揉造作；不能出言不逊、污言秽语、举止粗鲁；相互了解，不要无休止地盘问对方，使对方自尊心受损，否则只会使之厌恶，伤害感情。

大学生的恋爱行为要大方。一般来说，男女双方初次恋爱，在开始时常感到羞涩与紧张，随着交往的增加会逐渐自然与大方。这个时期要注意行为举止的检点。有的人感情冲动，过早地做出亲昵动作，使对方反感，影响感情的正常发展。

三、关注性心理健康

（一）性心理健康及评定标准

1．什么是性心理健康

世界卫生组织对性心理健康所下的定义是：通过丰富和完善人格、人际交往和爱情方式，达到性行为在肉体、感情、理智和社会诸方面的圆满和协调。我国学者这样定义性心理健康：性心理健康是指个体具有正常的性欲望，能够正确认识性的有关问题，并且具有较强的性适应能力，能和异性进行恰当的交往，在免受性问题困扰的同时，还能使之增进自身人格和完善，促进自身身心健康的发展。

2．性心理健康的标准

世界卫生组织制定的性健康标准包括以下五条。

（1）有正常的性需要和性欲望。

（2）能够正确认识自我,愉快地接纳自己的性别。

（3）性心理特点和性行为符合相应的性心理发展的年龄特征。

（4）能和异性保持和谐的人际关系。

（5）性行为符合社会道德规范

（二）保持理性的性行为

性欲是正常的,也是可控制的。大学生要通过积极的方式进行自我调节。

（1）缓解性冲动。大学生要积极投入学习、工作、各种文体活动以及正常的异性交往中,以此取代或转移性欲。要尽量避免影视、报刊、网络上过强的性信息刺激,抵制低级宣传的不良影响。

（2）调节性心理问题的困扰。大学生要通过对性知识的学习,消除对手淫、性幻想、性梦的困扰,既不要为此感到恐慌,也不要过分沉溺其中,而应通过丰富多彩的文体活动和恰当的异性交往来平衡自己的性心理。

（3）正确把握异性交往。人与人之间的异性交往,是建立在生理需要和社会规范双重标准下的,因此大学生在异性交往中要把握文明、适度原则。要注意场合,适当限制亲密行为,尤其要避免性行为带来的不良后果,保持身心健康。

（4）懂得寻求专业帮助。一旦感觉自己无法独立解决面临的性问题时,要及时向心理咨询和心理治疗机构寻求帮助,具有一定心理学知识和咨询技能的心理咨询师和治疗师,将会给予有益的指导和建议,帮助求助者调适和缓解心理问题。

（三）婚前性行为问题

性爱是情爱的重要生理基础,是爱情发展到一定程度的自然而然地流露。然而,它又是一股强大的力量,如果脱离控制,也有可能会变成一场灾难。

1. 大学生婚前性行为的特点

在一项有关大学生婚前性行为的全国性调查中,有 10.6% 的男生和 5.6% 的女生承认发生过性关系。其婚前性行为往往有以下几个特点。

（1）具有突发性,往往在无心理准备的情况下突然发生。

（2）是自愿性而又非理智性,大学生已是青年,较少为别人胁迫,大多在双方自愿而不理智的情况下发生性行为。

（3）反复性,由于年龄和观念的影响,一旦冲破这道防线,便不再过多顾虑,还会多次反复发生。

2. 简单的避孕知识

（1）安全期避孕。正常育龄女性 1 个月左右来 1 次月经,从本次月经来潮开始到下次月经来潮的前1天,称为1个月经周期。如从避孕方面考虑,可以将女性的每个月经周期分为月经期、排卵期和安全期。安全期避孕就是在排卵期内停止性生活的一种避孕方法,但要注意此方法存在不确定性。

(2)口服避孕药。服用避孕药进行避孕,是一种比较安全、有效的避孕方法,坚持使用,能达到99%的避孕率。避孕药有女性口服避孕药和男性口服避孕药,又分为短期口服避孕药、长效口服避孕药、速效口服避孕药、紧急事后避孕药,可针对不同的避孕需求有针对性地服用。但避孕药必须按规定服用,而且可能有一定的副作用。

(3)避孕套。避孕套又称安全套,是一种男用避孕工具。只要掌握了正确的方法,避孕有效率相当高。避孕套还可以预防性传播疾病,尤其是艾滋病。

3.预防性传播疾病

据全国性病控制中心提供的数据表明,性病已经取代结核病成为继痢疾和肝炎之后我国第三大传染病。性病不仅是个人健康的大敌,也关乎社会的公共卫生事业,大学生应积极参加性病、艾滋病的预防工作。

青年学生要预防性病,首先要培养健康的人格,自尊、自信、自爱,保持积极的人生态度和健康的生活方式;要洁身自爱,减少婚前性行为的发生;还要积极参与性病、艾滋病的宣传教育活动,传播文明健康的性知识。

【案例分享】

爱情是感觉还是选择

爱情究竟是一种感觉,还是在决策后的意志行动?有人觉得,爱是一种感觉,它是瞬间的、不连续的、稍纵即逝的。爱情是某件"发生在自己身上的事情",而不是自己主观意志能够控制的事。它就像一条河流一样,你可能在某个瞬间和一个人彼此吸引,共同走一段路,如果有一天你们的爱情消逝了,就会自然而然地分开。依此看来,我们不仅控制不了自己爱上谁,也很难解决"失恋后依然爱着前任"的痛苦。

事实上,近年来神经科学研究显示,爱确实不是一种持续不断的情感,而是一个个产生了"积极共振"的瞬间,每个这样的瞬间都随着身体、大脑、激素水平的变化。当我们感觉到"爱上一个人"的时候,往往说明我们与另一个人之间存在很多个这样的瞬间。从这个角度看,爱既不是永恒的,爱的对象也不是独一无二的。你会在一些瞬间感到非常爱对方,但也可能会在另一些瞬间讨厌对方。你可能在一个瞬间和某个人有爱的感觉,在另一个瞬间和另外一个人产生这样的感觉。

不过,虽然爱情是由一个个瞬间构成的,但并非说明它是无常的、不可控的。恰恰相反,说明它是能够被我们管理和控制的。

美国密苏里大学学者Langeslag的研究发现,通过"爱情管理策略",人们便既能在你想爱一个人的时候增加瞬间"爱"的感觉,也能够在你想放弃一个人的时候,减弱爱的感觉。

她让一组恋人拿着另一半的照片进行积极的思考,如"我们相处很好""我们会永远在一起"。另一组恋人拿着伴侣的照片则进行负面的思考,如"我们经常吵架""我们今后不会在一起"。结果发现,前一组实验的对象在刻意进行积极的思考后,对伴侣爱的感觉得到了增强,无论是在参与者本人的报告中还是脑电波监测的结果都是如此,被称为"爱的脑电波"的LPP脑电波活动会增强。相应地,第二组实验对象对伴侣爱的感觉会减少,LPP脑电波活跃度降低。

启示: 爱情中"迷恋"与"依恋"的感觉是能被管理和控制的,当我们想要改善伴侣的关系时,多用积极的方式思考,如多想想伴侣的优点或两人甜蜜的回忆等。

【心理活动】

学会拒绝婚前性要求

一、活动目的

学会婉转而又坚定地拒绝婚前性行为。

二、活动时间

40分钟。

三、活动内容

请根据下面的对话讨论:婚前性行为有什么危害?应该如何拒绝婚前性行为?

甲、乙是一对热恋中的情侣,下面是他们的一段对白。

甲:别的恋人之间都是这样做的,我们既然相爱也试试吧。

乙:别人是别人,但是我还没有想好,我相信好多人都不会这样做,包括我在内。

甲:如果你真的爱我,就应该理解我的感情,我真的非常想和你"做事"。

乙:我不跟你"做事",不等于我不爱你,如果你爱我,就不要逼我做我不想做的事。

甲:我们大家都彼此爱着对方,还有什么不可以做的呢?

乙:但是,我还没有足够的心理准备,我还要好好想一想。

甲:我们都是大人了,都已经成熟了,还等什么呢?

乙:成熟的人做什么事都会想得清清楚楚,并会考虑后果。不如我们先讨论一下做过之后会有什么样的后果和责任,你说好不好?

甲:别人试过的都说感觉不错,你为什么不愿意呢?

乙:那是别人的事,现在我要想清楚,我想你是不会逼我的,是不是?

甲:有性要求是正常的,而且性行为会给双方带来快感,你不想试试吗?

乙:你付出那么多就是为了试试看?那你就别搂着我了。

甲:总之我太爱你了,有些控制不住了,现在就想要。

乙:你太冲动啦!如果你爱我,你应该顾及我的感受。

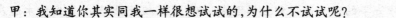

甲：我知道你其实同我一样很想试试的，为什么不试试呢？

乙：其实你都不知道我想要什么，证明你都不了解我。我要的是真正关心我并尊重我的人。

甲：拥抱使我很兴奋，如果你真的很爱我，就证明给我看。

乙：对不起，我不想这么做。爱是不能这样证明的吧！不如我们冷静一下，好不好？

甲：如果你不肯，就说明你不是真爱我，那我就找别人了。

乙：我觉得你很不尊重我，你真的爱我吗？如果你真是这样想的，我倒要好好想想你是否真正值得我爱。

模块八　压力管理

【心理箴言】

闲歌行十二首（其一）

（宋）杨万里

风力掀天浪打头，只须一笑不须愁。

近看两日远三月，气力穷时自会休。

【分析解读】

纵使风大浪高，也不要慌，不要愁，要一笑了之。少则 2 天，多则 3 月，风力减弱后，浪头自会平静下来。

当风暴来临，我们常常感到仿佛置身于汹涌的海浪之中，压力和焦虑如波涛般袭来。然而，这首诗告诉我们只需一笑不必愁，面对困境不要慌张，不要愁虑，要笑着面对。就像风暴过后，海浪会逐渐平息，宁静的时刻终会到来。

【学习提示】

（1）了解压力的概念，理解产生压力的原因，能够区分不同类型的压力，并理解不同类型压力对个人健康和幸福的影响。

（2）培养对压力管理的正面态度，认识到有效管理压力对于提升生活质量及促进个人成长的重要性。

（3）建立正确的压力观，理解压力并非全然负面，适度压力可激发潜能，关键在于如何管理与应对。

（4）能够分析压力来源，有效进行压力管理，将压力管理的理论及策略运用到生活中来。

专题一　科学看待压力

【案例导入】

打铁花的女性

江寻千是中国首位学习打铁花的女性。在目睹铁花的壮美景象后，她怀着学习这门技艺的渴望,向打铁花传承人杨建军老师拜师学艺。起初,江寻千遭到了杨建军老师的拒绝,因为这门技艺具有危险性,千百年来鲜有女性涉足。但最终,江寻千凭借着不懈地坚持赢得了杨老师的接纳和认可。在学习过程中,江寻千一边抵抗住外界的质疑,一边努力克服对烫伤的恐惧,她不断练习,不断精进技艺。从打石头起步,逐渐攀升至驾驭 1600℃ 的铁水。最终战胜压力,克服挑战,成为确山打铁花千年来首位女徒弟,给这珍贵的传统注入了新的活力与希望。

启示:江寻千用行动告诉我们,在外界的质疑与重重困难面前,唯有坚守初心,不畏挑战,勇于自我超越,方能打破界限,实现个人成长的华丽蜕变。对于高职大学生而言,面对学习、生活乃至未来职业道路中的压力与挫折,应该学习江寻千的精神:即使前路布满荆棘,也要勇于面对挫折,敢于挑战困难,停在舒适圈只会让人止步不前,只有走出来才能不断地超越自己。

【心理讲堂】

在人生的旅途中,压力如同一个无形的伙伴,与我们如影随形。为了在人生之旅中更加从容不迫,本专题将深入探索压力的奥秘——从压力的基本定义出发,逐一剖析其构成要素,揭示压力如何在人们的内心世界悄然生息、演变发展,帮助大家更全面地认识压力。

一、压力的内涵及构成要素

心理压力是现代社会最普遍的一种情绪体验,存在于社会生活的方方面面。但是对于压力概念的理解,学术界却存在不同的观点。

(一)压力的内涵

压力(stress)又叫应激,是由刺激引起的、伴有躯体机能以及心理活动改变的一种身心紧张的状态,是心理压力源和心理压力反应共同构成的一种认知和行为体验过程。stress 有"紧张、压力、强调"的意思。最早于 1936 年由加拿大生理学家汉斯·塞利提出,用来表示生理系统应对刺激所引发的变化。19 世纪末,生理学家、心理学家、社会学家用这个词来描述动物和人类在紧张状态下生理、心理和行为的反应。

(二)压力的构成要素

1. 压力源

压力源是指引发压力反应的外部或内部事件、情境或刺激,它可以是物理的、心理的、社会的或环境的,例如,工作压力、人际关系压力、经济压力等。

2．压力应对

压力应对是指个体在面对压力时所采取的应对策略或行动。有效的应对方式可以帮助个体减轻压力感,而无效的应对则可能加剧压力。压力情景常常引发焦虑、不安、恐惧等消极负面情绪,有的人会像骆驼吃草一样不断反刍压力带来的负面情绪,陷入情绪中无法出来。与之相反,另一种人则不会和坏情绪过多纠缠,而是专注于问题的应对和解决。常见的压力应对策略包括以下几种。

（1）立即行动:针对压力事件立即采取行动。行动是打败焦虑最好的办法。个体可以根据已有的经验评估当前的威胁,分析可供利用的资源,通过制订计划、寻求帮助、学习新技能解决问题。

（2）宣泄情绪:如放松训练、冥想、寻求情感支持、跑步等。研究表明,通过瑜伽或深呼吸来放松身心,对缓解紧张和焦虑情绪极其有效。

（3）回避策略:不断地反刍负面情绪,陷入悔恨、沮丧、气愤的状态中,还会冲着他人发泄情绪。这是一种消极的应对策略。

3．应对资源

应对资源是指个体在应对压力时可以利用的内外资源,这些资源有助于增强个体的应对能力,减轻压力感。常见的应对资源包括以下几种。

（1）个人资源:如自信心、乐观态度、自我效能感等。一个自信且乐观的人在面对挑战时往往能更积极地寻找解决方案。

（2）社会资源:如家人、朋友、同事的支持,以及专业咨询、社区服务等。要知道一个人经历重大变故时,家人和朋友的支持是十分重要的精神支柱。

（3）物质资源:如经济储备、健康保险、时间管理等。良好的经济状况和时间管理能力有助于个体在面对压力时保持一定的灵活性和自由度。

4．压力反应

压力反应是指个体在感知到压力源后所产生的心理、生理和行为上的变化。这些反应可能是临时的,也可能是长期的。

（1）心理反应:压力容易引起焦虑、抑郁、愤怒、挫败感等情绪上的反应,常表现为精力枯竭、丧失自信、积极性下降、注意力分散、记忆力下降等认知上的反应。

（2）生理反应:焦虑、不安、恐惧等作用于中枢神经,可能会造成自主神经系统和内分泌功能的紊乱,免疫功能下降,消化系统产生问题等。压力状态下,人们会心跳加速、血压升高、呼吸急促、肌肉紧张等;较大的压力还会导致躯体的各种不适,如头痛、肌肉无力、皮肤过敏、心悸或者胸痛。

（3）行为反应:压力会带来行为上的变化,比如过度进食或厌食,疯狂工作或逃避工作,从朋友家人的陪伴或同事的聚会中退出,逐渐远离社交,睡眠质量下降,容易失眠或者多梦等。

5.压力结果

压力结果是指压力反应对个体长期或短期的影响。这些影响可以是积极的,也可以是消极的。

(1)积极结果:适度的压力可以激发个体的潜能,提高工作效率和创造力,最大限度地激发内在动力,促进个体的成长和对变化的适应。比如,适度的竞争压力可以激励员工更加努力地工作,提升工作业绩。

(2)消极结果:一方面,突如其来的过大的压力会让人无法应对,引发一系列消极的情绪和问题。另一方面,长期的慢性压力也会导致身心健康问题。这种持续不变的低压就像是一直举着一杯水一样,水杯的压力会越来越重,直到让人无法承受。慢性压力也会使人对工作及学习缺乏兴趣,恶化亲子、伴侣、同事等人际关系,增加工作失误,引发睡眠障碍、肠胃病、心血管疾病等。

总的来说,压力就像"糖精",适量的糖会让食物变甜,但加入大量的糖后食物反而会变苦。适度的压力可以是生活的动力,但如果压力过大就可能使人崩溃。

二、压力心理反应过程

压力产生的过程中,心理和生理反应是密切联系的,两者常伴随出现,相互影响,相互作用,彼此转化。根据塞利的研究,一般情况下,压力心理的反应过程可划分为三个阶段:警觉阶段、搏斗阶段、衰竭阶段。个体的生理、心理及行为特点在这三个阶段里会出现一些变化。

(一)警觉阶段

当个体面临压力时,首先会进入一种警觉状态,这是身体和心理对于潜在威胁或挑战的自然反应。这种警觉状态促使个体更加专注、敏感,以更好地评估当前的情境并做好应对准备。同时,资源动员也是压力应对过程中的一个重要环节。在警觉阶段,个体开始调动自身的资源,包括认知资源(如注意力、记忆力、思考能力等)、情感资源(如情绪调节能力、积极心态等)和生理资源(如体力、耐力、免疫系统等),以应对压力带来的挑战。

(二)搏斗阶段

在搏斗阶段,个体试图找到应对策略,增强应对与处理能力,消除不良心理反应,恢复心理稳定状态,防止心理崩溃。个体直接处理压力情境,心理防御机制运用显著增加,调动个体所有的资源,对压力源的抵抗水平达到最高,甚至会"超水平"发挥。比如,遭遇猛兽追逐时,人们往往会爆发出超乎寻常的能力,跑得比平时快得多。但如果压力持续存在,就可能出现适应不良的情况,就像是猛兽持续追赶,无尽的奔跑终将耗尽个人体力与意志,进而导致适应不良的情况出现。在持续的焦虑与紧张感下,身体将出现各种不适症状,工作效率会明显下降。

(三)衰竭阶段

面临连续不断的高强度的压力时,个体的应对策略逐渐失效,导致个体心理混乱、脱离现实,甚至出现幻觉、妄想等严重后果。如果这种压力状态一直持续,个体将进一步滑向全面崩溃的边缘,出现极端的具有攻击性的行为。比如暴力倾向,或是另一个极端:个体变得极度淡漠,对外界刺激几乎毫无反应。最不幸的情况下,这种持续的衰竭状态还将威胁到个体的生命安全。

心理压力的反应过程非常复杂。各阶段的顺序以及各阶段持续时间的长短及相应的表现,常因事件严重程度、突然性、个人的内在素质及社会支持、干预等有所不同。目前研究发现,压力的任何一个阶段,一旦压力源的强度过大,个体无力应对,机体将随时有可能不经过典型的三阶段发展而直接进入衰竭状态,甚至引发严重的心理危机,对生命构成潜在威胁。

但在大多数情况下,进入压力的衰竭阶段并非一蹴而就,而是一个逐渐累积、长期发展的过程。因此,及时识别压力信号,采取有效措施进行干预,对于防止或延缓这一阶段的到来至关重要。

三、心理压力的分类

(一)常规分类

压力的种类通常可分为正性压力、中性压力和负性压力。

1. 正性压力

正性压力是有益的压力,产生于个体被激发和鼓舞的情景中,当压力持续增加,正性压力逐渐转化成负性压力,工作效率和健康状况随之下降。

2. 中性压力

中性压力是一些不会引发后续效应的感官刺激,它们无所谓好坏。比如,看到一则关于遥远的城市发生火灾的新闻,或是听说某明星的婚姻出现危机。

3. 负性压力

负性压力是对人的生活和健康有害的压力。比如险些发生交通事故、工作中频繁的加班、夜晚隔壁邻居家吵闹的音乐声等。同时,负性压力可以分为两类,即急性压力和慢性压力。前者来势汹汹但消退迅速,后者出现的时候不太强烈,但旷日持久。

（二）按严重程度划分

压力按严重程度可分为轻度压力、中度压力、重度压力以及破坏性压力。

1．轻度压力

轻度压力是压力源较小，刺激比较轻，应对难度较小，稍微努力就能完成，对人的驱动力也比较小，基本上不产生心理困惑。轻度压力一般无须特意关注或调节。

2．中度压力

中度压力是介于轻度和重度之间，压力源适中。需要通过努力并采取一定的措施才能完成，对人的动力作用最大；从心理上来说，容易让人产生焦虑情绪，也可能会伴有轻微的抑郁成分。中度压力在可自行调节范围内时，个体可以自行制订出计划和措施并实施，当目标减少后压力也减小，心理困惑会逐步减轻甚至消失。

3．重度压力

重度压力是由于压力源大，给人造成了严重的心理冲突，导致的焦虑和抑郁持续的时间比较长，程度比较严重，难以在短时间内自行缓解。在重压之下，有的人会经历心理逆反，对当前的努力产生怀疑；有的人甚至会失去改变现状的信心与动力。解决由此产生的心理问题，需要耐心与时间，是一个长期的过程。

4．破坏性压力

破坏性压力又称极端压力，包括战争、大地震、空难，以及被攻击、绑架、强暴等。破坏性压力的后果可能会导致创伤后压力失调、灾难症候群、创伤后压力综合征等。破坏性压力会引发个体在生物、心理、社会、行为等各个方面的变化，导致身心障碍和身心疾病，应当慎重对待，及时向专业人员请求帮助。

（三）按压力性质分类

压力按性质可分为单一性生活压力、叠加性生活压力两种类别。

1．单一性生活压力

单一性生活压力是指某一时间段内经历某种事件并努力适应，其强度并不足以使个体崩溃。这类压力产生的结果往往是正面的，有助于提高个体的抗压能力。

2．叠加性生活压力

叠加性生活压力从产生时间上又分为两种：一是同时性叠加压力，指同一时间内发生若干压力事件；二是继时性压力，指两个以上的压力事件相继发生，前者的压力效应尚未消除，后继的压力又已发生，此时所体验的压力即被称为继时性叠加压力。

四、科学看待压力

高职学生正站在人生的一个重要转折点上,学习、实习、恋爱、就业、职业生涯规划等可能都带给人不小的压力。但压力并非洪水猛兽,学会科学看待它,有助于高职学生更加从容地面对并应对当前的压力事件。

心理学家曾做过一个"压力与表现"的实验。在这个实验中,两组学生被要求完成一系列数学难题,其中一组被告知这是一场至关重要的测试,将直接影响他们的学业成绩(高压力情境),而另一组则被告知这只是一次普通的练习(低压力情境)。结果出人意料,高压力组的学生在初始阶段表现紧张,但随着时间推移,他们逐渐找到了解题的节奏,表现甚至超过了低压力组。这个实验说明,能够正确看待压力时,就能更好地发挥压力的积极作用,提高解决问题的能力,压力可以是成长与进步的催化剂。

(一)认知压力的本质

首先,要认识到压力是生活中不可避免的一部分,几乎每个人都会在某个时刻感受到压力,它是对环境变化和内在需求的一种自然反应。其次,压力是把双刃剑,它既有积极的一面,也有消极的一面。就像在比赛时,那份紧张感就是压力的一种表现。它让人更加专注,能激发出个体的潜能。但同时,过度的压力也可能让人感到焦虑不安,影响个体的表现。著名的理论"耶克斯—多德森定律"描述了压力水平与工作效率之间的关系。它就像一座山峰,压力太小或太大都会导致效率下降,只有在适中的压力水平下,我们才能达到最佳的工作和学习状态。

(二)识别压力源

仔细分析自己的生活和工作环境,识别出导致压力的具体事件、情境或人。压力源可以来自外部,如工作要求、人际关系等,也可以来自内部,如自我期望过高、完美主义倾向等。了解这些因素的来源,有助于我们更全面地理解压力。

请静下心来,想一想是什么让你感到压力山大。是繁重的课业负担?还是对未来就业的不确定感?又或者是与同学间的小摩擦?比如,你可能正为了即将到来的期末考试而焦头烂额,这就是一个具体的压力源。识别出它,你就迈出了应对的第一步。

(三)评估个人应对能力

评估自己拥有的资源,包括个人能力、社会支持网络、物质条件等。这些资源是应对压力的重要基础。同时,也要认识到自己的限制和局限性,避免过度承诺或承担超出自己能力范围的任务。

问问自己是否有足够的资源来应对这个压力。这里的资源不仅仅是物质上的,还包括技能、知识、朋友的支持等。比如,可以利用图书馆的丰富资源来复习备考,或者向学长

学姐请教他们的备考经验。同时,也要诚实地评估自己的极限,不要勉强自己承担过多的任务。

(四)采取积极的应对策略

针对不同的压力源,制订积极具体的应对策略。面对学习压力,可以制订一个合理的学习计划,分配好每天的学习时间;面对就业压力,可以积极参加招聘会,提升自己的职业素养和竞争力。同时,照顾好自己的身体和情绪,保持健康的生活方式和积极的心态。具体可以从以下四个方面制订应对策略。

1.问题解决

针对具体的压力源,制订明确的解决方案,并采取行动来解决问题。这有助于消除或减少压力源。

2.情绪管理

学习有效的情绪调节技巧,如深呼吸、冥想、放松训练等,以减轻焦虑、抑郁等负面情绪。

3.时间管理

合理安排时间,运用时间管理四象限法则,根据轻重缓急确定事务的优先级,并立即行动,避免拖延。

4.健康生活方式

保持充足的睡眠、均衡的饮食和规律的运动。哈佛大学临床精神医生约翰·瑞迪在其《运动改造大脑》一书中指出运动能改善压力状况。书中有一个案例:作者有一个病人是一位女士,这名女士刚刚离婚,是一个单亲妈妈,近期家里又在装修,她每天要和收费昂贵的装修工和满屋的粉尘打交道,压力非常大。在这种状况下,她开始酗酒,身体变得越来越糟糕。用酒精麻痹自己无疑是一种错误的解压方式,最终她的压力也变得更大,于是找瑞迪看病。瑞迪用一个十分简单的办法帮助她戒掉了酒瘾,成为和过去完全不同的人。那就是在家里放上一根跳绳,当觉得压力大的时候就跳绳。于是这个女士一到烦心的时候就跳绳,几个月后戒掉了酒瘾,心情也越来越好。

为什么运动有如此神奇的效果呢? 有一个重要的原因是运动能给人带来掌控感。同时从生理角度来说,运动能够分泌大量多巴胺和内啡肽,让人产生快乐和喜悦。每周运动3~4次,有助于个体提升身体素质和应对压力的能力。

(五)培养心理韧性

心理韧性就像是一块海绵,能够吸收并释放压力。高职学生可以通过参加社团活动、志愿服务、技能比赛等方式来拓宽自己的视野,增强自信心。同时,学会从失败中汲取教训,把每一次挫折都看作成长的机会。培养乐观、积极的心态,学会从挑战中寻找机遇和成长的机会。面对变化时保持灵活性和适应性,不断调整自己的策略和方法。

(六)寻求社会支持

不要害怕向他人求助。家人、朋友、老师甚至是学校的心理咨询中心都是可以依靠的力量。当感到迷茫或焦虑时,可以找信任的老师或朋友聊聊心事;当需要专业的帮助时,可以向学校的心理咨询中心寻求指导。

(七)调整期望和态度

要学会调整自己的期望和态度。不要过分追求完美或苛求自己。每个人的成长路径都是独一无二的,重要的是享受过程并珍惜每一次学习的机会。正如奥普拉所说:"你专注的东西会变大,当你专注于生活中的好事上,你就能创造出更多好事。"应时常保持一颗平常心,正确地看待压力,用积极乐观的态度去面对生活中的每一个挑战。

【心理活动】

压力测试量表

一、活动目的

帮助了解自己的情绪状态,评估自己当前的心理压力状态。

二、活动时间

5分钟。

三、活动内容

请根据自己的实际情况回答以下问题,对每道题目做出"是"与"否"的判断。回答"是"计1分,回答"否"计0分,将12道题的选择计分求和(见表8-1)。

表8-1　压力测试量表

问　　题	是	否
(1) 是否经常感到焦虑或紧张?		
(2) 是否觉得自己的睡眠质量受到影响?		
(3) 是否经常感到疲劳或缺乏活力?		
(4) 是否经常感到孤独或社交孤立?		
(5) 是否对日常生活失去兴趣或热情?		
(6) 是否经常感到沮丧或无助?		
(7) 是否曾经有过自杀的念头?		
(8) 是否经常感到愤怒或易怒?		

问　　题	是	否
(9) 是否经常感到注意力不集中或记忆力下降？		
(10) 是否经常感到身体不适或疼痛，但医生无法找到明确的原因？		
(11) 是否经常感到无法控制自己的情绪？		
(12) 是否觉得自己的生活充满了压力？		

说明：选择"是"记 1 分，"否"记 0 分。请算出总得分，7 分以下压力较小，7 或 8 分为分界值，8 分以上的分数越高压力越大。

我们一起战胜挫折

一、活动目的

帮助学生了解常见的挫折和压力应对方式。

二、活动时间

15 分钟。

三、活动内容

(1) 请同学们将自己近期觉得很难应对的挫折和压力事件写在便笺纸上，然后投到纸盒里。(学生按照自己的意愿，可以选择匿名，也可以写上自己名字)

(2) 教师也可以在便笺纸上写具有普遍性的挫折事件，并放到纸盒里。

(3) 每 4 ～ 5 人为一个小组，组长从纸盒子中抽出一张挫折事件，小组讨论 5 分钟，小组成员一起给出应对压力事件的建议。

(4) 在教师的引导下，大家一起交流给出的建议是否可行。

(5) 教师总结。

专题二　如何进行压力管理

【案例导入】

备考引起的过度换气综合征

重庆一高校学生因长时间备战期末考试，精神紧张，睡眠不足，导致在等公交车时突然出现呼吸急促、四肢麻木、身体无法动弹的症状。经医生检查，诊断为过度换气综合征。

过度换气综合征是一种因焦虑引起的心理、生理反应。患者在剧烈运动或精神紧张时，呼吸频率加快，导致二氧化碳不断排出，从而引起呼吸性碱中毒。这种症状常伴随心跳加快、出汗等体征。在类似情况下，旁人可以通过安抚、鼓励和理解，帮助患者平静下来，恢复正常呼吸，缓解症状。

启示：心理压力对身体健康有直接影响。这名高校学生因备考压力大、睡眠不足，导致身体出现异常反应。这提醒我们，要重视心理健康，关注自己的身心状态，避免过度焦虑和压力。适当地休息、放松和调整心态对于身体健康至关重要。

【心理讲堂】

青年生面临学业、人际、情感、就业等一系列问题，也因此承受着与之相伴的各种压力。为了能很好地适应高职院校乃至今后的学习、生活和工作，应进行有效的压力管理，提高自己的压力适应能力。压力管理的本质是针对可预见的压力源进行必要的干预，维护身心健康，提高问题处理的效率，保证学习生活目标顺利实现的管理活动。

一、关于压力管理

（一）压力管理的概念

压力管理是指个体或者一个组织应用积极有效的调节和控制等方法来管理压力，从而达到提高工作效率和生活质量的目的，就是将个体压力水平和程度调整到一个合适的度，以达到最佳绩效，同时也可以避免遭受相关过度压力而造成身心损害的一种管理过程。

现有的压力管理策略主要是从个体层面和组织层面提出的。针对个体方面的压力源有社会物理环境压力、个体本身及其扮演角色之间的矛盾、人际交往等。管理这种压力的策略主要有运动、休闲放松、情感控制、认知疗法等。组织层面的压力源的主要来源是组织架构、内部管理政策以及工作环境等。其压力管理策略是减轻或者有效控制组织层面出现的压力源，进而极大程度地缓解员工的压力。

（二）青年生压力管理的误区

通过调查发现，从整体上来看，大部分大学生压力管理相对合适，但仍有部分大学生存在应对问题，少数青年生采用消极的、逃避等不成熟的压力管理方式，并且缺乏系统的学习和专业指导等问题。

1. 存在部分认知偏差

当个人成长环境及教育背景不同时，学生们在面对同一类压力应激源时会有不同的感受。有人认为是战斗，有人认为是乐趣，也有人会觉得无助。这不同的情绪其实是因为个人的认知存在偏差，因而即便是同样的压力，导致的应激反应也不尽相同。认知偏差是指人们根据自己已有的经验图式对自己、他人或者事件做出的与事实不相符的判断。认知偏差的人们有以下几个共性的特征：①绝对化的思维。指坚定不渝地相信自己的感觉，认为事物的发展进程必将按照自己的意愿。例如，我肯定不行；这次我肯定考不及格；这绝对是有人在害我；这肯定是因为自己的能力太差了等。②过分概括化。过分概括化是指片面的狭隘的思维，并以此为准则。例如，我觉得自己好失败，是一个废人，这么简单的事情都处理不好；他肯定人品很差，你看他乱丢垃圾。③糟糕至极。所谓糟糕至极，就是总是往最坏的方向想，看不到自己的优势，总是提心吊胆，担心未来。例如，因为一件小事就开始否定自己，总认为自己什么都不如别人，自我评价过低，看不到自己的优势资源。

2. 应对方式不成熟

不少大学生眼光总是盯着消极的事情看，看不到积极的东西，总爱否定自己，遇到困难总是用很消极的、逃避的、幻想的想法来应对。不同的性格也会导致管理方式的偏差，性格外向、责任心强的学生在应对方式上更积极、更合理；性格较内向、情绪稳定性差者，采用消极的、自责的方式应对；"神经质"个性倾向的大学生则采用的是幻想、退避的应对方式。

3. 压力管理策略不专业

压力源是产生压力的外在条件，是由压力本身及压力所在的环境构成。提高自身的抗压能力，能使自己更从容地面对压力。当人们面对压力源时，往往只有两种解决方式：战斗或者逃避。战斗就是利用一切资源解决困难，提升自我。逃避就是面对自我感觉无法处理的困难时，逃离压力源，暂时性地忘记烦恼。当代大学生在面对无法解决的压力源时，往往会采取消极无效的处理方式，如逆来顺受、紧张、默默承受等，但是这些并不是解决问题的有效途径，反而使自己更加被动。长此以往，会使自己变得更加的自卑和胆怯，同样也会导致一系列的心理问题，严重者还可能导致情绪失控或者心理疾病的发生。

二、压力管理相关理论

（一）耶克斯—多德森定律

重大的考试或比赛前我们总说不要紧张，但回想一下过往经历我们可能会发现，有时适度的紧张和焦虑反而能帮助我们更好地集中精神，提高注意力，从而获得更好的表现。这种一定程度的唤醒水平与良好表现之间的关系便是耶克斯—多德森定律（Calabrese，2008）。在耶克斯—多德森定律中，唤醒水平和人们的表现可以用一个倒 U 形曲线表示，如图 8-1 所示。

压力和唤醒水平的增加，可以激发人们的动机和兴趣，把注意力集中在手头的任务上，改善人们的表现。当压力和唤醒水平上升到一定水平时，人们的表现就会达到峰值，做出最佳成绩。但当压力和唤醒水平超过表现峰值后，人们的表现便不再提升，反而会因为强烈的焦虑感出现下降，接着会达到一个临界点，也是疲劳耗竭点，此时身心状态俱损。如果压力继续增大，不但工作业绩极差，也会出现职业耗竭，甚至是"过劳死"。

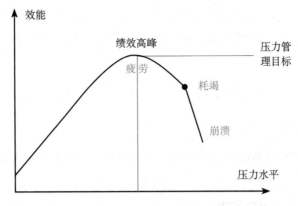

图8-1 耶克斯—多德森定律的倒U形曲线

由此,我们可以得到如下结论:积极的压力能够带来动力。在紧张的工作和生活压力下,人们需要集中精力对应,有助于迅速而有效地做出反应,从而使绩效达到最佳。压力目标区可使人有顶峰体验。在个人压力与承受力相当时,能够激发出最高工作效率和创造性。例如,有的演员是"舞台表演型人格",越是台下观众多、反响热烈,他的表演越精彩。因此,压力管理的目标就是找到压力最佳水平,在适当压力下给人带来所需的动力和兴奋感。压力曲线可以调适而提升弧度。例如,主动承担重要工作;积极提出合理建议;勇于解决新问题;学习新技能。上述办法能够为承受压力做好准备,并带来力量和活力,让你顺利完成工作。

压力曲线因人而异,因时而变。当感觉压力达到特定的一个量时,会出现焦虑情绪,进而导致绩效下降,过度焦虑心境会产生副作用,导致精力过早地衰竭。无论是谁都会存在这样一个压力绩效曲线,也都存在一个绩效峰值。寻找与此峰值相对应的压力值,有助于我们最出色地完成自己的工作目标。

(二)压力过程模型

压力过程模型是压力管理的新的模型,主要包括应激源、个人特质、缓冲器、应对方式和压力反应五个部分,所有的步骤都受到已有的个人特征和同时存在的起缓冲作用的因素的影响,注重压力管理的初级控制和系统的转变。压力过程模型是进行压力管理的重要模型,是由生理学领域和心理学领域共同提出的一个压力管理模型,将模型描述成多个步骤按顺序进行的方法,主要包括五个基本成分。

(1)应激源:包括内源和外源、快速和慢速、高控制和低控制等。

(2)个人特质:包括遗传因素、可利用的资源、先前经验、人格等。

(3)缓冲器:包括社会支持、生理健康、营养、生活的意义、娱乐活动和环境等。

(4)应对方式:包括认知、行为、生理激活等。

(5)压力反应:包括生理衰竭感、行为、感知到的影响等。

在这个过程中,所有的步骤都受到已有的个人特征和同时存在的起缓冲作用的因素的影响。缓冲器是指那些环境或者个人特质,这些特质的存在可以保护个体避免过分激烈地唤醒,同时还促进个体从压力中恢复,它们中的一部分在压力导致的疾病中可能起到中介作用,用缓冲器一词是因为不需要提供严格的中介作用的证据,另外,作为缓冲器也不妨碍它发挥中介作用。

(资料来源:沃尔夫冈•林登.临床心理学 [M].王建平,译.北京:中国人民大学出版社,2013.)

(三) ISR 压力模型

ISR 模型(图 8-2)是美国三位社会学专家于 1962—1978 年在密西根大学社会研究中心进行的一系列研究。此模型为工作压力对健康的影响的研究提供了一个理论框架,同时也为今后的压力管理研究提供了理论基础。

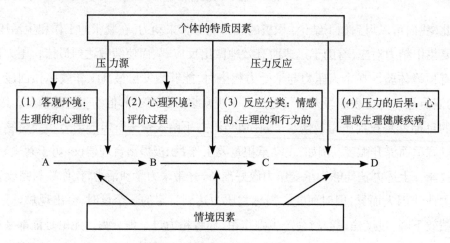

图8-2　ISR压力模型示意图

(1) ISR 模型开始于客观环境或客观压力源。这包括在工作环境中可能会被员工知觉到的任何事物。物理因素包括噪声、光线、振动和工作台的布置等,而心理社会因素包括人际冲突、角色模糊和角色冲突等。这些环境因素会被员工所感觉到,而员工会对这些客观环境因素进行评估。由于人格特质及个人经验的差异,不同的雇员可能会对同样的环境做出不同的评价。就像莎士比亚所说:"事物原本是没有好或坏之分的,是思想使得它们有所区分。"

(2) 对于客观环境评价的下一步是心理环境或心理压力。它表示的是对客观环境的心理反应。举例来说,不同的个体对相同的工作量会有不同的感知,而员工所知觉到的心理工作量就是所谓的心理压力源。

(3) 心理压力源可能会立即引起个体的情感反应、生理反应和行为反应。情感反应或心理反应主要是指愤怒、焦虑或抑郁等一系列的负面情绪;而生理反应或躯体反应主要包括头痛、心率加快或疲倦等生理状态。个体也可能表现出行为上的反应,如迟到、缺席或辞职。

（4）由于这些心理、生理和行为反应的自身性质，它们对员工的健康和生产力可能会带来不利的影响。长期的工作压力反应可能会导致高血压、心脏病或骨骼肌肉系统疾病（musculoskeletal disease，MSD）。该模型对应不同的个体可能会有所不同。例如，人们可能会有不同的遗传天性（如消极情感等）、人口特征（如性别等）以及人格特质（如内外向等）。人们在组织中与他人的人际关系也会有所不同，这些差异都可能会影响他们对工作环境的感知，以及这些感知所带来的反应。

三、压力管理策略

作为大学生，每天也在面临着各种各样的压力，学业压力、人际交往压力、经济压力、就业与发展压力等，不同的学生在压力面前表现各异，有的学生像玻璃杯落地，破碎不堪，无法复原，俗称"心态崩了"；有的学生像纸团落地，虽然不会破损，但也不会再去捡起，俗称"躺平了"；有的学生则像乒乓球，能够迅速反弹复原，俗称"站起来了"。回想一下，刚入学时以为自己进入了自由的天堂，结果发现课程多、难度大、授课进度快，让人无力招架。这个时候开始每天高度紧张，逐渐变得沉默寡言、心神不定，甚至出现焦虑、抑郁等心理障碍。有的学生发现跟不上学习进度，干脆上课睡觉、逃课、沉迷游戏等，从此一蹶不振；但是还有的学生发现跟不上学习进度后，调整作息时间，主动预习，课后自学，主动与优秀学长交流等，逐渐适应大学学习节奏，甚至拿了奖学金。这个很小的例子体现出的就是抗压能力。同一件事，不同人的抗压能力会不同，就会呈现出不同的状态，最终导向不同的结果。那么，当我们面对压力出现负面情绪时应该怎么做呢？下面介绍关于压力管理的策略，包括认知策略、行为策略、情绪策略、社会支持策略等。

（一）认知策略

认知就是我们平时说的想法，通常情况下，这些想法都是在我们没有意识到的情况下自动出现的，我们称为自动思维。与压力相关的思维多为负性思维，那些自动出现的负性思维常常以扭曲的认知偏差来呈现。例如，有的高职学生打算去参加班委的竞选，还没去就觉得自己一定选不上，这个念头却毫无依据。如果我们能在负性思维自动出现时，就意识到它的存在，并对这个认知进行调整，建立更积极的认知评价，就可以获得更积极的心态和良性行为。例如，当你觉得"我肯定竞选不上班委的时候"，试着用"我要试试，至少我有机会来参与这个事情"的观点来应对你的负性思维。当我们用这样的方式对有偏差的认知进行调整时，就可以增强应对压力和解决问题的力量。

根据美国著名心理学家埃利斯于 20 世纪 50 年代创立的合理情绪治疗理论，压力在某种程度上是一种个人观念的问题。压力的适应往往在于个体如何解释事件对自己的意义。当事情进行得不顺利时，要合理、积极地解释不顺的原因，多从自身和客观角度找原因，遇到困难时排除用绝对化的、过分概括化和糟糕至极的想法来看待问题，要认真思考"我这个困难是什么原因造成的""怎么克服",或者用事例来说明"这个项目还有哪些问题和制约因素"等,用理性和思辨的思维去应对困难产生的情景,学会控制自己的情绪。

应通过合理化调整认知。"合理化"就是制造"合理"的理由来解释并遮掩自我的伤害。个体无意识地用似乎合理的解释,为难以接受的情感、行为、动机辩护,以使其可以接受。这个理论有很著名的两个案例,一个是酸葡萄心理——丑化失败的动机;一个是甜柠檬心理——美化被满足的动机。一些高职学生在学业上因为学习目标、学习方法存在问题而导致学业困难,但是他们意识不到这些问题本质的原因,反而用"我可能不是学习的料""大家这次都考得不好"来合理化自己的压力情境,其实是自欺欺人,终非解决问题之道,属于消极的应对策略。

(二)行为策略

行为策略常用积极应对的方式,即通过积极的态度和行动来应对压力。积极应对的行为策略需要我们正视压力,不逃避压力。常见的积极应对的行为策略包括以下几种。

1. 理智控制法

理智是指一个人运用认知、理解、思考和决断的能力。我们可以通过心理暗示,用语言、形象、想象等方式对自己施加影响,从而达到自我管理的效果。将负面的压力转换成正向带有希望的事件,久而久之,压力系统会变成自己"过五关斩六将"的动力系统,让人们找到适合自己的方法。

2. 时间管理

时间管理专家一般认为人们在管理时间方面的错误观念主要有迷惑、犹豫不决、精力分散、拖拉、躲避、中断和完美主义等。学生在明确自己的项目目标和项目任务后,要周密规划自己的时间,可根据艾森豪威尔法则(又称四象限法则)将每天的工作分为"A. 必须做的事情""B. 应该做的事情""C. 量力而为的事情""D. 可委托他人去做的事情""E. 应该删除的事情"。每天把大部分时间用来做项目中A、B类的事情。即使每天不能完成所有的事情,只要能将必须做和应该做的项目内容做完就好。要分清主次,安排好自己的时间,降低因迷惑、犹豫不决、精力分散、拖拉而产生的压力源。

3. 能力提升

寻求解决或改善的方法,提升问题解决的能力,这本身会给人一种效能感,从而避免负面的失控感,缓解压力。而学生解决问题能力的提高离不开心理和生理潜能的开发,而潜能的开发需要不断地自我激励和自我意志力的不断提高。在学习及工作中难免会出现焦虑、愤怒、沮丧等情绪状态影响智力的发挥,进而影响事情的进度和自身水平的提高。学生可以根据教师和同学的帮助构建目标管理体系,制订清晰的目标,进行及时和有价值的反馈,并权衡和项目的关系,从而取得良好的效果。在项目执行过程中,有些学生因为意志力薄弱,可以从有利于项目目标完成的小事做起,进一步强化小目标,进行激励巩固,完成目标后通过放松减压并进行自我升华,同时进行自我意志力的训练。通过自我激励的训练以及意志力的提高唤醒沉睡的潜力,缩短因自我懈怠而内耗的时间,明确目标,提高工作效率。

(三)情绪策略

情绪在压力应对中扮演着重要的角色。日常生活中,情绪的变化尤其是负性情绪的出现,就是在向个体发出压力预警的信号。同时情绪也会贯穿于压力应对的过程当中,与其产生相互作用,积极的情绪将引发更多正向行为,促进压力应对的良性循环。例如,当一些高职学生因为某一个压力情境而产生大量负性和复杂情绪时,选择去操场上打球、跑步让自己痛痛快快出一身汗或是痛哭一场,都能让情绪得到释放,减轻压力带来的负面影响。

1. 合理宣泄法

所有表达性的活动都能起到释放情绪的作用,如倾诉、书写、唱歌、祈祷、喊叫、跳舞及做各种运动等。情绪能量会随着你的呼吸、语言、声音、汗水、加速的血液循环等得到释放或者转化,让你拥有更好的压力应对状态。

2. 呼吸放松法

人在压力状态下,大脑会处于一种兴奋状态,甚至有人容易出现心慌、失眠等情况。按照以下方式练习可以很快平静下来,有意识地控制和调节心理和生理活动,降低机体唤醒水平,调节因紧张刺激而紊乱的功能。吸气、屏气到呼气均默数秒,吸气时通过鼻腔缓慢而充分地将空气吸到身体最深处,呼气时则通过鼻腔或口腔缓慢呼出,待完全呼出气体后可正常呼吸 2 次。循环上述步骤,每次练习 3 ~ 5 分钟。

3. 注意力转移法

当压力事件来临时,大脑的注意力会关注在压力事件上。把注意力从引起不良情绪的刺激情景中转移到其他事物当中去,或是立即去从事其他活动,就能有效地帮助我们缓解情绪和心理压力。

(四)社会支持策略

越来越多的研究表明,社会支持能够对处于压力情境下的高职学生起到重要的支撑作用,有利于个体的身心健康。尤其是个体主观感知到的支持,能在更大程度上帮助其自身提高压力的应对能力。在面对心理压力时,主动寻求社会支持是非常有益的。而社会支持体系,包括亲人、朋友、同学、师长和心理咨询专家等。可以提供的支持包括情感支持、信息支持、肯定支持、归属感支持、现实支持等。

【心理活动】

压力光谱图

一、活动目的

引导学生对压力水平进行自我评估，加强对自身压力的认识和觉察。

二、活动时间

10分钟。

三、活动内容

首先，邀请10位学生间隔约10米站立，分别代表0和10，并说明：0代表几乎没有压力，10代表压力很大、难以承受，0～10代表压力的连续"光谱"。

其次，请学生评估自己的压力大小，并站到"光谱"的相应位置。同样压力程度的学生可站成一排。

最后，小组讨论交流和分享。

话题一：你的压力情况是怎样的？什么原因引起了你的压力？

话题二：这种压力对你目前的影响是什么？

话题三：邀请代表0与10这两个数的10位志愿者来谈一谈他们在活动中的感想。

撕掉压力

一、活动目的

引导学生用合理的方式释放压力。

二、活动时间

5分钟。

三、活动内容

学生将自己的压力统一写在一张空白纸上，四周留白。以小组为单位，在教师的统一口令下尽情地撕扯这张纸，越碎越好。可以一边撕一边念叨着"我才不在乎呢""压力离开"等非常直白的话语。

活页：一张较易撕扯的空白纸（易撕口）。

专题三　压力管理的实践与应用

【案例导入】

一杯水的重量

有一位讲师在课堂上拿起一杯水，问听众说："各位认为这杯水有多重？"听众有的说20克，有的说500克不等。讲师则说："这杯水的重量并不重要，重要的是你能拿多久。拿一分钟,各位一定觉得没问题;拿一个小时,可能觉得手酸;拿一天,可能得叫救护车了。其实这杯水的重量是一样的,但是你若拿得越久,就越觉得沉重。这就像我们承担着压力一样,如果我们一直把压力放在身上,不管时间长短,到最后我们都会觉得压力越来越沉重而无法承担。我们必须做的是,放下这杯水休息一下后再拿起这杯水,如此我们才能够拿得更久。所以,各位应该将承担的压力于一段时间后适时地放下并好好地休息一下,然后再重新拿起来,如此才可承担更久。"

启示:我们的生活也一样,总是充斥着竞争和压力,大家忙于学习、社团活动、参加比赛、实习、小组作业……我们想把每一项都做好,却常常感觉负担过重,压力很大。因此,我们不妨尝试一下将压力暂时放下,给自己一个休息的机会,放松一下,等调整好状态后再重新拿起这压力。

【心理讲堂】

本专题介绍学业压力管理、生活压力管理、职场压力管理方面的知识和应对技能。

一、学业压力管理

学业压力管理是一个涉及学生在学习过程中如何有效应对来自学习任务、考试压力、成绩要求等多方面压力的重要课题。随着教育竞争的日益激烈,学业压力问题在高职学生群体中愈发凸显,因此,掌握有效的学业压力管理技巧对高职学生的身心健康及学习成绩的提升至关重要。

(一)学业压力问题的产生

学业压力是指学生在学习过程中所面临的来自学习任务、考试压力、成绩要求等各方面的力量所带来的心理负担。进入大学以后,部分同学由于自我期望值较高和自身的学习能力、学习水平不匹配,在学业上出现了较大的负担,此外,对于高职新生而言,随着知识内容的拓展、学习方式的转变、学习环境的差异,部分学生会表现出极度不适应,如果不能及时有效地作出调整和改变,就容易产生空虚、忧郁、烦躁或焦虑等状况,从而产生学业压力问题。

(二)学业压力的表现

学业压力的表现多种多样,包括生理、心理和行为三个层面。

1. 生理层面

学生可能因为学业压力而失眠或睡眠质量不佳,可能出现食欲不振或暴饮暴食的情况,部分学生长期承受学业压力可能导致学生出现头痛、胃痛等身体不适的症状。

2．心理层面

学业压力使学生感到紧张和不安,长期下去可能引发焦虑和抑郁情绪。同时,学生可能对自己的能力产生怀疑,甚至否定自己的价值。学生可能变得易怒、暴躁或情绪低落。

3．行为层面

学业压力可能导致学生无法集中注意力,学习效率降低。一些学生可能通过逃避学习、沉迷游戏或网络等方式来应对压力。在极端情况下,学生可能表现出攻击性行为,如言语攻击或身体冲突。

【案例分享】

暴躁的小于

小于是某高职院校三年级的学生。从一年级入学开始,他就一直觉得自己应该认真学习,用成绩证明自己。虽然身边一些同学进入高职院校之后都开始享受生活,无心学业,小于却一直坚持把学习放在首位。大学一年级期末考试,他如愿获得专业课第一的好成绩。但是到了二年级,他觉得不被周围人理解,没有在教师和同学面前获得应有的关注,学习劲头越来越懈怠,成绩也渐渐下滑。进入三年级后,想要报名参加专升本考试的他,突然发现自己已经荒废了太多的时间。每天复习的时候,小于一想到自己的成绩和期望的差距就十分沮丧;想到自己浪费了太多时间,就感到非常悔恨;想到就此毕业工作,对就业前景又不太满意,因此,他很难集中精力认真复习。眼看考试临近,小于开始吃不香,睡不着,脾气也越来越暴躁。

(案例来源:傅小兰,周红玲,谢彤.职业教育公共基础课教材系列——心理健康教育[M].北京:科学出版社,2020.)

启示:高职学生学业压力产生的原因有多种多样,如学习目标不明确、学习适应不良、过度竞争等。

小于在入校时有着较为明确的学习目标,但受环境影响,没能够一直坚持下来,自律不够。他对自己在高职院校的学习有着很高的期望,成绩下滑后,并没有进行相应的调整。到大三时,期望和现实之间出现了较大的差距,且短时间内难以平衡,在情绪和行为上均出现了波动,如沮丧、悔恨、注意力分散、吃不香、睡不着、脾气越来越暴躁等现象,产生了学业压力。

(三)学业压力应对策略

为了缓解学业压力,学生、家庭、学校和社会需要共同努力,提供适当的支持和资源,帮助学生建立积极的学习态度,提高学生应对压力的能力。同时,也需要关注学生的心理健康问题,及时发现并干预潜在的心理问题。

1．认知调整

设立合理的学习目标。对于高职学生而言，目标过高，难以实现，容易出现焦虑、自我否定等心理困扰；目标过低，难以产生成就感，不能激发学习兴趣和动力，应该在充分认知自我的前提下，根据自己的实际情况和能力水平设置合理的学习目标，通过将长期目标分解为短期目标而逐步实现，增强自信心和成就感。

2．情绪调整

学会压力管理。认识到压力是正常的，试着接受并逐步管理它，而不是逃避。比如，可以通过冥想、自我反思等方式定期反思自己的学习状态，及时做出调整；通过运动、听音乐、阅读等方式放松身心，缓解压力。通过与家人、朋友或老师沟通，分享自己的感受和困扰，寻求支持和建议。必要时，也可以寻求专业心理咨询师的帮助，学习更专业的情绪调节技巧。

3．行为调整

完成既定的压力任务。压力是一种必然的存在，最直接的降低压力的方法就是完成压力任务。比如积压较久没有完成的课程作业、社会实践论文等，看着截止日期一天天接近，感觉压力越来越大，这个时候最好的减压办法无疑是安排好时间完成任务。压力任务可以通过培养合适的学习兴趣，掌握必要的学习方法，保持良好的学习习惯等方式来完成。

上述案例中，小于首先应该释放情绪。比如选择打一场篮球、羽毛球，进行一次长跑等方式，让自己出一身大汗，或是痛哭一场，让情绪得到释放，减轻压力带来的负面影响。其次，他需要调整认知，通过重新审视当前的就业形势，正视自己之前的懈怠，调整期望，制订合理的目标，重新确定努力的方向。最后他需要调整自己的行为策略，通过持之以恒、脚踏实地的努力，树立自信，走出困境。

二、生活压力管理

大学是走向社会之前的一场磨炼，它在促进学生全面发展的同时，也给大学生带来了新的挑战，在面对新的生活环境、生活模式、角色变化时，部分个体由于适应性较差，会出现一定程度的困扰，产生属于适应性范畴的压力和挫折，让个体产生逃避现实处境的想法，对未来感到茫然、不知所措甚至充满悲观。

（一）生活压力问题的产生

进入大学后，高职学生从家庭和长期居住地环境进入一个全新的环境，面对新的异质性同辈群体，可能会感受到孤独和人际关系不和谐，从而产生焦虑和心理压力。在情感上，寄托对象由家人转向同辈群体、恋人及网络，这种转变容易导致情感上的矛盾和冲突。在人格上，由家庭主导转向个人独立自主，在这个过程中，部分学生未能及时建构起自己的独立人格，容易产生心理问题。与此同时，高职学生在经济上不再受到家庭的严格管束，如果高职

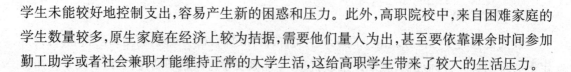

学生未能较好地控制支出,容易产生新的困惑和压力。此外,高职院校中,来自困难家庭的学生数量较多,原生家庭在经济上较为拮据,需要他们量入为出,甚至要依靠课余时间参加勤工助学或者社会兼职才能维持正常的大学生活,这给高职学生带来了较大的生活压力。

(二)生活压力问题的表现

青年学生的生活压力主要表现为环境人际交往压力和经济压力。

1. 人际交往压力

进入大学后,学生需要适应新的社交环境,与来自不同背景、性格和习惯的人相处,需要处理复杂的人际关系,包括室友关系、同学关系、师生关系等。对于部分学生而言,他们在处理人际关系时可能缺乏经验和技巧,导致与同学、老师或室友之间产生矛盾和冲突。此外,在情感上,高职学生正处于恋爱和交友的活跃期,一方面他们对恋爱充满期待,渴望收获成功的爱情,另一方面又害怕恋爱带来的问题,这种矛盾会使他们陷入心理挣扎。以上诸多问题都是高职学生人际关系压力的主要来源。

2. 经济压力

部分高职学生来自经济困难的家庭,他们的学费和生活费成为家庭的重要负担。为减轻家庭的经济压力,许多高职学生会选择在课余时间或假期进行兼职工作。虽然这有助于增加收入,但也可能导致学习时间被压缩,影响学业成绩和个人发展。经济压力还可能影响学生对未来的规划和选择。例如,在升学、就业或创业等方面,经济条件可能成为制约因素,使学生难以追求自己真正感兴趣的领域或实现个人价值。长期的经济压力不仅影响学生的物质生活,还可能引发或加剧其心理压力。学生可能感到焦虑、自卑、无助,甚至影响到他们的社交关系、情绪稳定性和睡眠质量。

【案例分享】

孤独真难受

小杨是某高职院校大一学生,从小生活条件比较好。上大学之前一直有自己单独的房间,个人卫生习惯好,非常整洁。自从升入大学之后,同寝室同学来自不同的省份、不同的民族,学习习惯、生活习惯有着较大差异,她尽量想办法调整自己,接纳差异,努力融入集体。但是开学以来,由于大家的作息时间不一致,寝室内部出现了几次小冲突;还有几次她发现自己的个人用品也被人动过了,虽然不是什么值钱的东西,但是让她觉得非常反感,更加无法忍受。寝室同学认为,都是同学,偶尔借用一下不是大事,觉得她斤斤计较,为人冷淡,跟她慢慢疏远,吃饭上课都不再招呼她同行。她觉得在寝室渐渐被孤立,非常失落,总担心大家在背后议论她,嘲笑她,想过换寝室,却没有被批准。她开始早出晚归,尽量留在图书馆、自习室,只有睡觉时才回去。身体也开始不舒服,经常失眠,食欲下降,甚至胃疼,学习效率也降低了,每天都盼着快点放假,甚至不想再读下去了。

启示: 小杨的问题属于典型的大学新生适应不良由此产生的人际交往压力,人际交往压力产生的原因主要由家庭原因和个人原因。为了让孩子专心学习,父母代劳了许多本来应该由孩子承担的事务和责任,这种对他们的过度保护往往起到适得其反的效果。孩子们被养成了温室中成长的花朵,既自负又脆弱,适应能力弱,抗压能力也差。

本案例中,当小杨面对巨大的人际交往压力时,首先采取了积极的应对策略,调整自己,接纳差异,努力融入集体,但是仍然受到了挫折,而她也缺乏进一步调整的能力,开始消极应对,压力越来越大。因此,学会正确疏导压力,调整应对方式,对每个职业院校学生来说都是非常重要的。

(三)生活压力问题的应对策略

1.人际关系问题应对策略

首先,培养良好的个人品质。真诚待人、诚实守信、尊重他人等优秀品质是建立良好人际关系的基石。其次,要积极应对冲突。在人际交往中,冲突是难以避免的。高职学生应学会冷静处理冲突,通过沟通、协商等方式解决问题,避免冲突升级。再次,要学会有效沟通,在人际交往中,有效的沟通是解决问题的重要手段,因此,高职学生应耐心倾听他人的观点和需求,同时也要清晰地表达自己的观点和感受。在沟通过程中保持开放的心态,避免产生误解和冲突升级。最后,在人际交往中,要尝试站在对方的角度思考问题,理解他人的需求和困扰,从而更好地提供支持和帮助。同理心是建立良好人际关系的桥梁。此外,也可以寻求专业人士比如心理专家、教师等人的支持。

2.经济压力问题应对策略

首先,要充分利用学校的资助体系。当前我国高等职业教育的资助体系已经比较完备了,涉及"奖、助、贷、勤、减、免、补"等多个方面,为困难学生的入学提供了强有力的保障。有需要的学生应该熟悉相关政策,以支撑自身学业的完成。其次,在不影响学业的前提下,可以利用空余时间积极寻找兼职工作机会,通过劳动获得额外的经济收入,以拓宽经济来源,缓解经济压力。最后,要正确处理学习和兼职工作的关系。要明确就读职业院校是为了学会一门赖以生存的本领,以应对未来的就业市场,因此,在能够保证正常生活的前提下,应当把主要精力放在学习上。

成长反思

(1)你到高职院校以后有哪些不适应的地方?

(2)针对自己的各种适应不良,你准备采取什么措施?

三、职场压力管理

社会的飞速发展,使得企业对高职毕业生的要求逐年提高,岗位竞争的压力也在不断加大。越来越严峻的就业形势使高职生对自己的未来前途和职业发展充满担忧和焦虑。受学历限制,高职生在择业竞争中很难凸显自身优势,也容易在就业的过程中遇到暂时的困境,面临较大的就业竞争压力。

(一)职场压力的产生

对于高职学生而言,步入职场代表着他们身份和角色的重大转变,这种转变不仅仅是职业身份的变化,更是心态、责任和生活方式的全面调整。他们不再具有完全意义上的学习者身份,也不再享受"新手保护期"的待遇。他们需要独自面对挑战和失败,从中汲取经验和教训;需要更加谨慎和专注地应对工作当中可能存在的任何风险;同时,他们还需要学会与同事、上级和客户进行有效沟通和协作,需要他们具备更强的沟通能力和团队协作精神等。对于刚刚步入职场的学生而言,如果没有具备必备的能力或提前规划和适应,这一切变化都将会给他身心带来巨大的压力,从而产生心理危机。

(二)职场压力的表现

1.职业发展规划不明确导致就业时的盲目

许多高职学生在校期间对自己的职业发展路径缺乏清晰的认识和规划,也没有培养必备的职业能力,当毕业季节到来,面临就业压力时不知所措,容易陷入迷茫和焦虑。

2.就业竞争压力大

随着高等教育的普及,毕业生数量逐年攀升,使得就业市场竞争日趋激烈。高职学生虽然拥有一定的专业技能,但在与本科及以上学历的求职者竞争时,往往处于不利地位,就业压力较大。

3.职业技能与就业需求不匹配

技术发展日新月异,行业对技能的要求不断更新。高职学生需要不断学习新知识、新技能以适应市场需求,这种持续学习的压力可能让他们感到焦虑。

4.工作期望与现实的差距

初入职场的高职学生往往对工作抱有较高的期望,但现实工作中可能遇到种种不如意,如薪资待遇、工作环境、职业发展路径等,这种落差可能导致心理失衡。

【案例分享】

李新的苦恼

李新是国际贸易专业的学生,曾梦想做一名走遍世界的大牌商人。毕业后,他认为到北京更有发展空间,更能与世界接轨,于是放弃了父母为其找好的工作,与同学结伴来到北京。刚开始,李新和同学比赛要找到一个更接近理想的单位,一个多月过去了,简历投出20多份,有回音的只有两份,面试后又无音信。面对着强手如林的职场和眼花缭乱的招工单位,李新和同学茫然了,但又不甘心,便继续找下去。又是一个月过去了,工作还是杳无音讯,眼看家里带来的钱花掉一半,李新可真着急了。难道找工作真这么难吗? 当初那么令大家羡慕、父母骄傲的专业就这样被冷落了吗? 回到家乡,如何面对家人? 不回家,在北京接着漂到什么时候?

启示:毕业生在求职过程中,目标期望值过高,理想与现实之间存在较大的差距,在求职过程中处处碰壁,容易导致大学生心灰意冷、抑郁苦闷、焦虑不已。造成李新求职压力的重要原因在于认知差异,也就是理想与现实之间存在较大的鸿沟。有梦想是好事,但是梦想和现实之间差距太大,只能徒增烦恼。因此,李新首先应该调整自己的认知,正确认识自己当前的能力水平,使之与当前的求职目标相匹配,才可能找到合适的工作。其次,他也可以寻求外部支持与帮助,向亲人、朋友、同学、师长等寻求情感支持、信息支持、肯定支持、现实条件支持等。

(三)职场压力的应对策略

1. 制订职业规划

清晰了解自己的兴趣、优势、价值观及职业目标。在充分认知自我的基础上,明确自己的职业目标和发展路径,制订合理的计划和具体的实施方案,并根据方案付诸实施。

2. 提升自己的职业能力

围绕自己的职业规划不断努力,通过持续学习、参加培训、社会实践等方式不断提升自己的专业知识、专业技能和综合素质,考取所在行业的相关证书等,为求职打下良好的基础。

3. 保持对行业的持续关注

持续关注行业动态和市场需求,根据需要不断调整自己的职业规划以适应变化。

4. 充分利用身边的人际网络

在求职过程中,广泛的人际关系网可以提供多方面的支持和资源。大学生可以通过家庭、教师、同学、朋友等多种渠道寻找合适的求职就业机会。

5. 始终保持积极乐观的心态

在求职过程中难免遭受挫折或失败,因此要始终保持乐观的心态,有永不言败的勇气,同时每次失利后要及时反思并做出相应的调整。

6. 设定合理期望

对自己的职业生涯设定合理的期望和目标,不要盲目追求高薪高职位而忽视了自己的兴趣和价值观。找到适合自己的职业道路,享受工作的过程。

【心理活动】

生涯幻游——寻找你的职业方向

一、活动目的

通过想象和冥想,帮助参与者找到适合自己的职业方向,从而在职业生涯中找到适合自己的位置。

二、活动时间

30分钟左右。

三、活动内容

(1) 学生根据教师的引导语,完成本次生涯幻游体验。教师在念指导语时要语速缓慢,切忌语速过快。

指导语(语速缓慢地念):

请跟着我开始一段时光穿梭的冥想,看看未来你的一天。

请你尽量想象10年后的情形,越仔细越好。好,现在你正躺在床上。这时候是清晨,你是怎么醒来的? 你仔细地看了一圈。这是什么地方? 屋子里都有些什么? 你周围有没有人?(停顿)洗漱一番后,你站在镜子前面,看到的自己穿的是什么样的衣服?(停顿)你会和谁一起吃早饭? 接着,你准备要去上学或者上班,你要出发了,搭乘的是什么样的交通工具?(停顿)在你走远之前回头看一眼你住的地方,看起来怎么样?(停顿)在你快到达上学或上班的地方,首先,观察一下这个地方看起来怎么样? 是一个什么样的地方? 如果有名字,会是什么名字?(停顿)好,现在你进入了这个地方,你和周围的人打招呼,他们怎么称呼你? 你在这个地方的身份或者职位是什么? 你注意到他们正在做什么?(停顿)你走到工作的地方,是在室内还是室外? 是你自己一个人还是很多人在一起? 你办公的地方看起来怎么样? 这一天你将做什么? 上午你会做些什么? 心情如何?(停顿)中午你会和谁吃饭? 吃些什么? 心情如何?(停顿)下午你会做些什么? 心情如何?(停顿)

终于到了傍晚的时间,该下班或者放学了,你会去哪里? 和什么样的人在一起? 会做些什么?

到了睡觉的时间,你躺在床上回忆一下今天的生活,你感觉怎么样? 对今天的生活满意吗? 你渐渐地进入了梦乡,睡吧! 一分钟之后我会叫醒你。

（2）各小组的同学分组分享自己的体验。

在总结和分享时需要注意：有的学生会跟着指导语思考，有很多想法；有的学生可能无法跟着指导语思考，想象出的内容不多。无论学生想象的是什么，重点在于鼓励学生聚焦于活动的分享，而不是分享的内容。

① 分享 10 年后的自己，在幻游中看到或者听到了什么？有什么感受？

② 你最喜欢 10 年后生活的哪个部分？为什么？

③ 在幻游中，你想到的可能是什么职业？跟你现在的学习有什么关联？你可以通过什么途径获得那样的生活？

四、活动总结

"生涯幻游"活动通过冥想和想象的方式，帮助参与者探索和确定自己的职业方向。这种活动不仅能够帮助参与者了解自己的兴趣和优势，还能够激发他们对未来职业生涯的思考和规划。通过这种方式，参与者能够更清晰地认识到自己的职业愿景和目标，从而为未来的职业发展奠定基础。

模块九　择业心理

【心理箴言】

古今之成大事业、大学问者，必经过三种境界："昨夜西风凋碧树，独上高楼，望尽天涯路"，此第一境也。"衣带渐宽终不悔，为伊消得人憔悴"，此第二境也。"众里寻他千百度，蓦然回首，那人却在灯火阑珊处"，此第三境也。

——王国维

【分析解读】

王国维在《人间词话》中提出了治学的三种境界，这些境界不仅适用于学术研究，也被广泛引申到人生的各个领域。第一种境界强调了立志的重要性，意味着在追求学问或事业的过程中，首先需要有执着的追求和明确的目标，如同登高远望，明确路径和方向。第二种境界描绘了在追求过程中所经历的艰辛与付出，表达出为了理想或目标不懈努力，即使付出巨大的代价也在所不惜的决心和毅力。第三种境界象征着经过长时间的探索和努力后，终于在不经意间获得了成功或领悟，表达了付出终将得到回报，成功来自坚持不懈的努力与积累。

这三种境界不仅是对治学之道的深刻洞察，也是对人生哲理的精妙概括，鼓励人们在面对职业生涯的挑战和困难时保持执着和耐心，最终实现自己的职业理想和目标。

【学习提示】

(1) 认识职业和职业生涯规划：了解两者的内涵、特征以及影响要素。了解高职学生职业生涯规划的常见问题，掌握职业生涯规划的核心要素和基本步骤。

(2) 调适职业心态和择业心理：了解职业心态与择业心理的内涵和分类，掌握择业心理准备的方法与技巧。

专题一 职业与职业生涯规划

【案例导入】

如何寻找属于自己的事业舞台

小李大学读的是涉外商务专业,但由于缺乏社会经验,对自身的优势和特点也不够了解,择业时她总是见机会就上,随意选择工作,但往往过了不到2个月就发现自己不适合或者根本不能坚持,因此,她先后换了好几份工作也无法让自己满意。现在,从事秘书工作的她仍然十分苦恼,觉得并没有找到"属于自己的事业舞台"。

启示:小李最大的问题是没有做好自己的职业规划,对职业没有明确的定向。在选择工作时显得很随意,大量的时间都耗费在找工作与换工作上。建议像小李这样的大学生应先进行一次全面的职业生涯规划,认识自己的兴趣、能力、性格、价值观等方面的优势与不足,认清相关职业的情况,进而寻找符合自身优势的职业及工作岗位。

【心理课堂】

职业是连接个人与社会的桥梁,是人类社会分工的产物。当今社会,无论个体从事何种职业,收入如何,都必须考虑未来个人职业的发展,这就需要高职生未雨绸缪,正确认识自己和职业,掌握科学的职业生涯规划方法,为实现自己的人生理想明确目标并找准方向,为未来的发展做好充分准备。

一、职业与职业生涯规划概述

职业不仅是一种社会分工,也是人的社会角色。职业选择是人一生中面临的重大选择之一,它决定着我们事业发展的方向和社会定位。虽然每个人最终的职业选择各不相同,但这些职业却都承载着人们自身的心理需求。

(一)职业

1.内涵

《现代汉语词典》中,"职业"一词解释为"个人在社会上所从事的作为主要生活来源的工作"。换言之,职业是人们参与分工,利用专门的知识和技能创造物质财富、精神财富,获得合理报酬,以满足物质生活和精神生活需要的工作。

2.特征

职业具有社会性、经济性、技术性、规范性、时代性以及稳定性的特征。

（1）社会性：职业是从业人员在特定社会生活环境中所从事的一种与其他社会成员相互关联、相互服务的社会活动。职业活动是在社会中进行的，服务于社会和他人，同时也受到社会制度和规范的制约。

（2）经济性：职业通常与经济收入相关联，是个人或家庭生活来源的主要途径。人们通过职业获得收入，并获取相应的权利和地位。

（3）技术性：职业的高薪是以其高技术含量为基础的。每种职业都有其特定的技能或技术要求，需要从业者具备一定的专业知识和能力。

（4）规范性：职业主体所从事的职业活动必须符合国家法律规定和社会伦理道德准则。

（5）时代性：随着社会和科技的进步，职业也在不断发展演变，一些旧的职业逐渐消失，新的职业不断涌现。

（6）稳定性：职业是在一定的历史时期内形成的，具有较长的生命周期。

3．作用

职业不仅能促进个人能力的提升，影响个人的生活方式，还能推动社会发展进步。

（二）职业对个体的价值

1．职业是个体生存的需求

即将踏进社会的高职毕业生，首先都会有强烈的独立谋生意识，感到不能再靠父母养活了，要靠自己在社会上去闯一闯。而劳动是我们谋生最重要的手段，通过劳动获取合理报酬，是实现个人生存和发展的根本路径。高职学生通过职业选择进入职场，得到赖以生存的物质基础，工作为个人带来生存的基本保障。

2．职业是个体发展的需求

现在的高职学生越来越注重自身的职业意向，关注职业岗位与自我的匹配度，并努力寻找适合自身专业特长和兴趣爱好的职业岗位，更好地发挥自己的潜能和才智，以促进个人不断地成长。

3．职业是个体自我实现的需求

每名高职学生都有着这样或那样的理想和目标，都渴望将自己的梦想变成美好的现实。自我实现的需求，能够驱使个体将自身的潜能不断发挥出来，使其在工作中得到满足与快乐，从而体会到人生的真正价值和意义。

（三）职业生涯规划

1．内涵

（1）生涯规划：个人对自身一生的总体构想，涵盖了教育、工作、生活等各个领域。其内涵最早可追溯到《庄子·养生主》里的"吾生也有涯,而知也无涯"。这里的"生"指生命,"涯"指边界。

(2)职业生涯规划(career planning):个人结合自身情况及所处的环境、制约因素,为自己确定职业目标,选择职业道路,制订发展计划,并为自己实现职业生涯目标而制订最优行动方案的设计过程。

生涯规划和职业生涯规划都是人生的重要工具,它们帮助个人更好地理解自己,规划未来,实现梦想。

2.分类

职业生涯规划的期限一般划分为短期规划、中期规划和长期规划。

(1)短期规划为三年以内的规划,主要是确定目标,规划完成的任务。

(2)中期规划一般为三至五年,在近期目标的基础上设计中期目标。

(3)长期规划时间是五至十年,主要设定整个人生的长远目标。

3.职业生涯规划的特征

(1)可行性。职业生涯规划必须依据个人实际情况及其所处环境的现实来制订,而不仅仅是一份计划、一些不着边际的幻想。我们所制订的计划必须具有可行性和可实施性。

(2)适时性,或者称为阶段性。职业生涯规划是对未来的职业生涯目标和职业行动的预测。因此,各项活动的实施及完成时间都应该有时间和顺序上的安排,以便作为检查行动的依据。

(3)灵活性。未来的职业生涯目标与行动涉及很多不确定因素,因此,规划应有弹性。随着外界环境和自身条件的变化,个人应及时调整自己的职业生涯规划方案,以增加其适应性。

(4)持续性,或者称为发展性。职业生涯目标是人生追求的重要目标,因此,职业生涯规划应贯穿人生发展的每个阶段,通过不断地调整和持续的职业活动安排,最终实现既定的职业生涯目标。

(5)独特性,即差异性。每个人的个性、水平不尽相同,都是社会上独立的个体。职业生涯规划也是个人基于自身条件而制订的,因此千万不要盲目跟风随大流,要择己所能。

(6)社会性。在做职业生涯规划的时候,一定要考虑社会条件。随着时代的发展变化,不断涌现出众多新的职业,对从业人员的职业素养也提出了不同的要求。所以,高职生在设计自己的职业生涯规划时,一定要充分分析社会需求,择世所需。

二、职业生涯规划的影响因素

(一)身心状况

几乎所有的职业都需要健康的身心,同时职业适应也与身心有着很大关联。这就要

求我们在进行职业生涯规划时要考虑个人的身体、心理状况与职业要求和职业特点是否匹配。

（二）教育程度

教育程度是影响职业生涯的重要因素之一。受过不同程度教育的人，在个人职业选择或被选择时具有不同的能量和作用。在职业生涯规划时，我们可根据自己的学历、学位、职业资格证书等情况，合理地进行职业定位，科学地规划职业发展目标和发展路径。

（三）家庭负担

家境的优劣也是影响职业生涯规划不可忽略的因素。父母对个人职业选择的认同与否、家庭经济负担的大小，都会影响着个人职业目标的选择。

（四）性别因素

尽管男女平等的观念已在当今社会得到普遍认同和接受，但传统的或生理的性别因素在职业中仍然起着不可忽略的作用。在做个人职业规划时，还是要尽量寻找与性别相适宜、与体力相统一的职业。

（五）社会环境

职业岗位的数量、结构、层次，以及大学生对不同岗位的接受度、褒贬度，都是由社会环境因素决定的。不仅如此，它还影响着大学生步入职业生涯的基本方式、开始职业生涯后的基本态度以及由此引起的职业生涯的变化。

（六）机遇

机遇是随机出现的，具有偶然性、瞬时性的特点。它既可能成为影响职业生涯的偶然因素，也有可能成为其决定性因素。但是，机遇只留给那些有准备的人，我们在工作中要想获得更好的职业发展机会，不妨考虑从持续提升工作技能、建立良好人际关系、保持积极工作态度、适时展现工作能力等多个方面去做好充分准备。

三、青年学生职业生涯规划的常见问题

（一）职业目标模糊，职业方向不明

学生在校期间没有形成良好的职业理念、职业精神，对专业发展目标认识不明，对职业选择意向混乱，做职业决策时容易受外部因素影响，常出现"随大流"、听从父母安排、取悦他人等被动就业情况，在现实职业和自己的兴趣面前犹豫不决，对未来一片茫然，未能从自己的兴趣、能力、价值观来设定职业目标。

（二）环境认识不足，信息渠道单一

当前，高职学生了解工作信息主要是通过互联网、新媒体平台、就业指导课、就业讲座等间接渠道获取的，但由于对网上职业信息分辨能力的欠缺，过载的工作信息、AI 算法的密集推送，使涉世不深的学生难以及时了解职业市场的真实状态。

（三）实践经验欠缺，岗位选择盲目

大部分学生对社会实践的意义和作用缺乏正确的认识，导致思想上不重视且目的不明确，过程上流于形式，加上缺少一定的资源与平台，导致实践经验不足。而另一部分热衷于从事校外兼职的学生，其主要目的是增加社会经验或个人收入，但对于项目或岗位的选择往往缺乏方向性，漫天撒网，忽略质量，不仅容易陷入疲于奔命的状态，还不一定能得到想要的结果。

【案例分享】

仰 望 星 空

泰勒斯，古希腊时期的思想家、科学家、哲学家，是古希腊最早的哲学学派——爱奥尼亚学派的创始人，被称为"科学和哲学之祖"。一个秋日的晚上，泰勒斯走在旷野的草地上仰望星空，不料前面有一个深坑，他一脚踏空掉了下去，水虽然仅仅没及胸口，但坑离地面却有两三米，上不去，他只好高声呼救。一个路人将他救出，他对那人预言说："明天会下雨。"那人笑着摇头走了，并将泰勒斯的预言当成笑话讲给别人听。第二天，果真下雨，人们对他在气象方面的知识如此丰富赞叹不已。有人却不以为然，说泰勒斯是只知道天上的事情，却看不见脚下发生什么事情的人。两千年以后，德国哲学家黑格尔听到这个故事后说了一句名言："只有那些永远躺在坑里从不仰望高空的人，才不会掉进坑里。"后来，英国作家、诗人、散文家奥斯卡·王尔德在其所写的《温德密尔夫人的扇子》第三幕中，有过这样一句台词："我们都生活在阴沟里，但仍有一些人还在仰望星空。"（We are all in the gutter, but some of us are looking at the stars.）

启示：这个故事给了我们深刻的哲学启示。仰望天空，意味着对于光明的向往，对于理想的追求。青年在职业生涯规划过程中必然会面临在仰望天空与稳踩大地之间、理念与现实之间、集体与个人之间如何做出取舍或平衡的问题？对于职业理想与现实之间的差距，我们既要保持远大理想和崇高的追求，也要学会脚踏实地、戒骄戒躁，结合短期目标从小事做起，从基层干起。

此外，对同一件事，从不同的角度去看，会得出不同的结论，人们的思维方式决定其看问题的角度和深度。现代职场中，面对未来的各种不确定因素，我们要学会用哲学的思维辩证地处理和看待工作中的各种事情，学会透过现象看本质，并不断反思与自我调整，以更加开放、包容的心态和更加稳定的情绪应对职场中的各种压力与挑战，最终实现职业生涯的长远发展。

四、高职学生职业生涯规划的主要内容

（一）职业生涯规划的核心要素

一个完整的职业生涯规划有以下三大核心要素。

（1）自我认知。自我认知也称为自我分析，是职业生涯规划最基础的工作。指通过科学的方法和手段，对自己的职业性格、职业兴趣、职业价值观、职业能力等进行全面认识，明确自己的优势与特长、劣势与不足，找到适合自己发展的职业倾向。

（2）职业认知。职业认知是指通过了解自身所处的社会、经济、政治等环境，以及行业与岗位需求情况，结合自身特点去评估、衡量可能影响自己职业选择和未来生活的外部环境因素。

（3）职业定位。职业定位是指人们职业生涯规划的核心。这是在完成了自我认知和职业认知基础上，根据"人职匹配"理论，结合生涯规划目标，对自己的职业发展制订短期目标、中期目标以及长期目标。

（二）职业生涯规划的主要原则

职业生涯规划一般遵循以下十个原则。

（1）清晰性原则：考虑目标措施是否清晰明确，实现目标的步骤是否直截了当。

（2）变动性原则：目标或措施是否有弹性或缓冲性？是否能依据环境的变化而调整？

（3）一致性原则：主要目标与分目标是否一致？目标与措施是否一致？个人目标与组织发展目标是否一致？

（4）挑战性原则：目标与措施是否具有挑战性，还是仅保持其原来状况而已？

（5）激励性原则：目标是否符合自己的性格、兴趣和特长？是否能对自己产生内在激励作用？

（6）合作性原则：个人的目标与他人的目标是否具有合作性与协调性？

（7）全程原则：拟定生涯规划时必须考虑到生涯发展的整个历程，并作全程的考虑。

（8）具体原则：生涯规划各阶段的路线划分与安排，必须具体可行。

（9）实际原则：实现生涯目标的途径很多，在作规划时必须要考虑到自己的特质、社会环境、组织环境以及其他相关因素，选择确定可行的途径。

（10）可评量原则：职业生涯规划的设计应有明确的时间限制或标准，以便评量、检查，使自己随时掌握执行状况，并为规划提供可参考的依据。

（三）职业生涯规划的基本步骤

要做好职业生涯规划就必须按照职业生涯设计的流程，认真做好每个环节。高职学生职业生涯规划的步骤主要包括自我评估、职业机会评估、确定职业发展目标、制订行动方案。

（1）自我评估。择业首先要了解自我，自我评估是职业生涯规划的起点，只有全面了解自己的性格、气质、兴趣、特长、能力以及职业价值观，才会有一个相对明确的求职方向、求职目标以及择业标准，才能避免盲目择业。

（2）职业机会评估。通过评估包括组织环境、政治环境、社会环境、经济环境等周边环境因素对自己职业生涯发展的影响，了解职业环境的发展变化情况，理性而全面地思考自己在环境中的地位和环境对自己的要求，从而更好地实现个人长远发展。

（3）确定职业发展目标。在准确地对自身情况和职业机会做出评估之后，可以确定适合自己且有实现可能的职业发展目标，且目标应该具体、可行，并能激励自己朝着理想的职业方向前进。

（4）制订行动方案。在已确定的职业发展目标基础上，通过选定不同的职业发展路线，制订一个切实可行的具体行动计划，细化实现目标的具体措施，确保职业生涯规划的顺利实施。

【心理活动】

霍兰德职业兴趣测量

一、活动目的

发现和确定自己的职业兴趣和能力特长，从而更好地做出求职择业的决策。

二、活动时间

10分钟。

三、活动内容

请根据对每一题目的第一印象作答，不必仔细推敲，答案没有好坏、对错之分。具体填写方法是根据自己的情况回答"是"或"否"。

（1）我喜欢把一件事情做完后再做另一件事。

（2）在工作中我喜欢独自筹划，不愿受别人干涉。

（3）在集体讨论中，我往往保持沉默。

（4）我喜欢做戏剧、音乐、歌舞、新闻采访等方面的工作。

（5）每次写信我都一挥而就，不再重复。

（6）我经常不停地思考某一问题，直到想出正确的答案。

（7）对别人借我的和我借别人的东西，我都能记得很清楚。

（8）我喜欢抽象思维的工作，不喜欢动手的工作。

（9）我喜欢成为人们注意的焦点。

（10）我喜欢不时地夸耀一下自己取得的好成就。

（11）我曾经渴望有机会参加探险。

（12）当我一个人独处时，会感到更愉快。

（13）我喜欢在做事情前做出细致的安排。

（14）我讨厌修理自行车、电器一类的工作。

（15）我喜欢参加各种各样的聚会。

（16）我愿意从事虽然工资少但是比较稳定的职业。

（17）音乐能使我陶醉。

（18）我办事很少会思前想后。

（19）我喜欢经常请示上级。

（20）我喜欢需要运用智力的游戏。

（21）我很难做那种需要持续集中注意力的工作。

（22）我喜欢亲自动手制作一些东西，从中得到乐趣。

（23）我的动手能力很差。

（24）和不熟悉的人交谈对我来说毫不困难。

（25）和别人谈判时，我总是很容易放弃自己的观点。

（26）我很容易结识同性别朋友。

（27）对于社会问题，我通常持中庸的态度。

（28）当我开始做一件事情后，即使碰到再多的困难，我也要执着地干下去。

（29）我是一个沉静而不易动感情的人。

（30）当我工作时，我喜欢避免干扰。

（31）我的理想是当一名科学家。

（32）与言情小说相比，我更喜欢推理小说。

（33）有些人太霸道，有时明明知道他们是对的，我也要和他们对着干。

（34）我爱幻想。

（35）我总是主动地向别人提出自己的建议。

（36）我喜欢使用榔头一类的工具。

（37）我乐于解除别人的痛苦。

（38）我更喜欢自己下了赌注的比赛或游戏。

（39）我喜欢按部就班地完成要做的工作。

（40）我希望能经常换不同的工作来做。

（41）我总留有充裕的时间去赴约会。

（42）我喜欢阅读自然科学方面的书籍和杂志。

（43）如果掌握一门手艺并能以此为生，我会感到非常满意。

（44）我曾渴望当一名汽车司机。

（45）听别人谈"家中被盗"一类的事，很难引起我的同情。

（46）如果待遇相同，我宁愿当商品推销员，而不愿当图书管理员。

(47) 我讨厌跟各类机械打交道。

(48) 我小时候经常把玩具拆开，把里面看个究竟。

(49) 当接受新任务后，我喜欢以自己的独特方法去完成它。

(50) 我有文艺方面的天赋。

(51) 我喜欢把一切安排得整整齐齐、井井有条。

(52) 我喜欢当一名教师。

(53) 和一群人在一起的时候，我总想不出恰当的话来说。

(54) 看情感影片时，我常禁不住眼圈红润。

(55) 我讨厌学数学。

(56) 在实验室里独自做实验会令我寂寞难耐。

(57) 对于急躁、爱发脾气的人，我仍能以礼相待。

(58) 遇到难解答的问题时，我常常放弃。

(59) 大家公认我是一名勤劳踏实并且愿为大家服务的人。

(60) 我喜欢在人事部门工作。

四、评分标准

符合以下"是"或"否"答案的记 1 分，不符合的记 0 分。

(1) 常规型："是"[题 (7)、(19)、(29)、(39)、(41)、(51)、(57)]，"否"[题 (5)、(18)、(40)]。

(2) 现实型："是"[题 (2)、(13)、(22)、(36)、(43)]，"否"[题 (14)、(23)、(44)、(47)、(48)]。

(3) 研究型："是"[题 (6)、(8)、(20)、(30)、(31)、(42)]，"否"[题 (21)、(55)、(56)、(58)]。

(4) 管理型："是"[题 (11)、(24)、(28)、(35)、(38)、(46)、(60)]，"否"[题 (3)、(16)、(25)]。

(5) 社会型："是"[题 (26)、(37)、(52)、(59)]，"否"[题 (1)、(12)、(15)、(27)、(45)、(53)]。

(6) 艺术型："是"[题 (4)，(9)，(10)，(17)、(33)、(34)、(49)、(50)、(54)]，"否"[题 (32)]。

请将得分最高的三种类型从高到低排列，得出 1 个（或 2 个）3 位组合答案，再根据适配对照得出人格类型所匹配的职业。对照的方法如下：首先根据你的职业兴趣代号，在表 9-1 中找出相应的职业，例如你的职业兴趣代号是 RIA，那么牙科技术人员、陶工等是适合你兴趣的职业。然后寻找与你职业兴趣代号相近的职业，如你的职业兴趣代号是 RIA，那么，其他由这三个字母组合成的编号（如 IRA、IAR、ARI 等）对应的职业也较适合你的兴趣。

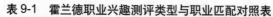

表 9-1　霍兰德职业兴趣测评类型与职业匹配对照表

编号	测评类型	职业匹配
1	RIA	牙科技术员、陶工、建筑设计员、模型工、细木工、制作链条人员
2	RIS	厨师、林务员、跳水员、潜水员、染色员、电器修理、眼镜制作、电工、纺织机器装配工、服务员、装玻璃工人、发电厂工人、焊接工
3	RIE	建筑和桥梁工程、环境工程、航空工程、公路工程、电力工程、信号工程、电话工程、一般机械工程、自动工程、矿业工程、海洋工程、交通工程技术人员，以及制图员、家政经济人员、计量员、农民、农场工人、农业机械操作员、清洁工、无线电修理工、汽车修理工、手表修理工、管工、线路装配工、工具仓库管理员
4	RIC	船上工作人员、接待员、杂志保管员、牙医助手、制帽工、磨坊工、石匠、机器制造工人、机车（火车头）制造工人、农业机器装配工、汽车装配工、缝纫机装配工、钟表装配和检验工、电动器具装配工、鞋匠、锁匠、货物检验员、电梯机修工、装配工、托儿所所长、钢琴调音员、印刷工、建筑钢铁工人、卡车司机
5	RAI	手工雕刻人员、玻璃雕刻人员、制作模型人员、家具木工、制作皮革品人员、手工绣花人员、手工钩针纺织人员、排版员、印刷工、图画雕刻工、装订工
6	RSE	消防员、交通巡警、警察、门卫、理发师、房间清洁工、屠夫、锻工、开凿工人、管道安装工、出租汽车驾驶员、货物搬运工、送报员、勘探员、娱乐场所的服务员、起卸机操作工、灭害虫者、电梯操作工、厨房助手
7	RSI	纺织工、编织工、农业学校教师、某些职业课程教师（如艺术、商业、技术、工艺课程）、雨衣上胶工
8	REC	抄水表员、保姆、实验室动物饲养员、动物管理员
9	REI	轮船船长、航海领航员、大副、试管实验员
10	RES	旅馆服务员、家畜饲养员、渔民、渔网修补工、水手长、收割机操作工、搬运行李工人、公园服务员、救生员、登山导游、火车工程技术员、建筑工人、铺轨工人
11	RCI	测量员、勘测员、仪表操作者、农业工程技师、化学工程技师、民用工程技师、石油工程技师、资料室管理员、探矿工、煅烧工、烧窑工、矿工、炮手、保养工、磨床工、取样工、样品检验员、纺纱工、漂洗工、电焊工、锯木工、刨床工、制帽工、手工缝纫工、油漆工、染色工、按摩工、木匠、农民建筑工、电影放映员、勘测员助手
12	RCS	公共汽车驾驶员、一等水手、游泳池服务员、裁缝、建筑工人、石匠、烟囱修建工、混凝土工、电话修理工、爆炸手、邮递员、矿工、裱糊工、纺纱工
13	RCE	打井工、吊车驾驶员、农场工人、邮件分类员、铲车司机、拖拉机司机
14	IAS	普通经济学家、农场经济学家、财政经济学家、国际贸易经济学家、实验心理学家、工程心理学家、心理学家、哲学家、内科医生、数学家
15	IAR	人类学家、天文学家、化学家、物理学家、医学病理、动物标本剥制师、化石修复者、艺术品管理者
16	ISE	营养学家、饮食顾问、火灾检查员、邮政服务检查员
17	ISC	侦察员、电视播音室修理员、电视修理服务员、验尸室人员、编目录者、医学实验室技师、调查研究者
18	ISR	水生生物学者、昆虫学者、微生物学家、配镜师、矫正视力者、细菌学家、牙科医生、骨科医生

续表

编号	测评类型	职 业 匹 配
19	ISA	实验心理学家、普通心理学家、发展心理学家、教育心理学家、社会心理学家、临床心理学家、目标学家、皮肤病学家、精神病学家、妇产科医师、眼科医生、五官科医生、医学实验室技术专家、民航医务人员、护士
20	IES	细菌学家、生理学家、化学专家、地质专家、地理物理学专家、纺织技术专家、医院药剂师、工业药剂师、药房营业员
21	IEC	档案保管员、保险统计员
22	ICR	质量检验技术员、地质学技师、工程师、法官、图书馆技术辅导员、计算机操作员、医院听诊员、家禽检查员
23	IRA	地理学家、地质学家、声学物理学家、矿物学家、古生物学家、石油学家、地震学家、声学物理学家、气象学家、原子和分子物理学家、电学和磁学物理学家、设计审核员、人口统计学家、数学统计学家、外科医生、城市规划家、气象员
24	IRS	流体物理学家、物理海洋学家、等离子体物理学家、农业科学家、动物学家、食品科学家、园艺学家、植物学家、细菌学家、解剖学家、动物病理学家、作物病理学家、药物学家、生物化学家、生物物理学家、细胞生物学家、临床化学家、遗传学家、分子生物学家、质量控制工程师、地理学家、兽医、放射性治疗技师
25	IRE	化验员、化学工程师、纺织工程师、食品技师、渔业技术专家、材料和测试工程师、电气工程师、土木工程师、航空工程师、行政官员、冶金专家、原子核工程师、陶瓷工程师、地质工程师、电力工程师、口腔科医生、牙科医生
26	IRC	飞机领航员、飞行员、物理实验室技师、文献检查员、农业技术专家、生物技师、动植物技术专家、油管检查员、工商业规划者、矿藏安全检查员、纺织品检验员、照相机修理者、工程技术员、编计算程序者、工具设计者、仪器维修工
27	CRI	簿记员、会计、计时员、铸造机操作工、打字员、按键操作工、复印机操作工
28	CRS	仓库保管员、档案管理员、缝纫工、讲述员、收银员
29	CRE	标价员、实验室工作者、广告管理员、自动打字机操作员、电动机装配工、缝纫机操作工
30	CIS	记账员、顾客服务员、报刊发行员、土地测量员、保险公司职员、会计师、估价员、邮政检查员、外贸检查员
31	CIE	打字员、统计员、支票记录员、订货员、校对员、办公室工作人员
32	CIR	校对员、工程职员、海底电报员、检修计划员
33	CSE	接待员、通讯员、电话接线员、卖票员、旅馆服务员、私人职员、商学教师、旅游办事员
34	CSR	运货代理商、铁路职员、交通检查员、办公室通信员、簿记员、出纳员、银行财务职员
35	CSA	秘书、图书管理员、办公室办事员
36	CER	邮递员、数据处理员、办公室办事员
37	CEI	推销员、经济分析家
38	CES	银行会计、记账员、法人秘书、速记员、法院报告人
39	ECI	银行行长、审计员、信用管理员、地产管理员、商业管理员
40	ECS	信用办事员、保险人员、各类进货员、海关服务经理、售货员、购买员、会计

续表

编号	测评类型	职 业 匹 配
41	ERI	建筑物管理员、工业工程师、护士长、农场管理员、农业经营管理人员
42	ERS	仓库管理员、房屋管理员、货栈监督管理员
43	ERC	邮政局局长、渔船船长、机械操作领班、木工领班、瓦工领班、驾驶员领班
44	EIR	科学、技术和有关周期出版物的管理员
45	EIC	专利代理人、鉴定人、运输服务检查员、安全检查员、废品收购人员
46	EIS	警官、侦查员、交通检验员、安全咨询员、合同管理者、商人
47	EAS	法官、律师、公证员
48	EAR	展览室管理员、舞台管理员、播音员、驯兽员
49	ESC	理发师、裁判员、政府行政管理员、财政管理员、工程管理员、售货员、职业病防治、商业经理、办公室主任、人事负责人、调度员
50	ESR	家具售货员、书店售货员、公共汽车的驾驶员、日用品售货员、护士长、自然科学和工程的行政领导
51	ESI	博物馆管理员、图书馆管理员、古迹管理员、饮食业经理、地区安全服务管理员、技术服务咨询者、超级市场管理员、零售商品店店员、批发商、出租汽车服务站调度
52	ESA	博物馆馆长、报刊管理员、音乐器材售货员、广告商售画营业员、导游、（轮船或班机上的）事务长、飞机上的服务员、船员、法官、律师
53	ASE	戏剧导演、舞蹈教师、广告撰稿人、报刊及专栏作者、记者、演员、英语翻译
54	ASI	音乐教师、乐器教师、美术教师、管弦乐指挥、合唱队指挥、歌星、演奏家、哲学家、作家、广告经理、时装模特
55	AER	新闻摄影师、电视摄影师、艺术指导、录音指导、丑角演员、魔术师、木偶戏演员、骑士、跳水员
56	AEI	音乐指挥、舞台指导、电影导演
57	AES	流行歌手、舞蹈演员、电影导演、广播节目主持人、舞蹈教师、口技表演者、喜剧演员、模特
58	AIS	画家、剧作家、编辑、评论家、时装艺术大师、新闻摄影师、男演员、文学作者
59	AIE	花匠、皮衣设计师、工业产品设计师、剪影艺术家、复制雕刻品大师
60	AIR	建筑师、画家、摄影师、绘图员、雕刻家、环境美化工、包装设计师、绣花工、陶器设计师、漫画工
61	SEC	社会活动家、退伍军人服务人员、工商会事务代表、教育咨询者、宿舍管理员、旅馆经理、饮食服务管理员
62	SER	体育教练、游泳指导
63	SEI	大学校长、学院院长、医院行政管理员、历史学家、家政经济学家、职业学校教师、资料员
64	SEA	娱乐活动管理员、国外服务办事员、社会服务助理、一般咨询者、宗教教育工作者
65	SCE	部长助理、福利机构职员、生产协调人、环境卫生管理人员、戏院经理、餐馆经理、售票员
66	SRI	外科医师助手、医院服务员

续表

编号	测评类型	职 业 匹 配
67	SRE	体育教师、职业病治疗者、体育教练、专业运动员、房管员、儿童家庭教师、警察、引座员、传达员、保姆
68	SRC	护理员、护理助理、医院勤杂工、理发师、学校儿童服务人员
69	SIA	社会学家、心理咨询者、学校心理学家、政治科学家、大学或学院的系主任、大学或学院的教育学教师、大学农业教师、大学法律教师、大学工程和建筑课程的教师，以及大学数学、医学、物理教师、大学社会科学、生命科学教师、研究生助教，成人教育教师
70	SIE	营养学家、饮食学家、海关检查员、安全检查员、税务稽查员、校长
71	SIC	描图员、兽医助手、诊所助理、体检检查员、娱乐指导者、监督缓刑犯的工作者、咨询人员、社会科学教师
72	SIR	理疗员、救护队工作人员、手足病医生、职业病治疗助手

四、心灵叩问

(1) 谈一谈职业兴趣在个人职业生涯中的积极意义。

(2) 如何结合自身职业兴趣做好个人职业生涯规划？

专题二　职业心态与择业心理

【案例导入】

松下找工作

松下电器创始人松下幸之助（简称"松下"），起初家境贫寒，全靠他一人养家糊口。松下失业后，一家人的生活更是无法支撑。一次，他去一家电器公司求职，身材瘦小的松下来到公司人事部，请求给他安排一个工作最差、工资最低的活干。人事部主管见他个头瘦小又衣着不整，不便直说，就随便找个理由说："现在不缺人，过一个月再来看看吧。"人家本来是推脱他，没想到一个月后松下真的来了，那位人事部主管又推脱说现在有事，没时间接待他。过了几天，松下又来了。那位负责人有点不耐烦地说："你这种脏兮兮的样子，根本进不了我们公司。"松下回去后借钱买了套新衣服，穿戴整齐地又来了。这位主管一看，觉得不好说什么了，又难为松下："我们是搞电器的，从你的材料看，你对电器方面的知识了解得太少，不能录用。"2个月以后，松下又来了，他说："我已经下功夫学了不少电器方面的知识，您看哪个方面还有差距，我再一项一项来弥补。"这位人事部主管盯着松下看了半天，感慨地说："我干这项工作几十年了，头一次见到你这样来找工作的，真佩服你这种耐心和韧劲。"就这样，松下终于打动了主管，如愿以偿地进了这家公司。后来，他经过艰苦不懈的努力，终于成为享誉全球的"企业经营之神"。

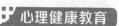

启示：正因为松下有着良好的择业心态、勇于竞争的意识、较强的适应能力,明知道择业有竞争,参与竞争就难免要受到挫折,但仍然坚持,真实面对择业过程中面临的挫折和考验,越挫越勇,终于获得了成功。

【心理课堂】

职业心理对青年学生的职业生涯发展起着非常重要的作用,把握了不同阶段的职业心理,并积极调整适应,对个人生涯发展有重要而正面的影响,有助于更好地把握职场机遇和迎接挑战。职业心态是影响工作表现与成功的关键因素。一个积极、乐观的职业心态能够激发我们的工作热情,提高工作效率,从而取得更好的成绩。相反,消极的职业心态则可能导致工作表现不佳,甚至影响个人的职业发展。我们应该注重培养积极的职业心态。

一、职业心理

职业心理是人们在职业活动中表现出的认识、情感、意志等相对稳定的心理倾向或个性特征。它不但包含个体自身有关职业的一些特质和特点,还包括在对二者认识的基础上所产生的对待职业的某种价值取向、兴趣和职业态度。

(一)职业心理的特征

具体来讲,职业心理具有以下几个方面的特征。

1.职业活动伴随共同的心理过程

人们在职业活动中会经历选择职业,谋求职业,获得职业或失业,再就业的过程。在这个过程中也随着认知、情感、意志等共同的心理过程。比如,对选择的职业进行初步认识和更加深入的了解,通过思维想象发生情感过程。当选择的职业符合个人的需要和客观现实时,就会产生兴奋、愉快甚至兴高采烈、欣喜若狂等情绪,反之则会让人情绪低落、闷闷不乐,甚至伤心难过、悲观失望、垂头丧气。

2.职业活动中反映出个性的差异

不同个性心理特征的人适合不同的社会职业,在选择职业时会有不同的心理表现,在认识、情感、意志等方面都会表现出不同的特点。有的人敏捷、全面,有的人迟钝、片面;有的人豁达、开朗,有的人则忧虑、退缩;有的人坚决果断,积极克服困难,勇于实现目标,有的人则朝三暮四、犹豫彷徨、知难而退。

3.不同职业阶段表现出的职业心理

职业活动中的心理现象千奇百怪、纷纭复杂,根据职业活动所经历的过程,职业心理可分为择业心理、求职心理、就业心理、失业心理、再就业心理等。不同职业阶段会表现出不同的职业心理,同时对职业也会产生不同的影响。

4．不同的职业心理特点影响着人们的生活

择业、求职、就业、失业、再就业等处于不同阶段的职业心理特点,时刻影响着人们的生活态度、生活方式、价值取向。职业心理对高职学生的职业选择起着很至关重要的作用。"知己知彼,百战不殆",这句话正说明了在职业选择过程中一个很重要的原则,即认识自己,了解自己,熟悉自己的个性心理特征和心理过程,把个人的职业意愿和自身素质联系在一起,根据社会的需要和职业岗位需求的可能性,总结评价个人职业意向的可行性,以积极的心态去选择职业。

（二）职业心理分类

职业心理主要包括择业心理、从业心理和失业心理三方面。

1．择业心理

择业心理是指个体在入职之前的求学或其他成长阶段,基于自身的经历和发展,对未来职业产生的兴趣、价值观,以及个体形成具备的能力和人格。这些因素共同作用,奠定了个人对未来职业进行选择的基本要求和方向,为以后进入职场做好充足的准备。

2．从业心理

从业心理是指个体依据自我认知、社会环境、职业前景、就业环境及制度政策等内外因素,做好进入职场工作的心理准备。入职之后,个人会经历职业适应期、职业成长期、职业成熟期、职业拓展期,并设计和管理自身的职业生涯,以达到更好的人职匹配、人与组织的匹配。在这个过程当中,从业者还会经历一些职业心理问题,如职业压力、职业倦怠,以及工作和家庭的冲突等,这些问题的有效解决对于个人的职业发展有重要影响。

3．失业心理

失业心理是指从业者因各种原因被辞退或主动离职而失去职业之后产生的一系列心理现象和问题,以及如何通过学习提升自己再次就业等。

（三）职业心理的结构

职业心理也是人们在对自我、职业和社会认识的基础上形成的对待职业和职业行为的一种心理系统。它不但包括个体自身与职业相关的一些特质和特点,还包括在对二者认识的基础上所产生的对待职业的某种价值取向、兴趣和态度。具体来讲,个体的职业心理结构包括以下三个相辅相成的系统。

1．职业导向系统

职业导向系统包括三个方面，即职业价值观、世界观和职业伦理。职业导向系统中的各种成分可以引导个体去选择特定的职业，追求特定的职业目标，接受和内化职业价值，树立正确的职业角色，评价自己和他人的职业行为，努力争取达到职业成功的最终目标。例如，在中华人民共和国成立初期人们特别重视职业的名声，因此，青年往往选择声望较高的军人作为发展方向，从而引发了参军的热潮；但是随着时代变迁，青年对自我发展和自我价值越来越重视，因此，人们往往选择那些有发展机会的岗位。这就是职业价值观对职业行为的作用，它决定了人们的职业目标和选择职业的标准。

2．职业动力系统

职业动力系统包括需要、动机、兴趣、信念、理想。职业动力系统中的各种成分起到推动和维持个体努力实现职业目标的作用，推动个体树立职业目标、克服各种困难、坚持不懈争取更好的职业发展。例如，当一个人的主导需要是发展型需要时，就会更倾向于选择发展机会较好的工作，并且在工作中不断学习新知识、新技能，不断积累相关工作经验，从而发挥出自己的特长以便在工作中能够获得最大的发展。但是，当一个人的主导需要是享受型需要的时候，他就会选择相比发展型需要更加舒适的工作，并且工作热情也不会很高，他的目标就是只要生活舒适就满足了，不会努力争取去获得很大的发展。

3．职业功能系统

职业功能系统包括气质、性格、能力。职业功能系统中的各种成分能够保证个体胜任特定的职业。在努力胜任具有挑战性工作任务的过程中，个体的心理功能也得到磨炼、发展和强化。一个人的气质、性格和能力特点往往决定着一个人适合从事什么样的职业。例如，如果一个人具有与音乐相关的特殊才能，那他就适合从事与音乐有关的工作。当然，职业也会在一定程度上塑造了人的气质、性格和能力。比如一个比较内向的人在从事一段时间的公关工作后，可能会变得开朗、外向、亲和力强。因此，职业能力系统能影响一个人从事的职业，反之，一个人所从事的职业也可能会影响和塑造一个人的个性。

（四）对职业生涯发展的作用

前已述及，在择业、就业、失业三个不同阶段，个体心理特点不同，直接影响着个体的生活态度、生活方式、价值取向等。拥有健康完善的职业心理，对于个体而言，有利于形成健全人格，有效求职择业，合理规划职业生涯，明确自身职业定位，寻求职业咨询和指导，对缓解个人职业压力有深远意义。对组织而言，如何招募到合适的员工并促进其职业成熟和发展，维护他们的身心健康，对保持组织核心竞争力，构建健康组织，促进其持久发展，也有重要意义。

二、职业心态

"心态"是决定人们思维模式和行为方式的一种心理状态或态度,是人的心理对各种信息刺激所做出反应的趋向,是由认知、情感、行为意向等因素构成的富有建设性的主观价值取向。职业心态是指在职业当中,根据职业的需求表露出来的心理感情。也就是说,职业心态是指职业活动中对自己职业及其职业能否成功的各种心理反应。

(一)职业心态

研究表明,良好的职业心态主要有以下八种。

1. 积极心态

积极心态是职业心态的首位心态,也是一种生活态度。主要是指个体对待自身、他人或事物的积极、正向、稳定的心理倾向。积极心态在职场中主要有两个重要的表现:一是不轻言放弃;二是不怨天尤人。

2. 主动心态

主动心态是指主动思考、勇于担当、积极解决问题、抓住机会不断创新的心态。保持积极主动的心态需要积极思考,寻找支持和帮助,建立良好的人际关系,不断学习和成长,设定目标和计划,以及关注自己的情绪。

3. 感恩心态

感恩心态是认定别人帮助的价值,从而达到彼此感情交流的一种有效的手段,现已经成为一种被广泛认同的职业精神。感恩心态会给职场中的个体带来更加融洽的工作氛围,以及更加宁静与平和的内心,并养成谦和、友善的态度,从而在职业生涯发展过程中收获更多的快乐和富足。

4. 合作心态

职场心态从来都不是个人独立的行为,能力再强,也需要充分重视合作的价值。也只有重视合作,才有可能让个人具备更高的业务格局和视角,进而获得更大的成长。

5. 沉稳心态

沉稳心态可以确保个人工作稳定,并持续高效地产出,从而成为企业稳定运营的可靠支点之一。一个人最好的状态就是内在平常心,外在沉稳大气,也只有这样,才能确保大多数情况下,使事态的发展尽在掌控中。

6. 空杯心态

空杯心态并不是一味地否定过去,而是要怀着否定或者说放空过去的一种态度去融入

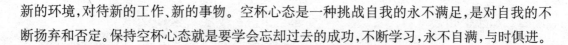

新的环境,对待新的工作、新的事物。空杯心态是一种挑战自我的永不满足,是对自我的不断扬弃和否定。保持空杯心态就是要学会忘却过去的成功,不断学习,永不自满,与时俱进。

7．破茧心态

破茧心态是一种积极面对挑战,勇于突破自我限制,实现个人成长与蜕变的心理状态。它象征着个体如同蝴蝶破茧而出,经历痛苦与挣扎后,迎来新生与自由。破茧心态要求个体在面对困难、挫折或自我设限时,能够保持坚韧不拔的意志,勇于探索未知,不断挑战自我极限,最终实现自我超越。

8．老板心态

老板心态是指像老板一样思考的思维方式和处事原则。具备老板心态的人既关注大局,也注重身边的小事,表现出强烈的责任心。

（二）常见的职场心态困境表现

1．总觉得自己不够好

这种人虽然聪明、有历练,但是一旦被提拔,反而毫无自信,觉得自己不胜任。此外,他没有往上爬的野心,总觉得自己的职位已经挺高,或许低一两级更合适。这种自我破坏与自我限制的行为有时候是无意识的。但是,身为企业的中、高级主管,这种无意识的行为却会让企业付出很大的代价。

2．非黑即白看世界

这种人眼中的世界非黑即白。他们相信,一切事物都应该像有标准答案的考试一样,客观地评定优劣。他们总是觉得自己在捍卫信念,坚持原则。但是,这些原则别人可能完全不以为然。结果,这种人总是孤军奋战,常打败仗。

3．无止境地追求卓越

这种人要求自己是英雄,也严格要求别人达到他的水准。在工作上,他们要求自己与部属"更多、更快、更好"。结果,部属被拖得精疲力竭,纷纷"跳船求生",留下来的人则更累。结果离职率节节升高,造成企业的负担。这种人适合独立工作,如果当主管,必须雇用一位专门人员,当他对部属要求太多时大胆不讳地提醒他。

4．无条件地回避冲突

这种人一般会不惜一切代价避免冲突。其实,不同意见与冲突反而可以激发活力与创造力。一位本来应当为部属据理力争的主管为了回避冲突,可能被部属或其他部门看扁。为了维持和平,他们压抑感情,结果他们严重缺乏面对冲突、解决冲突的能力,到最后,这种解决冲突的无能会蔓延到婚姻、亲子、手足与友谊关系中。

5. 强横压制反对者

这种人言行强硬，毫不留情，就像一部推土机，凡阻挡去路者，一律铲平。因为横冲直撞，攻击性过强，不懂得绕道的技巧，结果可能影响到自己的职业生涯。

6. 天生喜欢引人侧目

这种人为了某种理想奋斗不懈。在稳定的社会或企业中，他们总是很快表明立场，觉得妥协就是屈辱，如果没有人注意他，他们会变本加厉，直到有人注意为止。

7. 过分自信，急于成功

这种人过分自信，急于成功。他们不切实际，找工作时，不是龙头企业则免谈，否则就自立门户。进入大企业工作，他们大多自告奋勇，要求负责超过自己能力的工作。结果任务未达成，仍不会停止挥棒，反而想用更高的功绩来弥补之前的承诺，结果成了"常败将军"。这种人大多是心理上缺乏肯定，必须找出心理根源，才能停止不断想挥棒的行为。除此之外，也必须强制自己"不作为、不行动"。

8. 被困难"绳索捆绑"

这种人是典型的悲观论者，喜欢杞人忧天。采取行动之前，他会想象一切负面的结果，感到焦虑不安。这种人担任主管会遇事拖延，按兵不动。因为太在意羞愧感，甚至担心部属会出状况，让他难堪。这种人必须训练自己，在考虑任何事情时，必须控制心中的恐惧，让自己变得更有行动力。

9. 疏于换位思考

这种人完全不了解人性，很难了解恐惧、爱、愤怒、贪婪及怜悯等情绪。他们在通电话时，通常连招呼都不打，直接切入正题，缺乏将心比心的能力，他们想把情绪因素排除在决策过程之外。这种人必须为自己做一次"情绪稽查"，了解自己对哪些感觉较敏感；问朋友或同事，是否发现你忽略了别人的感受，收集自己行为模式的实际案例，重新演练整个情境，改变行为。

10. 不懂装懂

工作中那种不懂装懂的人，喜欢说："这些工作真无聊。"但他们内心的真正感觉是："我做不好任何工作。"他们希望年纪轻轻就功成名就，但是他们又不喜欢学习、求助或征询意见，因为这样会被人以为他们"不胜任"，所以他们只好不懂装懂；而且他们要求完美却又严重拖延，导致工作严重瘫痪。

11. 管不住嘴巴

有的人往往不知道，有些话题可以公开交谈，而有些内容只能私下说。这些人通常都是

好人,没有心机,但在讲究组织层级的企业,这种管不住嘴巴的人,只会断送职业生涯。他们必须随时为自己竖立警告标示,提醒自己什么可以说,什么不能说。

12．我的路到底对不对

这种人总是觉得自己失去了职业生涯的方向。"我走的路到底对不对？"他们总是这样怀疑。他们觉得自己的角色可有可无,跟不上别人,也没有归属感。

三、择业及择业心理

择业是在对自我和环境的认识与评估基础上做出的对自己职业的选择。择业心理是指择业者根据自己的职业理想和能力,从社会上各种职业中选择其中的一种作为自己从事的职业过程。对于大学生而言,实质上就是在择业时,对择业过程中可能出现的各种情况所作出的估计和评价,以及为解决这些问题而建立的某种思想观念和强化某些心理品质的心理活动。

（一）择业心理的特点

根据调查,目前高职学生的择业心理特点主要表现为以下五个方面。

（1）择业热情不高,自我效能感差。

（2）职业定位不足,择业方向迷茫。

（3）自我认知不清晰,就业价值观偏离。

（4）崇尚双向选择,自主择业意愿变强。

（5）就业形式多元,"慢就业"现象明显。

（二）择业心理准备

择业活动是一个复杂的过程,对初次择业的高职学生来说,要想择业成功,就必须正确地认识社会、认识自己,并做好一定的心理准备。

1．正确认识社会

（1）把握社会经济发展形势和职业的发展变化。事物都有两面性,每一位处于择业阶段的高职毕业生需认识到,在这个机遇与挑战并存的社会,首先,密切注视社会经济发展的新动向,把握和顺应我国产业结构发展的趋势和人才需求的趋势,转变择业观念,不断拓宽就业思路。其次,应从发展的角度和职业规划的角度理性看待自己的第一次就业。应明白首次择业并不意味着选择了终生不变的职业,就业后如对薪资待遇、工作氛围等不满意或者因为喜欢尝试与挑战,喜欢变化与新意,毕业生可能面临第二次、第三次的择业。

（2）掌握行业企业对高职毕业生的要求标准。调查表明,用人企业认为高职毕业生具有四个特点：一是具有吃苦耐劳精神,二是专业思想比较稳固,三是上岗适应能力强,四是能较快跟上新技术发展的步伐。但企业也提出,高职生需要加强人际交往、沟通能力的培养,外语能力也要加强。

因此,高职毕业生应该及时了解专业前沿信息,完善个人专业能力和技能,丰富个人素质结构。首先,要明白良好的个人品质是成功的最基本的条件,要知晓"成才先成人,要学会做人";其次,要知道作为一名职业院校的学生,最大优势是动手能力。因此,要注重专业技能的各种实践环节的学习,包括校内实训、仿真实训、跟岗实训等。重视暑期的社会调查、社会服务等,提前对专业和行业进行了解对职业能力的培养非常必要。

2．正确认识自己

认识自己是择业中的关键一环。在求职过程中,如果对自己的主观评价与社会对自己的客观评价趋于一致,就容易成功;如果主观评价偏高于社会客观评价,往往会导致碰壁、失败;如果主观评价偏低于社会客观评价,信心不足,犹豫不决,很可能会错失良机。因此,认识自我是成功地走向社会的必要条件。高职毕业生应了解自己的气质、性格、能力等,以便确定切合实际的求职目标。可以采取以下几种方式提升自我认知。

(1) 自我剖析。要经常对自己的心理、行为进行剖析,使自我评价逐步接近客观实际。自负者要经常自我批评,通过不懈努力,弥补自身不足;自卑者要看到自己的长处,增强自信心。

(2) 通过比较来认识自己。有比较才有鉴别,事实上,人们往往是通过与别人的比较来认识自己的。一是与同学比较来认识自己,不仅比考试分数,更应注重比实际操作能力。通过比较,可以认识自己的长处和不足,认清自己在相比较的人群中所处的位置,以便扬长避短。二是通过别人的态度来认识自己,当然,别人的态度不一定能全面评价一个人,但大多数人的态度总是说明某些问题的。一个求职者如果不注意与共同竞争者相比较,就很难判断出自己的成功概率。

(3) 通过咨询来了解自己。可向就业指导教师和辅导员咨询,也可征求同学、家长和熟悉自己的人的意见。长期学习、工作、生活在一起的人对自己的言行看在眼里,印象很深,对自己的评价会更公正、更客观。

3．做好心理准备

(1) 注重健康心理素质养成。健康的心理素质是在职场竞争中胜出的重要法宝之一。从择业开始,个人的社会角色就需要发生从自然人、家庭人转变为职业人、社会人,由学生角色向职员角色转换。在这一角色的转换过程中,需要个体不断提高承受挫折的能力,以充沛旺盛的精力以及积极乐观的心态处理自我与社会的关系,正确对待市场竞争和就业压力,正确化解找工作中遇到的困难、挫折和委屈。因此,高中生应尽早做好准备,在各种校园活动、社会实践活动中有意识地锻炼自己,培养自己的责任感、判断力和情绪管理能力,提高职业成熟度,加速个人社会化,以尽快适应角色转换。

(2) 保持和谐人际关系。构建良好的人际关系在择业时是非常关键的,人是社会关系的总和,它承载了自己的思想、财富和未来。

(3) 调整心态,敢于竞争。高职毕业生应正确地理解个人与社会的辩证关系。应当看到,个人与社会是密不可分的。社会发展了,个人的境遇也会好起来;社会状况不佳,个人的发展也将受到制约。要进行正确的自我评价,并在职业过程中强化竞争意识,正视社会现实,转变观念,做好参加竞争的心理准备。不要因为社会纷繁就认为一切深不可测,因而就不去认识社会、关心社会,把自己和社会截然分开,用局外人的眼光去看待社会。个人要建立正确的人生观和价值观,客观、理智地对待社会现象,对待择业、就业的成功与失败,用社会需求的标准来严格要求自己,使自己在激烈的人才竞争中站稳脚跟。

【案例分享】

自 我 肯 定

1960 年,哈佛大学的罗森塔尔博士曾在加利福尼亚州一所学校做过一个著名的实验。

新学年开始时,罗森塔尔博士让校长把三位老师叫进办公室,对他们说:"根据你们过去的教学表现,你们是本校最优秀的老师。因此,我们特意挑选了 100 名全校最聪明的学生组成三个班让你们教。这些学生的智商比其他孩子都高,希望你们能让他们取得更好的成绩。"

三位教师都高兴地表示一定尽力。校长又叮嘱他们,对待这些孩子,要像平常一样,不要让孩子或孩子的家长知道他们是被特意挑选出来的,老师们都答应了。

一年之后,这三个班的学生成绩果然排在整个学区的前列。这时,校长告诉了老师们真相:这些学生并不是刻意选出的最优秀的学生,只不过是随机抽调的最普通的学生。老师们没想到会是这样,都认为自己的教学水平确实高。这时校长又告诉了他们另一个真相,那就是,他们也不是被特意挑选出的全校最优秀的教师,也不过是随机抽调的普通老师罢了。

这个结果正是博士所预料的:这三位教师都认为自己是最优秀的,并且学生又都是高智商的,因此对教学工作充满了信心,工作自然非常卖力,结果肯定非常好。

分析:在做任何事情以前,如果能够充分肯定自我,就等于已经成功了一半。当你面对学业或职场中的挑战时,不妨告诉自己:我就是最优秀的和最聪明的。那么可能会是另一种结果。

【心理活动】

探索我的职业价值观

一、活动目的

结合自身成长经历,探索职业价值取向。

二、活动时间

15 分钟。

三、活动内容

(1) 写出从小到大让你有成就感的 5 件事。

要求：

① 这些事是由你直接参与的；

② 描述事件，并写出你在这件事中具体做了什么，这件事体现了你哪方面的能力。举例如下。

事件：17 岁那年，我参加马拉松比赛，跑完了全程。

我做了什么：我主动报名参赛；赛前有规律地训练，合理饮食，保证体质。

体现的能力：良好的体质和耐力，坚忍不拔的精神。

请填写以下内容。

事件一：＿＿＿＿＿＿＿＿＿＿＿＿＿＿＿＿＿＿＿＿＿＿＿＿＿

我做了什么：＿＿＿＿＿＿＿＿＿＿＿＿＿＿＿＿＿＿＿＿＿＿

体现的能力：＿＿＿＿＿＿＿＿＿＿＿＿＿＿＿＿＿＿＿＿＿＿

事件二：＿＿＿＿＿＿＿＿＿＿＿＿＿＿＿＿＿＿＿＿＿＿＿＿＿

我做了什么：＿＿＿＿＿＿＿＿＿＿＿＿＿＿＿＿＿＿＿＿＿＿

体现的能力：＿＿＿＿＿＿＿＿＿＿＿＿＿＿＿＿＿＿＿＿＿＿

事件三：＿＿＿＿＿＿＿＿＿＿＿＿＿＿＿＿＿＿＿＿＿＿＿＿＿

我做了什么：＿＿＿＿＿＿＿＿＿＿＿＿＿＿＿＿＿＿＿＿＿＿

体现的能力：＿＿＿＿＿＿＿＿＿＿＿＿＿＿＿＿＿＿＿＿＿＿

事件四：＿＿＿＿＿＿＿＿＿＿＿＿＿＿＿＿＿＿＿＿＿＿＿＿＿

我做了什么：＿＿＿＿＿＿＿＿＿＿＿＿＿＿＿＿＿＿＿＿＿＿

体现的能力：＿＿＿＿＿＿＿＿＿＿＿＿＿＿＿＿＿＿＿＿＿＿

事件五：＿＿＿＿＿＿＿＿＿＿＿＿＿＿＿＿＿＿＿＿＿＿＿＿＿

我做了什么：＿＿＿＿＿＿＿＿＿＿＿＿＿＿＿＿＿＿＿＿＿＿

体现的能力：＿＿＿＿＿＿＿＿＿＿＿＿＿＿＿＿＿＿＿＿＿＿

(2) 请权衡以下职业价值在你心中的重要性，在符合自己情况的选项下打"√"，并计算出各选项的分值之和。无反向计分，分数越高，代表职业价值观越明确（见表 9-2）。

表 9-2　职业价值选择

题　　项	不重要	不太重要	一般	比较重要	很重要
1. 收入高	1	2	3	4	5
2. 福利好	1	2	3	4	5
3. 职业稳定	1	2	3	4	5
4. 能提供进一步的教育机会	1	2	3	4	5
5. 有出国机会	1	2	3	4	5
6. 有较高的社会地位	1	2	3	4	5
7. 能充分发挥自己的才能	1	2	3	4	5
8. 有可靠的劳保、医保和退休金	1	2	3	4	5
9. 职业环境舒适	1	2	3	4	5
10. 符合自己的兴趣爱好	1	2	3	4	5
11. 机会均等、公平竞争	1	2	3	4	5
12. 晋升机会多	1	2	3	4	5
13. 能解决住房和两地分居的问题	1	2	3	4	5
14. 工作单位知名度高	1	2	3	4	5
15. 工作单位规模大	1	2	3	4	5
16. 能够学以致用	1	2	3	4	5
17. 上下班交通便利	1	2	3	4	5
18. 自主性强，不受约束	1	2	3	4	5
19. 容易成名成家	1	2	3	4	5
20. 有较高的经济地位	1	2	3	4	5
21. 工作单位级别高	1	2	3	4	5
22. 工作单位在大城市	1	2	3	4	5

注：1= 不重要，2= 不太重要，3= 一般，4= 比较重要，5= 很重要。

(3) 心灵叩问。

① 你是否有意识地去建立过与职业和工作相关的价值观？

② 当你的职业选择不能满足你所有的职业价值观时，你会怎么做？

专题三　择业心理困惑与调适策略

【案例导入】

小伍的感受

小伍是某高职院校会计专业的大三学生，大学期间的学习成绩和其他方面都很优秀，就业的开始阶段满怀信心。但由于当前就业形势严峻，几次面试都失败了，小伍的内心备受煎熬。伴随着毕业的临近，他看到许多同学，尤其是与他能力差不多甚至没有他优秀的同宿舍同学都找了心仪的工作，他在焦虑中显得越来越不自信。我该怎么办？为何命运如此不公？我在大学期间如此努力，为何还没找到心仪的工作？不断的内心拷问让小伍更加煎熬。

启示：小伍的失败并不是真正的失败，而是自己在求职前心理状态没有调适好，在遭受就业挫折后开始陷入自我否定的恶性循环。这一案例告诉我们，在求职的过程中要及时调整好自己的心态，正视自己当下的处境并及时改变，有的时候心态决定一切，这样才能在当今社会激励的人才竞争中获得一席之地。

【心理课堂】

职业是融入社会的中介，职业的选择也是高职学生真正把握自己命运的开始。当职业选择呈多元化、自由化发展时，毕业生职业生涯的选择也面临更多的冲突。做好择业心理调适，有利于高职学生增强职业适应能力，提升工作满意度和幸福感，促进职业长远发展。

一、青年学生常见择业心理困惑

青年学生常见的择业心理困惑有焦虑、自负、自卑、盲目从众等。

（一）焦虑

焦虑是由心理冲突或挫折而引起的，是紧张、不安、焦急、忧虑、恐惧等感受交织而成的情绪状态。绝大多数高职生在择业过程中都会或多或少地出现焦虑。优秀学生焦虑的问题是能否找到实现人生价值的理想单位；学业成绩不理想的学生焦虑的是没有单位选中自己怎么办；来自边远地区的学生为不想回本地区而焦虑；恋人们为不能继续在一起而焦虑；女学生为用人单位"只要男性"而焦虑；还有一些高职生优柔寡断，竟因不知自己毕业后向何处去而焦虑。

高职学生的上述焦虑状态一般并不会对未来职业生涯产生影响。一般来说，适度的焦虑会使学生产生压力，这种压力可以增强人的进取心，从而产生奋发有为的精神。但是，如果焦虑不能得到及时地缓解，就有可能向病态发展，表现出情绪紧张、心情紊乱、注意力不能集中、身心疲倦、头昏目眩、心悸、失眠等症状。这种焦虑,使高职生毕业时精神上负担沉重、紧张烦躁、心神不宁、萎靡不振;学习上得过且过、穷于应付、反应迟钝;生活中意志消沉、长吁短叹、食不安味、卧不安席。有些学生在屡遭挫折之后,甚至产生了恐惧感,一提择业就心理紧张。此时,焦虑不但干扰了高职生的正常的生活、学习和娱乐,还成为择业的绊脚石。

(二)自负

自负心理是过高地估计个人的能力,失去自知之明。受当今社会对高职生的惯性看法的影响,高职生中有的人不能正确认识自己,在择业时常常过高地估计自己的能力,把自己的愿望和社会需要割裂开来认识问题。由于与社会接触不多,一些高职毕业生对用人单位的要求知之甚少,对自己在求职市场中的真实位置搞不清,把自己的学历、知识作为资本,常常挑剔、攀比,提出过分的要求,给用人单位留下极差的印象,导致最终无法就业。其根源就在于这些同学对自己的评价过高,存在自负的心理。现如今在就业市场上高职生已不再是人人称赞的,仅从工作经验这点说,众多高职生已经处于不利的地位。市场经济条件下所需要的人才是个人素质和能力的结合,而所拥有的学历并不是决定因素。如果高职生不能及早对社会的人才需求形势有足够清醒的认识,对自己有一个全面、客观、公正的评价,那么有些学生将会坐失择业的良机,耽误自己的前程。

(三)自卑

自卑心理表现为对自己的能力评价过低,看不起自己。对于涉世不深的高职生来说,在择业问题上极容易产生自卑,尤其是那些性格内向,在学校期间没有经历过各种社会工作、社会活动锻炼的学生尤为突出。主要表现为缺乏自信,行动退缩不前,表面上怕别人看不起,实际上是自我认识出现偏差所致。在择业过程中,一些高职生求职者不能正确评价自我,缺乏自信心,勇气不足,没有主见,依赖心强,其结果是这些学生在择业的人生关头,不敢或不善于推销自我,丧失了许多求职成功的机会。这种心态与人才市场激烈的竞争形成了强烈的反差,是求职活动中的一大心理障碍。从心理学的角度上分析,自卑的实质是自我评价过低,自信心差。自卑的学生往往并不是真的能力不如别人,只是过低的自我评价压制了能力的发展和表现,因此,在求职过程中克服自卑是走向成功的必经之路。

(四)盲目从众

高职生正处在心理逐渐完善和成熟的阶段,容易受社会上一些观念的影响,表现在就业上就是"别人怎么选择,我就怎么选择"。入学之后,高职生的自主意识在逐步增强,希望尽早地独立于学校、家长的社会之外,但客观上他们从小到大均在学校和家长的百般呵护之下,缺乏独立性。就业时,许多高职生产生了严重的依赖思想,觉得还是跟随大众保险一些,他们一方面希望找到称心如意的工作,另一方面又不愿意到处奔波,劳心劳力,于是这种缺乏独立求职的思想观念,致使他们盲目从众。

二、择业心理调适策略

择业心理的调适策略包括：客观地认识社会和评价自己；学会自我欣赏与自我接纳，提高承受挫折的能力；克服从众心理，培养决策能力，避免盲目竞争等。

（一）客观地认识社会和评价自己

学生是社会中的人，作为个体，人与社会的关系可以说是互为目的，又互为手段的。只有正确认识自我与社会的关系，才能有效地把握自己的权利、义务和责任，确立起适合社会需要的主体意识。目前，社会对高职毕业生的期望很多，归纳起来可以概括为：具有较强的改革意识和业务能力，具有敬业精神和创新能力，社交能力强、知识面宽、一专多能、德智体全面发展等。择业过程中，应当认真仔细地深层次地认识自己的价值目标、适应力、知识结构、个性特征等，对自己有一个完整的认识，在此基础上建立起来的职业选择意愿，才具有现实可能性。

（二）学会自我欣赏与自我接纳，提高承受挫折的能力

在求职择业过程中遭受挫折在所难免。要学会正确对待挫折和失败，学会自我欣赏与自我接纳，对自己的能力抱认可、肯定的态度，敢于竞争，不怕失败。如求职失败时，可运用理性情绪法宽慰自己，借"成功是失败之母""天生我材必有用"等理由减轻或消除所受挫伤；也可通过列举别人失败或不如自己等事实，说明自己虽败犹荣，从而提高耐挫伤的能力，保持内心的安宁。

（三）克服从众心理，培养决策能力，避免盲目竞争

从众心理是指在群体压力影响下，放弃个人意愿，采取顺从行为的心理倾向。在择业过程中表现为缺乏主见和竞争意识，择业观为他人所左右，为舆论所左右，不顾主观条件和客观现实，随波逐流，人云亦云。高职毕业生在择业时一定要有所选择，选择有利于充分发挥自己优势的方面参与竞争，尽量避免失败。同时要有所侧重，即在竞争中把主要精力放在对自己有较大意义的方面。

【案例分享】

企业裁员潮下员工的焦虑

美国著名的静心导师莎朗·莎兹伯格（Sharon Salzberg）曾就企业裁员潮下员工的焦虑问题，分享了一个学员的故事。

安杰拉在一家公司任职。20世纪90年代末，在很多上市公司资产泡沫化的影响下，她面对公司不断高涨的呆账，以及许多员工被辞退的消息，压力非常大。好不容易挨过一个冬天后，安杰拉感觉能量耗尽，"只想去外面透透气"。不过她并没有主动辞职，而是要求公司把她解雇（以得到补偿金等），然后在要去露营的波士顿港群岛上找到一份公园夏季管理员

の工作。对安杰拉而言，住在没电没水的邦普金岛上，每天傍晚看着夕阳余晖，非常有利于身心健康。当夏天结束后，安杰拉不知道自己接下来要做什么，于是打电话给以前的上司，告诉他这段时间她的经历。没想到他要她回来做兼职工作，一周只需上两三天班。尽管回公司这个选项并不怎么吸引人，安杰拉还是决定抱着开放的态度试试看。事实上，在她缺席的日子里，公司已经有了不少正面的改观，变得更有创新氛围，压力也变小了。回去后的安杰拉发现自己乐在其中，不久就重新开始担任全职工作。之后每当公司有新的发展，安杰拉的工作也会有相应的挑战，而她顺势而为、不断接受挑战的态度也受到上司的赏识，于是她一干就是 15 年，其间她至少拥有 10 个头衔。回顾这段经历，安杰拉的经验是："不管人家叫我做什么，我都说好，再考虑要怎么去做。"她回忆起自己刚从大学毕业，对前途感到茫然，不知如何维生时，她的父亲给了她一个很好的忠告。"他告诉我：'也许有人花钱请你做你自己。'"受到启发的安杰拉认为，"做自己"意味着在职场上展现她千变万化的能力，因此她愿意尝试任何一件让她不用在工作中原地踏步的事情。这种积极、耐心和弹性，正是让她在公司存活这么多年，并且步步高升的秘籍。

启示： 也许很多人跟安杰拉一样，在职场上因为种种原因"负气出走"。但不知道有多少人能像她一样，抱持开阔的心胸看待曾经的工作，愿意与变化了的环境一起改变，并专注于工作中积极、正面的因素呢？其实，外人看来再光鲜的工作，都有不为人知的苦涩，让自己保持弹性，多从积极的角度看问题，让工作成就你，而非主宰你，这才是我们应该在职场上追求的东西。当然，不是每个人都有安杰拉那样的好运。但你至少可以试着像安杰拉那样，"不管他们要我做什么样的差事，我都愿意放手一搏！"然后看看是否会发生转变。所以，克服困难、接受挑战提升的是你自己的格局和能力，先努力沉淀自己，施展自己的能力，之后不管是继续还是放弃，你都在"做自己"的阶梯上又攀升了一级。

【心理活动】

思 考 人 生

一、活动目的

促进对生涯规划的思考。

二、活动时间

20 分钟。

三、活动内容

(1) 以宿舍为单位分成若干组，每组选出组长，由组长负责对下列问题进行讨论并推选一位学生在班级进行分享。

① 请思考自己喜欢做的五件事，其中，把可能与将来的职业有关的事情写在表9-3中。

② 对照表9-3中自己所填写的内容，看看自己的感受是什么。

③ 组内推选出一名学生,归纳组内同学的想法并在班级进行分享。

④ 请思考其他同学的想法对自己有哪些启发。

表 9-3 自己喜欢做的五件事

序号	喜欢做的事情	有关的职业
1		
2		
3		
4		
5		

(2) 心灵叩问。

① 你怎么看待当下职业院校学生就业及创业困难的问题?

② 如何合理地规划职业生涯?

③ 如何调适择业带来的种种心理不适?

模块十 职场发展

【心理箴言】

留 侯 论

（北宋）苏轼

古之所谓豪杰之士者，必有过人之节，人情有所不能忍者。匹夫见辱，拔剑而起，挺身而斗，此不足为勇也。天下有大勇者，猝然临之而不惊，无故加之而不怒。此其所挟持者甚大，而其志甚远也。

【分析解读】

古时候被人称作豪杰的志士，一定具有胜人的节操，有一般人的常情所无法忍受的度量。有勇无谋的人被侮辱，一定会拔起剑，挺身上前搏斗，这不足够被称为勇士。天下真正具有豪杰气概的人，遇到突发的情形毫不惊慌，当无原因受到别人侮辱时，也不愤怒。这是因为他们胸怀极大的抱负，志向非常高远。

进入社会，常常会面对突发困境或无端指责，当问题和挑战蜂拥而至时，情绪和压力难免起伏波动，这时，我们仍要保持内心的平衡和稳定。如这篇散文所描述的那样，面对风暴岿然不动、目光坚定；面对指责心如止水、波澜不惊。我们要学习豪杰之士的冷静与理智、定力与自制，在挑战和困难中熠熠生辉。

【学习提示】

（1）了解职场心理的内涵、职场新人常见心理困扰和心理现象以及提高职业适应性的途径。

（2）了解职业心理素质，掌握常见表现和应对策略，学习和传承良好的职业精神。

（3）了解职场冲突和危机的类别，能够在案例中有效分析危机原因，提出有效解决措施；能够将职场冲突和危机的解决策略运用到高职学生未来职场生活中去。

专题一 做好职场心理适应

【案例导入】

三 个 工 匠

三名工人在建筑工地上砌墙。有人过来问:"你们在做什么?"

第一名工人没好气地说:"没看到吗? 我在砌墙。"

第二名工人抬头认真地回答:"我在建大楼。"

第三名工人边干边哼着歌,快乐地回应:"我们在建一座美丽的城市。"

十年以后,第一名工人还在砌墙,第二名工人成了建筑工地的管理者,第三名工人则成了这个城市的领导者。

启示: 同样平凡的工作,有人看得简单重复,枯燥乏味,有人却能以快乐的心情面对,在平凡中感知不平凡,在简单中构筑自己的梦想。当事情没有按照我们的意愿发展的时候,不要难过,换个角度看待也许是另一种风景。失败、打击和挫折是生活的一部分,它们不是问题,真正的问题是我们的态度和思想。思想有多远,我们就能走多远。你手头的工作其实正是大事业的开始,能否意识到这一点,意味着你能否做成一项大事业。

【心理讲堂】

许多青年学生毕业进入职场后,可能会对自己的职业生涯感到迷茫,或者对枯燥的职场工作产生厌倦,或者对复杂的职场关系充满抗拒,逐渐失去对工作的激情与动力,出现情绪低落、自我否定的悲观情绪。在进入职场前,我们不妨一起去了解一下如何避免职场心理困扰,让自己更加从容、坦然地面对未来职场。

一、职场心理的内涵

职场心理健康问题不容小觑,可能的问题表现包括焦虑、抑郁、情绪不稳定、疲劳感、人际关系紧张等。在职场上,这些问题可能会表现为工作效率的下降、交流障碍、决策困难等。一些人还可能出现身体上的不适,比如头痛、胃痛等症状。这些表现不仅会影响个体的工作表现,还可能影响到团队的合作氛围和工作效率,必须加以重视。

职场心理是指在自己所从事或将要从事的职业活动方面,人们面对职场问题时所产生的一切心理过程、心理状态、心理现象及关系职业活动的个性心理特征。它是社会职业活动及各种职业现象在人的头脑中的反映,是人们在进入社会生活后必然遇到的一个极为复杂的问题。

1．职场心理的特征

（1）复杂性：职场心理是一门复杂的学科，涉及多个方面和层面，人的性格、职场、行业、岗位、人际各有不同，职场心理也各不相同。

（2）重要性：职场心理对于个人的职业发展、工作效率、人际关系等方面都具有重要影响。

（3）多样性：不同个体、不同职业、不同阶段的职场心理都具有多样性。

（4）可调整性：职场心理是可以通过学习和调整来改变的，人们可以通过提高自我认知、学习心理学知识、寻求心理咨询等方式来改善不良职场心理。

2．良好职场心理状态的意义

对于个体来说，良好的心理状态可以提升工作专注力，提高个人的工作效率；向上的心态使人们更加积极主动地处理问题，有助于建立和维护和谐的人际关系，提高自我管理和沟通能力，从而提高工作满意度，增加工作乐趣。对于团队来说，良好的心理状态有利于团队沟通，有助于促进团队的创新发展，增强团队凝聚力，提高合作效率。

反之，不良的职场心理会影响职业发展。不良的心理状态会使个人情绪不稳定，从而导致工作效率降低，甚至出现工作失误和疏漏。长期的不良心理状态也会导致工作压力增大，影响身心健康和工作表现，继而产生持续的挫败感和消极情绪。对于团队来说，心理状态不佳的员工容易与同事产生冲突和沟通障碍，影响团队协作和整体工作效率，不利于团队的行业发展。

二、职场新人常见困扰和心理现象

（一）职场新人常见困扰

大学生在学校时，总会憧憬毕业后自己的工作生活是光鲜亮丽的、朝气蓬勃的；但在入职后往往感到被浇了一盆凉水：理想远大而现实残酷、渴望竞争又缺乏勇气、专业发展与未来工作落差……职场的道路从来都不是一帆风顺、一马平川的，在职场中打拼的人，都承载着或多或少的压力；高强度的工作、快节奏的生活、超负荷的竞争，这些都是职场新人需要快速适应的生活常态。在适应过程中，难免会有疲倦、烦躁、焦虑等感受，这既是身心正常反应，也是心理上给人的警示，提醒你一定要重视起来，审视自己的心理健康并及时调整。

1．着眼当下，目光不够长远

一部分大学生在就业时，只顾眼前利益，强调经济效益，看重基础薪资，忽视个人长远发展。在与用人单位洽谈时，有些毕业生首先问及的是单位的效益、待遇、奖金，而忽视自己的发展前景、晋升渠道，目标功利化，不利于职场发展。

在实际工作中，职场新人有一段试用期，根据《中华人民共和国劳动法》规定，试用期工资不得低于正式工资的 80%，同时不得低于用人单位所在地的最低工资标准。

2．竞争激烈，难以融入新集体

相比校园生活，职场的人际关系更为复杂，同事之间如何相处、与领导如何相处、与客户如何相处，都既是难题又是学问。毕业生进入职场，往往很难迅速转变身份，仍然以"学生"的角度看待问题，把自己当作"转学的学生"，把单位视作"新班级"，希望自己能快速融入，和"同学们"打成一片。然而，自己对新业务的陌生和不善言辞，同事们的原有团体的紧密关系和忙于业务的工作状态，都让职场新人感到难以融入新的集体中去。

其实，在新的工作环境中，职场新人们不必强求自己要尽快融入，适当地给自己一些时间，保持真诚友善的相处态度、积极上进的工作状态，在工作交往时，适度真实地展现自己的行为，倾诉自己的思想，在一段时间的相处后，自然可以拉近双方的距离，获得同事、领导的亲近和认可。

3．上手困难，无法胜任工作

从学校走向职场，是社会角色转换的过渡期。即便是在学校学习成绩优异、综合实力强劲的同学，在成为职场新人的初期，也常在工作中犯错误，业务不熟练、流程不熟悉、技术不达标，会产生挫败感、失落感、自卑感，与期望中的工作有很大差别，容易产生严重的挫折感。这种挫折心理容易导致在以后的就业中产生悲观、消沉等抑郁心理，使就业行为发生认识偏差。

大学所学与工作岗位的实际操作总有差别，学校的学业成绩和职场中的业务能力、专业技能无法对等。这个时候要给自己一定的学习期限，做学习的有心人，灵活运用大学时期的学习能力不断地学习和练习，认清自己，挑战自己，多花时间，肯下功夫，才能有效联系理论知识和实践操作，适应工作节奏。

4．压力堆积，情绪难以排解

情绪是人对客观事物的态度体验及相应的行为反应。一般可分为积极情绪和消极情绪。积极情绪指的是当我们的需要得到基本满足后产生的情绪，这时候我们的心理体验是愉悦的。比如认真准备项目竞标，结果取得了比你预期的还要好的成果，这时候是发自内心的高兴、喜悦。积极情绪具有主动性，是积极活动的结果。而消极情绪即负性情绪，指的是在某种具体行为中，由外因或内因影响而产生的不利于你继续完成工作或正常思考的情感。如工作中遇到挫折，不能按时完成任务，被领导批评，这时候情绪就会低落。

现代社会中人们的生活和工作节奏快，身心压力较大，职场新人骤然进入长期高压、紧张的环境下，工作量大，完成时间紧，岗位责任重，绩效指标高，部门之间工作配合不默契，都可能让人感觉到压力巨大，大脑神经一直处于紧张状态，无法排解压力，也容易导致情绪失

常。长期如此，容易让人产生焦虑、易怒、疲劳等负面情绪，不仅影响工作积极性和工作效率，同事之间也会因此产生误解，相互抱怨，导致关系紧张，不利于团结共事。

职业压力与工作绩效呈倒 U 形关系，当员工承担适度压力时，一般比没有压力或压力过轻时做得更好、更快，具有高度的工作热情。但当来自工作的压力过大，超过了员工的适度点，特别是当这种压力持续作用时，员工的精力即被逐渐耗尽，出现紧张和过度疲劳，工作效率下降。因此，在职场中感受到压力并不全是坏事，正确地运用压力、舒缓压力，也能够增强工作效率，强化心理抵御力。

首先，面对压力，要正确厘清压力诱发因素，给压力源排序，优先解决急事、难事，考虑每种情况或事件，寻找解决方法。通常，应对压力最好的方法是想办法改变造成压力的环境。

其次，当工作压力很大时，感觉就像工作控制了自己的生活，需要职场新人衡量自己的现状。一是获得其他观点，与可信赖的同事、家人或朋友讨论在工作中面临的问题和感受。有时候，只是谈论压力源就可以减轻压力。二是适当休息，充分利用工作日的休息时间。无论是两天的假期还是偶尔的小长假，花时间放松一下，可以帮助自己在重返工作岗位时精力充沛。三是找到解压的方法。为了防止职业倦怠，也要留出时间做自己喜欢的事情，例如读书、会友或追求兴趣爱好。四是注意保持自己的健康，在日常生活中需要定期进行体育锻炼、保证充足的睡眠和健康饮食。五是划定界限，尝试逐渐在工作与生活之间划清界限，例如晚上或周末不看电子邮件，晚上不回到计算机前，或保持标准的工作时间表。

除了解决具体的压力触发因素和衡量自己现状外，提高时间安排能力对职场新人也很有帮助，尤其是在工作中感到不堪重负或压力很大的时候，通过提高自己的时间安排能力，可缓解工作压力，提高工作效率。

（二）困扰职场新人的常见心理现象

职场新人在工作中遇到困难及挫折，出现的矛盾心理以及心理误区如不能得到及时的疏导宣泄，则可能发展成为影响择业的心理障碍。这种不良的心理障碍一旦形成，就会严重困扰其日常工作乃至生活。

1. 焦虑

绝大多数大学毕业生面临就业新环境，都会或多或少地出现焦虑，这是正常现象。焦虑状态一般不会对生活构成障碍，但如果不能有意识地控制情绪，焦虑不能得到及时有效的缓解，有可能产生不利发展。

2. 自负

一部分毕业生在就业过程中总是抱有洋洋自得、自负自傲的心态，面对同事时，夸夸其谈，海阔天空，给用人单位留下浮躁、不踏实的印象，使领导和同事难以接受。

3．自卑

一些性格比较内向,不善言辞,成绩平平的毕业生面对职场环境和竞争机会时,对自己的能力评价过低,看不起自己,常常产生自卑心理,不敢大胆推荐自己,认为竞争力不够。有些毕业生不能客观地认识自己,在机会面前和竞争中缺乏自信心,勇气不足,不敢展示自己的能力。

4．怯懦

有的毕业生害怕面对冲突,害怕别人不高兴,害怕丢面子。在就业时,常常缩手缩脚,不敢自荐。在单位领导面前,部分职场新人唯唯诺诺,不是语无伦次,就是面红耳赤、张口结舌。他们谨小慎微,生怕说错话,害怕问题回答不好而影响自己在领导、同事心目中的形象。

5．冷漠

当一些职场新人在工作中受到挫折而感到无能为力并且失去信心时,会表现出不思进取的状态,产生情绪低落、情感淡漠、沮丧失落、意志麻木等反应。冷漠是遇到挫折后的一种消极的心理反应,是逃避现实及缺乏斗志的表现。这种心理是与职场中的竞争机制不相适应的。

总之,大学毕业生进入职场后,面对工作压力产生的心理障碍具有适应性障碍的特征,主要是因毕业生面对工作环境变化的应对不良而引起的,故有的人焦虑急躁,有的人自卑怯懦,有的人冷漠逃避,有的人孤傲且目空一切,有的人全身不适,有的人食欲不振,这都说明大学生对工作环境缺乏一种良好的适应。但这种现象只属于发展过程中的适应不良,只要他们主动适应就业环境,各方面引导得法,这些心理障碍就会随着时间的推移而逐渐消失,大多数不会形成心理疾患。

（三）影响职场心理适应的原因

高职学生初入职场,常常会因职场适应问题退缩,有不少人在入职几天后便受不了要离职,究其原因,其实是职场适应能力不够。

求职者由于无所选择或者贸然选择而就职于自己不喜欢或不合适的工作岗位,无疑会遇到许多实际的问题和困难。另外,即便经过认识、塑造、充实、规划自我等诸多岗前准备,或是经过一定的培训和选拔而进入行业,这也只代表他对某种职业有一定的适配度,但如何使职业性质、工作职责和条件与个人需要和价值目标等融合,如何使高职毕业生在职业生涯中获得最大的满足,诸如此类的问题只有在具体劳动中才能解决。

职业适应良好,员工才能对工作产生积极的感情反应,产生工作满意感和个人成就感。适应性和适合性的区别,也正是在于前者有更多的主观体验和情感因素。职业适应问题影响职业适应性有多种主客观原因。

1．惯性思维

高职学生经过十多年的学校教育,在面对问题时已经形成了比较固定的心理惯性。而惯性正是阻碍我们提升职场心理适应的障碍之一。它让我们在大脑加工信息时,常以一种惯性的模式去处理和解决,促使我们的行为缺乏灵活性和创新性。

高职学生在遇到工作问题时,往往缺乏独立思考的过程,习惯于找教师,问同学,求结果,但这种解决问题的方式在职场上可能很难行得通。领导分配工作,同事各有任务,我们的惯性模式让我们用同一种模式去应对不同的情境和问题,但在职场中可能会让我们陷入不利状况。我们必须学会独立,多学、多听、多看,才能迅速适应职场。

2．期望过高

高职学生在做职业生涯规划时,对职场和社会了解都不够,往往期待自己工作后经济独立,预计工作三年后升职加薪……然而,带着这种期盼进入职场,会突然发现实际工作中的复杂性、工作强度和生活压力是始料不及的,情况不是完全按照自己的期望进行和发展的。

高职毕业生不曾有过直接的经验,社会阅历也不够深厚,他们所见所闻的成人职业界的情况大多是表面的、浅层的。通过就业,他们期望完全独立,却发现原来仍要受人支配;他们期望展示所长,却发现原来还有诸多限制;他们期望事业成功,却发现还需走很长的路。这些失落和错位的不适应感对于初出校门的青年,多多少少都是种迷惘和阻碍。

3．角色转换

进入职场,人的活动和行为更加多样,其担当的角色也更加多元。对于不同的角色,人们都按社会规范对其有一定的角色要求和角色期待。选择或变动职业,都涉及角色转换、责任变化的问题。不同的身份、岗位就要扮演不同的角色,遵循不同的角色要求,处理不同的角色关系。然而,一个人原有的行为方式、思想观念都会形成一种"心理定式",在新的环境条件下发挥一种"惯性作用",在新角色的认同之前,由于新旧角色之间的差距,往往易发生角色冲突,产生各种矛盾,搅乱平静的心境,引起思想情绪的波动,从而产生不适应感。

4．恐惧变化

很多高职学生在毕业时选择继续深造,有些人是为了提升学历或丰富内涵,有些人则是不想离开学校这个舒适区。他们一想到要离开学校进入职场,就感到恐惧、焦虑,不知道如何自处,最终的结果就是慢就业,只能被动地接受角色变化带来的冲击。为了胜任工作,进入职场之前,高职学生总是要有所准备,这不仅包括各种心理上的准备,还包括知识技能和行业认知的准备。但是,恐惧变化的学生即便认识到了即将来临的变化,也仍会因为害怕受挫,害怕失败,害怕未知,难以迈出第一步。

三、提高职业适应力的途径

人总是在一定的物质环境和心理环境中从事一定的职业活动,所以,有诸多的主客观因素会影响着人们从事职业时的态度和心理状态。人的职业适应性问题就是能否尽快调适、习惯、认可这些因素。

由于职业适应性能保证人在较长一段时间内从事某一种职业活动,保证人们在职业活动中有较高的效率,保证人们在本职业变革后尽快达到新的要求,而且有利于全面发挥个性品质的作用,有利于社会对劳动力的分配与培养,所以,人的职业适应性不仅在生产意义中表现出它的重要性,在人的个性全面和谐发展上也显示出它的重要性。

(一)慎重择业

在就业之前,对自己的心理品质、个性特点有所明确,对社会提供的职业特性、职业信息有所掌握,经过必要的咨询指导,并且有合适而恰当的机遇,个体所找的工作便称得上是最自然、最称心的了。这就容易使个体抱着积极的态度和良好的心态走上工作岗位。由于对该职业的情况原本就是晓之乐之,在从事该项活动时也就容易适应了。

(二)灵活变化

由于各种职业对从事者都有一定的要求和期望,那么求职者就不能一无所知地进入职场。但实际上职业的具体情况又纷繁复杂,并非有备无患。所以,这就要求个人进入职场时要有所定又要有所不定。要有合理的期望,但同时也要准备变动,在现实的基础上作切实的构想。

要目标专一,一个人若没有明确的目标,用心不专,只能无意义地耗费宝贵的时间和精力。适应是需要时间和经验的,只有专注于某项工作,才能慢慢品味出其中的甘苦,也才能慢慢总结出游刃于其中的技巧。

可是,又不能期望一劳永逸,稳固不动,应对发展和变化有足够的心理准备,对新兴的事物保持开放的态度,悦纳而吸收。

知识内容、知识结构的更新是必然的。可是,掌握一定的基础知识、基本技能、普遍规律和一般理论是十分必要的。就如在学校教育中,不见得学到多少实用的专门知识,但在潜移默化中,实际上已锻炼出一种科学的思维方式和判断能力,这比起具体的知识,对人的职业适应性更有益。

(三)主动适应

适应新的职业环境,一般来说包括两方面:一是适应新的工作,主要和"物"打交道;二是适应新的人际关系,主要是同"人"打交道。

适应新的工作,就是要熟悉该行业的角色规范,包括技术规范、纪律规范、道德规范,迅速掌握工作技能,提高工作效率。积极参加职业培训,虚心求教于师傅或同事,端正工作态度。

适应新的人际关系,实际上就是"角色认同"的过程。不同条件下的人际关系中有些良好的品质是相通的,如真诚坦率、诚实有信、谦虚随和、公正无偏等。而具体又涉及一些特定的关系,在职业生涯中,主要有同事关系、上下级关系、师徒关系等,在不同关系中,尊重和平等、友善和正直都是必要的。

(四)能力"补偿"

职业适应最关键的心理因素是人的能力结构。如果能力结构与职业要求相符,人的职业适应性就强,反之则弱。但是,人还可以通过能力的补偿效应来增进职业适应性,尽量使活动效率不受影响。所谓"能力的补偿效应",是指在个体身上发生的不同能力之间的相互替代或补偿作用,从而保持或维持活动的正常进行。因为它与职业活动效率紧密相连,而效率的现状又会反过来影响人们适应的积极状态,所以,它直接影响着人的职业适应性。

这种"补偿"不仅发生在不同能力之间,而且表现在气质与能力、性格与能力和个性的积极性和能力之间的互补互替。如"勤能补拙"就是性格与能力之间的补偿;"熟能生巧"是活动对能力的增进。

(五)培养兴趣

兴趣是人活动的心理动力之一。作为个性倾向性的重要内容,它创造一种积极进取、主动热情的心境,支持人们去探索和参加各种活动。对于职业活动,兴趣也是不可缺少的心理动力。

培养广泛的兴趣,能使人摆脱狭隘的职业观念,拓宽职业视野。在高职学生面临职业或专业转向时,可以有更大的选择余地,利于提升自己的职业适应能力。

而一定的文化知识、职业知识或专业知识,是一切职业活动的必要基础,是按照客观规律从事职业活动的必要保证。具有广博的知识,可以使高职毕业生在不同职业中有更多迁移的可能,具有更大的变通性。这也可增强职业适应能力。

总之,大学生步入职场时面临许多挑战,既要慎重对待,也要灵活应变。通过积极心态准备,明确职业规划,持续学习提升和有效人际沟通,高职毕业生可更快地适应新环境,实现个人与职业的和谐发展。同时,高职毕业生兼具技术竞争力、独立性和创造性,为新时代的快速发展注入了动力。

四、敢想敢为,争做时代新人

培养造就德才兼备的高素质人才,是国家和民族的长远发展大计。党的二十大报告明确提出要用党的科学理论武装青年,用党的初心使命感召青年,培养"坚定不移听党话、跟党走,怀抱梦想又脚踏实地,敢想敢为又善作善成,立志做有理想、敢担当、能吃苦、肯奋斗的新时代好青年"。

青年强,则国家强。新时代新征程上,以中国式现代化全面推进强国建设、民族复兴伟业,是党和国家的中心任务。整体看来,当代青年厚植爱国情怀,积极践行社会主义核心价值观,使其成为做人做事的基本遵循。但也有部分青年身上存在社会意识淡薄、自我意识强烈的倾向,距离时代新人的标准和形象还有差距。

高职学生作为高素质技术技能人才后备军,在专注提升职业技能和实用能力的同时,更要将个人选择融于国家发展,努力将铸魂增智投入躬身践行中,争做时代新人。

【案例分享】

初入职场的小辰

小辰毕业于某大专院校财务管理专业,成绩优秀,顺利通过毕业前实习,进入了某公司财务部工作。但她上岗后,感觉工作和想象中及实习期很不一样。

实习时,上班有前辈带教,下班就回学校,在学校食堂吃饭也很方便。而现在,每天工作自己摸索,工作内容枯燥,审核单据又多又杂,一不小心就会出错;作为新人,还在继续跑腿打杂;下班后,1小时的通勤时间回到租住的小窝,做饭、吃饭、洗碗,一天就过去了;跟同事聊天也不如跟同学自在,身心俱疲的小辰觉得,还不如读书的时候轻松。

启示: 从学校到职场的变化无疑是巨大的,要给予自己一段时间去适应新的生活。我们往往比自己认为的更具适应能力,第一,要有意识地调整生活方式,例如把保洁、采购等耗时家务放在周末;第二,要把职业生涯视作"闯关打怪"的过程,初始阶段,工作内容枯燥无趣,但把基础工作做好,才会有能力和信心去面对更多挑战,保持耐心和动力,从现在的任务中获取更多经验;第三,要主动调整人际关系,同事不论资历深浅,都是工作上的合作者,要更多地表达自己,通过工作与大家联结,自然融入平时交谈中。

【心理活动】

应 对 挑 战

一、活动目的

结合个人情况,对未来职场的困难与挑战做出预设,充分了解自己的适应能力,并且可以对此进行有针对性的强化训练。

二、活动时间

20分钟。

三、活动内容

1. 自我认知

回忆一下初入大学校园时你是否遇到过以下困难与挑战,你是如何处理的。设想一下进入职场后可能遇到哪些困难与挑战,你认为应该怎么处理? 在你认为适应良好的问题后面给自己打"√",在适应较差的问题后面写上你的感想 (见表10-1)。

表 10-1　你如何应对挑战

困难与挑战	初入大学时	你的做法	初入职场	你的感想
饮食睡眠				
生活习惯				
学习方式				
人际交往				
财务管理				
时间分配				
情绪排解				
家庭陪伴				
社会责任				
压力释放				
……				

2. 体验分享

我在＿＿＿＿＿＿＿＿等方面适应能力较强,我的经验和建议是＿＿＿＿＿＿＿＿＿＿＿＿;
我在＿＿＿＿＿＿＿＿＿＿等方面适应能力较弱,通过聆听同学的分享,我认为可以通过＿＿＿＿＿＿＿＿＿＿等方式有效强化。

专题二　提升职业心理素质

【案例导入】

"低就"未必低人一等

20世纪70年代初,美国麦当劳总公司看好我国台湾地区的市场潜力。打算正式进军台湾地区之前,它们需要在当地先培训一批企业管理者,于是进行公开的招考甄选。由于要求的标准颇高,许多初出茅庐的青年企业家都未能通过。

经过一再筛选,一位名叫韩定国的某公司经理脱颖而出。最后一轮面试前,麦当劳的总裁和韩定国夫妇谈了三次,并且问了他一个出人意料的问题:"如果我们要你先去洗厕所,你会愿意吗？”韩定国还未开口，一旁的太太便随意答道："我们家的厕所一向都是由他洗的。"总裁大喜，免去了最后的面试，当场拍板录用了韩定国。

后来韩定国才知道，麦当劳训练员工的第一堂课就是从洗厕所开始的，因为服务业的基本理论是"非以役人，乃役于人"，只有先从卑微的工作开始做起，才有可能了解"以家为尊"的道理。韩定国后来所以能成为知名的企业家，就是因为一开始就能从卑微做起，干别人不愿干的事情。

启示："低就"未必低人一等。对于许多选择就业岗位的人们来说，首要的不是先瞄准好多么令人羡慕的岗位，而是一开始就树立良好的就业观念。如果干什么都挑三拣四，或者以为选准一个岗位便可以一劳永逸，那么你就可能永远是真正的低人一等。

【心理讲堂】

在快节奏、高压力的职场环境中，如何保持坚韧、平和、积极向上的态度，是每个人都必须面对的课题。不管是职场还是人生，都很难一帆风顺，无论是初入职场的新兵还是久经沙场的老将，总会面临各种各样的挑战与困境，有人选择退避三舍，有人选择迎难而上，而决定能否勇敢面对的，就是人们的职业心理素质。

一、职业心理素质概述

模块一的专题三已提及，心理素质是一个人整体素质的组成部分，是在先天遗传的生理素质的基础上，经过社会环境的影响、后天的教育以及实践活动的锻炼，逐步形成并发展起来的内在的、相对稳定的品质。简单说来，心理素质是指一个人在面对各种不同情景时的心理适应和承受能力。

职业心理素质是指个体拥有的对职业活动有重要影响的心理品质，是人们从事某种职业所必需的心理素质，即职业对从业人员的心理要求，是职业心理的核心内容。职业健康心理是保证正常职业、生活和身心健康的必要条件，提高职业心理素质是青年求职、就业和适应职业的重要内部保障。

随着社会职业分工的不断发展，各种职业的专业特点也更加突出，对人的心理素质要求也越来越高。在现代化、智能化、专业化的新时代，职业心理素质已经成为决定工作质效的重要条件，许多企事业单位在员工招聘时都会进行相关心理素质测验。

2023年全国教育事业发展统计公报显示，全国现有高职（专科）学校1500所左右，占全国高等学校的近一半，高职教育进入高速发展快车道，高职毕业生成为新增从业人员的主力军，在现代制造业、战略性新兴产业和现代服务业等领域展示出职业教育在培养学生职业技能方面的高效性，为经济社会高质量发展提供了雄厚的人力资源支持。但与此同时，高校扩招后，专、本科毕业生总量居高不下，已达到千万量级，近几年毕业生数量再创历史新高，就业形势越发严峻。基于此,企业面试高职毕业生,在重点考查专业技能的同时,也将职业道德、职业认同、抗压能力等纳入考评指标体系,以高标准、高要求衡量求职者的良好职业心理素质。

因此,高职学生在不断提升综合能力的同时,还要通过学习心理学知识、实践锻炼等方式,不断强化职业素养和职业生涯规划能力,为将来的职业发展打下坚实的基础。

二、良好职业心理素质的表现

良好的职业心理素质是职业发展的基础。具有良好职业心理素质的人,正如苏轼所说的"猝然临之而不惊,无故加之而不怒"一样,他们内心强大、心胸宽广、性格沉稳、意志顽强,打不垮压不倒、处变不惊。良好职业心理素质的表现主要包括以下几点。

(一)积极的职业心态

职业心态是根据职业需求表露出来的心理感情,即指职业活动中职业从业人员对自己的职业能否成功的心理反应。积极的职业心态是营养品,会滋养我们的人生,积累小自信、小成绩,成就大事业。积极的职业心态就是要具有主人翁意识,保持老板心态,工作认真负责,把单位的事情当作自己的事业来干,不断提升自己的职业价值,实现与单位共同成长。

(二)发展型专业心态

专业心态就是要提升专业能力,学以致用,精益求精,把事情做到最好。一个人身上最重要的核心竞争力就是扎实的专业能力。高职毕业生在求职时,专业能力还比较欠缺,要保持"空杯心态",学干融合,不断提升专业能力,这就是发展性专业心态。在工作的过程中,不仅耗费了我们的时间,更是积累专业能力及提升自我的一个良好途径。

(三)严谨的职业操守

职业操守是和人们的职业活动紧密联系的符合职业特点所要求的道德准则、道德情操与道德品质的总和,它既是对本职人员在职业活动中行为的要求,同时又是职业对社会所负的道德责任与义务。高职毕业生转换角色,成为劳动岗位上一名光荣的劳动者,应该遵守职业操守,从小事做起,从严要求自己,兢兢业业、勤勤恳恳地做好自己的本职工作,珍惜自己现有的工作岗位,干一行爱一行才能在工作上有所作为,才能把工作做得更好。

(四)融洽的相处心态

走进职场,我们每天都需要与形形色色的同事打交道,如何与不同性格的同事相处,减少不必要的冲突,是职场人都需要面对的一个问题。以友好、融洽的心态与同事们相处,既要有较高的情商,也要学会有效沟通。

情商是认识、控制和调节自身情感的能力。职业情商高的人往往对自己有清醒的认识,能控制自己的情绪,承受住压力,不为挫折和困难所左右,能维系融洽的人际关系,善于处理生活中遇到的各方面的问题。

有效沟通,就是既能清晰明了地表达自己的观点,也能准确地明白对方的意思,沟通过后能够使现有的问题得到解决。要想学会有效沟通,可以从表达维度、倾听维度和交流维度进行提升。在表达维度,要提高自己提取信息和表达意见的能力;在倾听维度,要提高梳理信息的能力和分析信息的能力;在交流维度,要提高说服对方的能力,学会坦诚沟通。

(五)高度的责任意识

责任意识也可称为责任心、责任感,即个人对义务的认知和体会。责任感是干好工作的前提,有责任感就要有耐心、细心、爱心和自觉性。一个人责任感的强弱决定了他对待工作是尽心尽责还是应付了事,也决定了他做事的质量。事实上,只有那些具有很强责任感的人才有可能被赋予更多、更大的使命。对于职场人来说,责任感决定了工作成果。高职毕业生初入职场未必什么都会做,但是,当你做任何事情都很认真、很负责的时候,就有可能凭借这种态度战胜困难,发挥自己的最大潜能。

三、提升职业心理素质的策略

初入职场,工作、生活中难免出现不顺心的情况,如何从容应对这些问题呢?提升职业心理素质是关键,也是每位职场人士在职业生涯中必须面对的重要任务。一个强大的职业心理素质能够帮助我们更好地应对工作中的挑战,保持积极向上的态度,实现个人和职业的持续发展。

在学校学习期间,高职学生要有意识地提高职业心理素质。首先,通过第一课堂主渠道学好专业课程,在课堂教学、实习实训中感知职业素质的生动内涵;其次,积极参与第二课堂活动,通过丰富的校园文化活动,提高自身核心能力,比如参加专业文化节,展示专业作品,参加学科竞赛,开展社会调研等,在提升学习效果的同时,提升职业素养和能力;最后,重视社会实践、校企合作等第三课堂,在真实的企业职场环境中加深了解企业精神、企业文化和职业规范,实际接触职场,在潜移默化中提高职业素养。

(一)自我认知与自我定位

1. 自我认知是提升职业心理素质的起点

自我认知的对象主要是自己的需要、动机、态度、情感等心理状态以及人格特点,同时也包括自己的言谈、举止、表情、语调等方面的行为态度。高职学生需要深入了解自己的兴趣、能力、价值观以及性格特点。这可以通过自我评估、职业测试、心理咨询等方式进行。准确的自我认知有助于高职学生的社会调适和心理、行为素质的良好发展。通过自我认知,还可以明确自己的优势和不足,为职业发展制订合适的策略。

2. 在自我认知的基础上,持续进行职业定位

明确自己的职业目标和发展方向,可以帮助你在职场中更加有针对性地提升自己的职业心理素质。同时,职业定位还可以让你更加清晰地认识到自己在工作中的角色和责任,从而更好地适应职场环境,开启职场生活。

(二)自我管理与自我调节

1. 自我管理

自我管理是个人对自身心理和行为的主动掌握,是自我意识的一个重要成分,是个体自觉地选取目标,在没有外界监督的状况下,适当地自我控制、调节自己的行为,抑制冲动,抵制诱惑,延迟满足,坚持不懈地保证目标实现的一种综合潜力。

自我管理最重要的部分是情绪管理,它是提升职业心理素质的关键。在职场中,经常会遇到各种挑战和困难,如工作压力、人际关系、职业挫折等。这些挑战可能会引发负面情绪,如焦虑、愤怒、沮丧等。因此,学会情绪管理对于保持职业心理素质的稳定至关重要。

情绪管理包括识别情绪、接纳情绪、表达情绪以及调节情绪等方面。首先,要学会识别自己的情绪,认识到自己的情绪变化。其次,需要接纳自己的情绪,不要试图压抑或否认负面情绪,然后通过适当的方式表达情绪,如与同事沟通、写日记等。最后,学会调节情绪,通过积极的方式缓解负面情绪,如运动、冥想、听音乐等。

2. 自我调节

自我调节主要是指自我心理调节和人际关系调节。现代社会竞争激烈,每一名身在职场的人都面临巨大的压力,来自生活、工作尤其是人际交往方面的压力使人身心疲惫。

心态调节是自我调节的重要方面。保持积极的心态可以帮助高职毕业生更好地应对职场挑战,增强自信心和动力。我们可以通过培养乐观、自信、坚韧等积极心态来提升自己的职业心理素质。

(三)自我规划和自我激励

自我规划是指个人通过自我分析,去制订和实施目标,以实现自我发展和自我成长。职场中的自我规划主要是指职业生涯规划,通过制订明确的职业规划,我们可以更加清晰地认识到自己的职业目标和发展方向,从而有针对性地提升自己的职业心理素质。

首先,在自我职业规划中,高职学生需要对自己进行深入的了解。需要分析自己的性格、优缺点、价值观等,考虑自己的兴趣、能力、价值观以及市场需求等因素,以便明确自己的人生目标和方向。同学们可以通过SWOT分析法,构建结构矩阵,厘清自己的内部条件(SW)和社会外部条件(OT),叠加匹配,以便更加深入地了解自己。

其次,基于自我分析的结果,制订可量化、可实现的个人目标。这些目标应该与自己的价值观相符,并能够有实际的执行可行性。既要分阶段制订短期和长期的职业目标,也要制订相应的行动计划,包括具体的时间表、步骤、资源需求等。在实现目标的过程中,还需要不断学习、总结,提升自己的知识储备和思维水平,以此不断评估和调整职业规划,确保其与个人和市场的变化保持一致。

最后,整个过程中,既要不断地调整、细化职业规划,也要不断地自我激励,让自己充满工作激情,有勇气有信心迎接挑战,最终成就自我,实现自我。

(四)持续学习与自我提升

持续学习是提升职业心理素质的重要保障。在快速变化的职场环境中,高职学生需要不断学习新知识、新技能和新方法,以适应职业发展的需求。要关注行业动态和市场需求,了解所在行业的最新趋势和发展方向。通过参加培训、研讨会、读书等方式,学习新的知识和技能。同时,还可以利用互联网等渠道获取更多的学习资源和信息。

自我提升是通过反思和总结工作经验,发现自己的不足和需要改进的地方。然后制订具体的提升计划,通过不断学习和实践,可以不断提升自己的职业心理素质和能力水平。

四、中华民族职业精神——劳模精神、劳动精神、工匠精神

党的十八大以来,习近平总书记多次礼赞劳动创造,讴歌劳模精神、劳动精神、工匠精神。2020 年,在全国劳动模范和先进工作者表彰大会上的重要讲话中,习近平总书记精辟阐释了这三种精神的科学内涵,强调它们"是以爱国主义为核心的民族精神和以改革创新为核心的时代精神的生动体现,是鼓舞全党全国各族人民风雨无阻、勇敢前进的强大精神动力"。2021 年 9 月,党中央批准了中央宣传部梳理的第一批中国共产党人精神谱系的伟大精神,劳模精神、劳动精神、工匠精神被纳入其中。

(一)劳模精神

劳模精神是指爱岗敬业、争创一流、艰苦奋斗、勇于创新、淡泊名利、甘于奉献的劳动模范的精神。其中,"爱岗敬业、争创一流"是劳模精神的本质特征,体现了劳模对国家、社会、职业的高度责任感、使命感和舍我其谁的主人翁精神。"艰苦奋斗、勇于创新"是劳模精神的品质,劳动模范是辛勤劳动、诚实劳动、创造性劳动的积极实践者,踏踏实实、奋发图强、勇于挑战、敢为人先,在实现中华民族伟大复兴的历史征程中埋头苦干、求真务实、创新创造。"淡泊名利、甘于奉献"则是劳模精神的价值追求,彰显了劳模先进心甘情愿、默默坚守、身心投入,不求声名和个人私利。

在革命战争年代,从陕甘宁边区有"边区工人的一面旗帜"全国劳模赵占魁,也有"一切从零开始的工程师"钱志道,"艰苦奋斗、爱国至上"是这些劳模的显著特征,"为革命献身、

革命加拼命、苦干加巧干、经验加创新"是这一时期焕发出的精神。

在社会主义革命和建设时期,既有爱国主义劳动竞赛中的孟泰等劳动模范,又有"红色资本家"荣毅仁,更涌现出一批批"铁人"王进喜等劳动英雄。"无私奉献、集体至上""团结肯干,敢啃硬骨头"是这一时期劳模的显著特征。

改革开放以来,既有"蓝领专家"孔祥瑞、"金牌工人"窦铁成、"新时期铁人"王启明式的生产楷模;也出现了"两弹元勋"邓稼先、"知识工人"邓建军式的知识分子和科技人员。"创先争优、实干至上"是这一时期劳模的显著特征。

进入新时代,涌现出"中国舰载机之父"罗阳、"九天揽星人"孙泽洲式的科技型劳模;活跃着"金牌焊工"高凤林、"深海钳工第一人"管延安式的工匠型劳模。"开拓创新、人民至上"是新时代劳模的显著特征。

(二)劳动精神

劳动精神是指崇尚劳动、热爱劳动、辛勤劳动、诚实劳动的精神。其中,崇尚劳动是树立正确的劳动价值观,充分认识到"劳动最光荣、劳动最伟大、劳动最崇高、劳动最美丽"。热爱劳动是培养正确的劳动态度,促进劳动者自觉劳动、积极劳动、主动劳动。辛勤劳动是对劳动过程及其强度的充分肯定,表明要充分遵循劳动的客观规律以及要达到的劳动强度,体力劳动要付出辛劳和汗水,脑力劳动也要付出智慧和心血。诚实劳动是对劳动者品德的客观规定,表明劳动要踏踏实实、求真务实、真抓实干、实事求是。

(三)工匠精神

工匠精神是执着专注、精益求精、一丝不苟、追求卓越的精神,其中,执着专注是精神状态,是时间上的坚持、精神上的聚焦;精益求精是品质追求,是质量上的完美、技术上的极致;一丝不苟是自我要求,是细节上的坚守、态度上的严谨;追求卓越是理想信念,是理想上的远大、信念上的高远。工匠精神既体现了敬业之美的精神原色,又表现了创造之美的品质追求,更展现了追求之美的价值升华。

【案例分享】

精益求精　匠心筑梦

1986年,他初中毕业后,进入了哈尔滨汽轮机厂技工学校。三年后,17岁的他顺利毕业,成为一名车间铣工学徒,每天负责加工各种零部件。刚开始,他手忙脚乱,总有铁屑溅到皮肤上,一烫就是一个泡,被零件的飞边、毛刺扎破手也是家常便饭。他反复思量,担忧自己的前途,考虑是否要换个工种……

他一边做,一边观察身边的老师傅们,发现老师傅们的手一个比一个粗糙,做起零件来却个个又快又好,手上变魔术似的变化出各式各样的精美零件,如同钢雕的艺术品。他想:不是工种不好,是我技不如人啊! 他暗自下决心,既然干了,就要干好,早干早成!

他开始踏踏实实地学本事、磨手艺。同样的机床,别的铣工可以将孔洞尺寸误差控制在 0.05mm 范围内时,他精益求精,想的是能不能控制在 0.02mm 内;别人将部件表面粗糙度打磨到 6.3μm 时,他暗自瞄准的是更高一级的 3.2μm 乃至 1.6μm。通过日复一日的钻研和修炼,他加工技巧越来越娴熟,成功将误差控制在 0.01mm 左右,达到了业内顶尖水平。他主动学习,接触一些"超级别"的产品加工件,还总有一些大胆、新奇的加工想法。

只要有空闲时间,他就主动找专业书籍仔细研读;上班时间,也会提前去车间琢磨技艺。冬去春来,年仅 27 岁的他,就成了公司里最年轻的高级技师。从 2007 年到 2023 年,他凭着过人的技术和肯学肯拼的创造精神,不断攻坚克难,多次完成国家项目设备的重要部件的生产攻关。

经过多年的苦心钻研,他已有 120 余项技术攻关应用到生产实践中,取得国家专利 40 余项,推广创新成果 245 项,命名操作法 3 项,创造了巨大效益。

他就是 2020 年全国劳动模范、2023 年"大国工匠年度人物"——董礼涛。

启示:传承工匠精神的道路,是一条追求极致的道路,是一条心无旁骛的道路,也是一场孤独且单调的长途旅行。新时代高职院校的学生是工匠精神的种子,需要精心、细心、耐心、小心地滋养和呵护。在工匠精神的传承道路上,高职学生唯有全神贯注、全力以赴,才能耐住寂寞、守住繁华。"术到极致,几近乎道"。

【心理活动】

集 思 广 益

一、活动目的

通过分组讨论、分享和交流,使学生进一步认识到培养自己良好的职业素质的重要性和必要性。

二、活动时间

25 分钟。

三、活动内容

(1) 在职业选择过程中,由于种种原因,从事的职业可能与自己的性格、兴趣、能力等出现了偏差,会出现自我与职业之间的不和谐。这时该怎么办?

观点 A:改变自己,努力融入工作中去。

观点 B:应该重新选择符合自己性格的职业。

(2) 学生分组,持有观点 A 的学生为 A 组,持有观点 B 的学生为 B 组。各组进行组内分享交流,各抒己见,观点碰撞。

(3) 两组同学分别将自己持有观点的依据写下来,并派代表进行讲解和分享。

(4) 在以后我们的职业选择过程中出现了类似情况,我们该怎么做呢?我们现在应做

好哪些心理素质方面的准备?

(5) 培养良好的职业素质,形成符合自身心理特点的职业目标。

专题三 职场冲突和危机

【案例导入】

史蒂文斯的求职经历

中年男人史蒂文斯在一家公司里当程序员,他已经在这家软件公司里干了8年。然而,这一年,公司倒闭了。这时,史蒂文斯的第三个儿子刚刚降生,巨大的经济压力使他喘不过气来。

于是,史蒂文斯开始了漫长的找工作生涯。然而一个月过去了,他一无所获。一天,史蒂文斯在报上看到一家软件公司要招聘程序员,待遇非常好。他立刻赶去参加应聘。应聘的人数太多了,竞争异常激烈。经过简单交谈,公司通知他一星期后笔试。史蒂文斯笔试轻松过关,剩下的只有2天后的面试了。

然而,在面试中,史蒂文斯落选了。不过史蒂文斯并没有怨恨,而是给这家公司写了封信,以表感谢之情。信中这样写道:"感谢贵公司花费人力、物力,为我提供了笔试、面试的机会。虽然我落聘了,但通过应聘使我大长见识,获益匪浅。"

那家公司收到回信后,招聘人员因为这样的一封信而深受感动,最后总裁也知道了这件事情。3个月后,新年来临,史蒂文斯收到一张精美的新年贺卡,上面写着:尊敬的史蒂文斯先生,如果您愿意,请和我们共度新年。贺卡是他上次应聘的公司寄来的。原来,公司又出现了空缺,他们第一个就想到了史蒂文斯。

史蒂文斯应聘的这家公司就是美国著名的微软公司,而十几年后,史蒂文斯凭着出色的业绩,一直做到了公司的副总裁。

启示:许多时候,我们应怀着一颗感恩之心,友善地对待所有认识和不认识的人。"种子不落在肥土而落在瓦砾中,有生命力的种子决不会悲观和叹气,因为有了阻力才能磨炼。"成功并不完全取决于我们的学历、经验和出身,更为关键的是,我们遇到困难和挫折,有没有积极的心态,有没有奋斗的决心和勇气,有没有为之而付出努力。

【心理讲堂】

在忙碌的现代社会中,每个人都在不同的压力背景下扮演着不同的角色,在人与人的沟通与接触之间,难免会产生冲突与危机。适度的冲突会转化为工作的动力,提高工作效率,而过度的冲突则会在一定程度上影响工作状态,甚至影响个人的身心健康。学会正确应对职场冲突和危机,提升抗逆力,是高职学生身心健康的有效保障。

一、职场冲突和危机的类别

职场冲突存在于职场中的上下级和同级关系中。

(一)职场冲突

职场冲突是指在职场工作环境中,以对立为特征,以争执、对抗等为表现,由于知道彼此的目标不相容,意见或价值观不一致或竞争有限的资源,会导致对立的认知、情绪和行为。职场冲突与双方彼此的依赖度呈正向关系,也就是员工之间的互动和交往越多、越密集,产生职场冲突的可能性也就越大。

1.职场冲突产生的原因

(1)沟通不畅:沟通是建立关系的基础,无论是面对领导、同事、下属还是客户,由于语言表达、理解能力、情绪传递等因素,当信息传递不准确、不及时或被误解时,很容易引发冲突。

(2)目标差异:在职场中,每一名员工的工作任务、工作目标和亟待解决的工作问题可能都不一样,当团队成员或同事间的目标不一致时,很容易产生冲突,影响工作效果。

(3)利益冲突:在职场中,小到办公资产的使用,大到资源分配,资源都是有限的。资源也涉及利益,无论如何分配或分配给谁,都有可能引发竞争和冲突。当资源分配不公或需求不一致时,冲突更易产生。

(4)权责不清:在职场中,每个员工都有自己的角色、职位和责任,有相应岗位应尽的权利和义务。当责任不明确的时候,就会导致冲突和工作效率低下。模糊的职责边界则容易引发工作重叠和责任推诿,导致冲突。

(5)关系冲突:职场中每个人都有自己独立的性格、价值观、表达方式、工作原则和处事方法,当同一职场中员工个性差异较大时,较易引发工作冲突。例如,一些员工可能性格直爽,说话直接;另一些员工可能性格内敛,说话喜欢"绕弯子"。两种不同类型的性格碰撞,缺少中间的"润滑剂",就可能发生冲突。性格不合、信任缺失、团队文化不匹配等人际关系问题也可能引发职场冲突。

2.职场冲突的类型

(1)职场与外部的冲突。

① 职场与生活的冲突。对于很多职场员工来说,工作和生活很难两全。如果想要做职场的行家里手,就很难有时间和精力照顾好家庭,更别说拓展朋友圈,拓宽知识面,拓宽兴趣爱好了。高职学生进入职场之初,家庭角色一般是孩子,这时要平衡家庭和工作还比较简单。随着时间的推移,生活角色也会增加,会成为伴侣、父母,家庭责任也会越来越重,

经营好生活所需的时间也会越来越长。如果要追求职业发展，就必然会损失家庭生活的时间；如果要陪伴家人，就只能减少工作安排。人们在工作和生活之间疲于奔命，难以平衡。

② 职场与社会环境的冲突。随着经济全球化、科技创新、市场竞争等因素的加剧，职场环境变得更加复杂和多变。职场人面临着技术更新快速、岗位需求不断变化、年轻人崛起等挑战，他们可能感到自己的知识和技能过时或不够用，或者感到自己被边缘化或取代。

③ 职场与个人发展的冲突。对于职场人来说，个人发展和职业发展是两个重要的方面，但却经常会出现如何平衡的问题。有时候，我们会专注于一方面而忽视另一方面。对于毕业不久的高职学生来说，往往只关注职业发展而不注重自我成长，经历反复、枯燥的工作，不久后可能就会陷入职业倦怠。反之，毕业几年后的高职学生可能只关注自我成长而不注重职业发展，可能会错失许多职业机会。因此，找到自我成长和职业发展之间的平衡非常重要。

(2) 职场内部的冲突。

① 上下级关系的冲突。在职场的上下级关系中，由于站位、目标、认知等方面的差异，极易产生冲突。上级领导作为管理者，往往是派任务及找错漏的"施压方"。例如，发现下属工作质量不达标，上级领导可能会有批评、建议、指导、要求等行为。而下级员工处于弱势位置，可能产生"被害预期"，总感觉自己会被挑剔、被伤害、被忽视、被牺牲、不被理解……在接收到职责以外的工作安排时、犯错被批评时、工作不被信任时，可能会出现抱怨、恐惧、无助、不配合等行为。两者之间矛盾的心理和行为可能就埋下了冲突的种子，随时可能点燃火苗并爆发出来。

② 同级之间的冲突。求职者在面试时，常常会遇到这样一个面试问题：如果你和同事发生了矛盾冲突，你会怎么处理？同事之间的冲突在职场中很常见，可能是意见不合，可能是利益冲突，也可能是一时冲动，不必为此感到恐慌或害怕，也不用为此质疑自己。但是，如何处理职场冲突直接影响你的工作环境和职业发展，学会解决冲突，与同事和解，创造健康向上的职场环境才是最重要的。

（二）职业危机

职业危机是指个人在职业生活中的一种秩序向另一种秩序转换时或面临的与过去不同的尚未适应的状态。常见的职业危机包括人际关系危机、职业倦怠等。

1. 人际关系危机

在职场上，人际关系出现的危机最为普遍，与上级之间的关系、平级之间的关系以及与下属之间的关系，都可能出现各种各样的危机。

（1）与上级之间的关系。古人云："下附上以成志,上恃下以成名。"上下级之间看似是一种合作关系,但上级选择权一定要比下级更多,谁也不是那个唯一,具有绝对的不可替代性。可见,上下级之间出现危机对职场人来讲是十分致命的。或许是不经意得罪了领导,或许因为不听话,或许因为站错队……所以,小心无大错。

（2）平级之间的关系。竞争是职场永恒的话题,毕竟职场资源就那么多,你多别人就少,甚至可能你拥有了别人就没有了,在这种此消彼长的状态下,平级之间不可避免地出现竞争。但在竞争的同时也要合作,坚持自己,尊重对方,有序竞争,避免因竞争产生的内耗导致自己前行路上阻力重重。

（3）与下属之间的关系。有过管理经验的人应该清楚,权力是组织赋予的,但却不是无限大的,让下属产生"畏"不是本事,让下属有"畏"的同时,还要"敬"才是本事。下属因为"畏"做事,与下属因为"敬"做事,所达到的效果会相同吗?"畏"是被动去做,"敬"是主动去做。所以,下属因"畏"做事,就已经埋下了危机的种子,很可能在关键时候"掉链子",那将是管理者的危机。

2．职业倦怠

职业倦怠是指个体在工作重压下产生的身心疲劳与耗竭的状态。这是个体不能顺利应对工作压力时的一种极端反应,是个体在长时期压力下产生的情感、态度和行为的衰竭状态。职业倦怠最常表现出来的症状有三种：一是对工作丧失热情,情绪烦躁、易怒,对前途感到无望,对周围的人、事物漠不关心。二是工作态度消极,对服务或接触的对象越发没耐心、不柔和,如教师厌倦教书,无故体罚学生,或医护人员因对工作厌倦而对病人态度恶劣等。三是对自己工作的意义和价值评价下降,常常迟到早退,开始打算跳槽甚至转行。

【知识链接】

应对职业倦怠的 ABCDEF 六步法

A（action）采取行动：当在原来组织发生问题时,问自己可以做些什么,自己有什么选择,可以主动和老板沟通发生了什么问题,应该如何解决等。A 计划永远是优先的策略,也是改变问题的治本方法,其他都是辅助型的做法。

B（belief）调整观念：如果 A 计划无法解决,应该考虑调整自己的主观思想。有其他策略可以选择,例如,比下有余的策略,乐观到底的策略。

C（catharsis）抒发情绪：可以找朋友把情绪抒发出来,情绪管理就像大禹治水一样,最好能够疏导。

D（distraction）散心调剂：如果生活上有一些兴趣、嗜好能够让你暂时转移注意力,这也是避开压力很好的辅助策略。

E（existentialism）发现意义：很多人倦怠是因为他认为工作失去了意义。所以,必须好好地问自己,到底自己想要追求的是什么? 这个工作对你还有没有意义? 如果你连一点意义都找不到,也许就真的该考虑换工作了。

F (fitness) 增强体能: 就是强调要充电,通过饮食、营养、运动以及适当的医药保持健康的身体。所有的心理健康其实是要以身体健康为基础,一个人假如生活作息时间有规律并且适当运动,保持充沛活力,就会跟倦怠状态有很大不同。

二、职场冲突的化解

职场冲突要尽早发现,并采取应对措施化解,而不要等到靠跳槽及换工作来解决或摆脱。

1. 职场外部冲突的化解

(1) 保持沟通,达成共识。为了保持工作和生活的平衡,我们需要保证良好有效的沟通:与家人、与社会、与自己达成目标共识。共识包括以下方面。

- 定期与家人分享工作及生活状态,听取意见或建议。
- 共同商议工作和生活的重心,达成统一目标,找到平衡点。
- 关注家人的需求和情绪,给予关爱和支持。
- 关注社会导向、行业政策,了解职场方向,结合个人实际情况培养兴趣爱好,参与社交活动,拓宽职业渠道。

(2) 保持健康,平衡身心。身体健康和心理健康是保持工作与生活平衡的基础。只有关注自己的身心健康,我们才可以更好地应对工作中的挑战,保持工作与生活的平衡。包括以下方面。

- 注重锻炼身体,保持健康的饮食习惯,保证充足的睡眠时间。
- 学会调节自己的不良情绪,保持积极的心态,不带工作情绪回家。
- 当遇到工作压力时,通过正念冥想、运动、听音乐、与朋友交流等方式来缓解压力。

(3) 保持学习,有效管理时间。时间管理是实现工作与生活平衡的关键。通过培养良好的时间管理能力,我们可以更好地掌控自己的工作和生活,实现工作与生活的平衡。包括以下方面。

- 坚持学习专业技能和办公方法,可以从根本上提高工作效率,从而节省时间。
- 学会如何高效地利用时间确定工作优先级,合理安排工作时间,避免拖延,尽量在工作时间完成工作任务。
- 在工作中保持专注,避免被琐事干扰。

2. 职场内部冲突的化解

(1) 冷静分析冲突根源。面对职场冲突,第一反应一定是愤怒。但愤怒的情绪表达只会让冲突加倍升级,不能解决根本问题。重要的是平复情绪,能够客观、冷静地分析双方的矛盾点,共同解决问题。

（2）勇于表达坦诚沟通。面对恶意的批评打压,我们要敢于亮剑;面对善意的建议指导,我们也要勇敢地坦然接受。工作中既要坦诚友善,也要据理力争。冲突中,减少用"你……"的主观评价表达,学会用"我……"来表明自己的感受和情绪,避免指责怨怼。

（3）聚焦工作不争输赢。职场冲突难以化解,往往是冲突双方各执一词,坚持自己的立场和原则,不考虑彼此的工作效率和工作利益。化解冲突的根本在于把重点聚焦于工作本身,把工作立场转移到工作利益上来,实现团队共赢。

（4）适度退让并灵活变通。在发生冲突后,退让并不意味着认输,也并不是放弃自己的原则和坚守,而是灵活变通。在分配任务时,简单轻松的"好工作"不一定是最优,主动承担"苦差事""硬骨头",从中学习新技能,创造新机会,反而能够脱颖而出。

【案例分享】

小李的经历

小李是重庆某校一名专科毕业生,在校期间成绩优秀,学习能力较强。今年春季,被省属事业单位招录,已入职半年,在某科室担任职员岗位。工作期间,发生了一些意想不到的事情,与他的期望有很大落差。他发现,岗位工作职责不明晰,除分内工作外,他做了许多会务和跑腿的杂事。小李认为,这些不是自己的职责范围。同时,在个人待遇方面,他发现身边有些同事就住在单位公寓里,不需要租房,而他已白白花费了半年租金。这些问题让他困惑不已,以为老职工刁难新人,让小李心生不悦,甚至有了离职的想法。

小李找到大学辅导员,倾诉了自己的困惑,并寻求建议。辅导员告诉小李,这是职场新人入职适应的正常问题。虽然招聘岗位有明确的工作职责和工作范围,但是涉及具体的岗位或者协办的内容也属于正常工作的范畴,对此要有心理准备。大多数毕业生入职后都会有逐步熟悉工作的过程,主动承担一些杂事,对自己有益无害,没有必要斤斤计较。如果从中得到承担工作的机会和更多单位的信息,后续开展工作将会更加主动。同时,对单位给予员工公寓有信息不对称的问题,辅导员建议小李消除消极情绪,化解不良情绪,积极主动与主管沟通。有关单位的待遇问题,咨询老员工不如主动与主管沟通,将自己了解到的信息先告知主管,询问是否自己也有相关的待遇即可。询问时要态度谦虚,语气平稳,而不是用质问的语气,更不能采用消极抵触的态度应对工作。

小李听完辅导员的建议后,对日常工作更加积极主动了,面对以前想要回避的杂事也主动承担,力争做到尽善尽美,得到了领导、同事的一致认可。他也主动找主管咨询了公寓一事,得知单位政策是新员工通过一年试用期后即可申请公寓,之前以为的刁难和隐瞒原来是一场误会。又过了半年,小李也顺利地搬进了单位公寓。

启示：毕业生从校园人转为职场人，不只是生活工作场域发生变化，在个人定位、人际关系处理上更是有巨大转变。要迅速树立规则意识、转换社会角色和主动承担责任，才能帮助毕业生快速适应职场，成为一名合格、专业的职场人。

3. 避免职场冲突的其他方面

（1）要有规则意识。毕业生就业上岗后，要第一时间了解用人单位的规章制度，遵守单位的纪律约束，强化勤勉敬业、积极进取、忠于职守等职业素养，克服急躁情绪，避免眼高手低，做到扬长避短。

（2）转换社会角色。在择业过程中，理想与现实的碰撞，自我定位与社会认知的差距，眼前利益与未来发展的矛盾，毕业生们注定要接受着入职前的洗礼——从认识自己，到确定方向；从选择工作，到应聘职位。毕业生试着回答自己是否适合成为职场人，应成为什么样的职场人，如何成为一名专业职场人等一系列问题。

（3）主动承担社会责任。毕业生要主动了解用人单位的用人状况、待遇保障和职业发展，适应企业文化，要放下书生架子，尽快融入工作，单独面对问题，积极主动承担工作。只有经历从学校人向社会人完成转变，使角色顺利转化，职场平缓适应这个过程，才会对毕业生将来职业生涯的发展起到积极的推动作用。

【心理活动】

家庭职业树

一、活动目的

全面了解实际工作中可能存在的职业冲突和危机，学会以积极的心态和合理的方式去处理冲突和危机，形成正确的职场意识。

二、活动时间

20分钟。

三、活动内容

在你的家庭中，你了解你家人的职业吗？对他们进行一次访谈，在家庭职业树上写下他们的年龄、职业，了解一下他们在职场中遇到过什么冲突和危机，是怎么化解的。完成家庭职业树，并回答下列问题。

（1）完成家庭职业树。如果你有其他亲人，也可以画在其中（见图10-1）。

（2）根据你的家庭职业树，了解亲人们在职场遇到过什么冲突和危机以及如何化解的，并总结一下对你有什么启发。

图10-1 我的家庭职业树

参 考 文 献

[1] 李坤德,钟真宜.大学生心理健康 [M].广州：广东高等教育出版社，2021.

[2] 郑晓生.大学生心理健康教育 [M].北京：北京师范大学出版社，2019.

[3] 连榕,张本钰.大学生心理健康 [M].3 版.北京：教育科学出版社，2021.

[4] 韩玉.心理健康教育 [M].沈阳：辽宁教育出版社，2020.

[5] 刘烨.马斯洛的人本哲学 [M].呼伦贝尔：内蒙古文化出版社，2008.

[6] 张黎毅,曹贵康,翁絮.大学生心理健康教育 [M].北京：高等教育出版社，2023.

[7] 陈少华.人格心理学 [M].广州：暨南大学出版社，2010.

[8] 陈春晓,尹鹏.以自我意识为核心促进大学生人格健全的途径探索 [J].高教学刊.2018 (17)，173-175.

[9] 维茨金.学习之道 [M].苏鸿雁,谢京秀,译.北京：中国青年出版社，2011.

[10] 李坤德,钟真.大学生心理健康 [M].广州：广东高等教育出版社，2021.

[11] 王羚群.高职院校学生职业素质调查与对策分析 [J].吉林省经济管理干部学院学报，2015 (6)：134-136.

[12] 李斌.高职大学生心理健康教育 [M].3 版.北京：高等教育出版社，2020.

[13] 王振杰,刘彩琴,乔哲.大学生心理健康 [M].北京：高等教育出版社，2021.

[14] 朱静.高职生心理健康教育 [M].北京：高等教育出版社，2012.

[15] 王振杰,刘彩琴,乔哲.大学生心理健康 [M].北京：高等教育出版社，2021.

[16] 胡平.职业心理学 [M].北京：中国人民大学出版社，2015.

[17] 戴裕崴,韩剑颖.高职生职业生涯规划与就业创业指导 [M].北京：高等教育出版社，2015.

[18] 蒋涛,吴松.大学生心理健康教育理论与实践 [M].上海：华东师范大学出版社，2021.

[19] 罗甜甜."工匠精神"视域下高职院校学生职业素质培养路径研究——以长沙民政职业技术学院为例 [J].电脑与电信，2022 (4)：39-42.

[20] 赵辰欣.高职院校学生职业心理素质培养研究 [J].天津职业院校联合学报，2021 (12)：85-89，103.

[21] 吴德银.新时代"工匠精神"与高职院校学生职业素质培养 [J].职教通讯，2020 (4)：56-59.

[22] 龚勋.大学生职业生涯辅导体系中纳入心理健康教育的研究进展 [J].中国健康教育，2019 (5)：442-445.

后　　记

在有关作者、教材专家、出版社编辑的共同努力下，本书终于得以出版。参与本书编写工作的是来自本科院校、高职院校、技工院校、高级2班以上层次以及在企业从事多年心理健康教育教学和心理咨询一线的教师和专业人员。

本书由周晓婧（重庆财经职业学院）、陈娟（重庆师范大学）担任主编，韩春燕（重庆财经职业学院）、罗钰莹（重庆财经职业学院）、吴慧婷（广州市工贸技师学院）担任副主编，陈娟、罗钰莹还负责大纲编写工作。

各章节分工如下：模块一由韩春燕、陈勤（重庆市第十一人民医院）编写，模块二由吴慧婷编写，模块三由唐河辉、程巧（重庆医科大学附属第一医院）编写，模块四由陈勤、张小国编写，模块五由贺燕、程巧编写，模块六由罗钰莹编写，模块七由康梦娜（广州市工贸技师学院）编写，模块八由罗钰莹、张小国、贺燕编写，模块九由周晓婧编写，模块十由赵俊霞编写。

编　者

2024 年 10 月